Johannes Proelß

Friedrich Stoltze

Ein Bürger aus Frankfurt

Neu bearbeitet von Günther Vogt

Mit einem Geleitwort
von Johann Philipp Freiherr von Bethmann

Societäts-Verlag

CIP-Kurztitelaufnahme der Deutschen Bibliothek
Proelss, Johannes:
Friedrich Stoltze: e. Bürger aus Frankfurt /
neu bearb. von Günther Vogt. – Frankfurt am Main:
Societäts-Verlag, 1978.
ISBN 3-7973-0327-0
NE: Vogt, Günther [Bearb.]

Mit 86 Abbildungen im Text

Ausstattung: Heinrich Müller
Satz: IBV-Lichtsatz-Vertriebs-GmbH Neuss–Berlin
Druck: Frankfurter Societäts-Druckerei GmbH
Einband: Fritz Wochner, Horb (Neckar)
Printed in Germany 1978
ISBN 3 7973 0327 0

Inhalt

Die von Friedrich Stoltze und Johannes Proelß angewandte Rechtschreibung und Zeichensetzung wurde für diese Neuausgabe beibehalten.

Friedrich Stoltze – Poet, Politiker und Patriot

Geleitwort von Johann Philipp Freiherr von Bethmann

Als er starb, folgte ganz Frankfurt seinem Sarg. Ein Zeitgenosse schildert: »Tausende und Abertausende folgten dem Sarge, und unabsehbar wogte die Menge in den Straßen, durch welche der Zug sich bewegte. Nicht ein Bruchteil, eine Schichte oder eine Klasse der Bevölkerung, es war die Stadt, die einen der Besten und Bravsten, die ihr Boden hervorgebracht, zur Ruhe bestattete.«

Friedrich Stoltze, der Frankfurter Poet, Schriftsteller und Journalist, gilt heute als der bedeutendste Frankfurter Mundartdichter. Er war aber viel mehr als nur dies. Er hat es verdient, daß wir mehr über ihn wissen. Es war an der Zeit, daß seine Biographie neu erscheint.

Er hatte für alle gesprochen und geschrieben, gekämpft und gelitten, für alle Bürger dieser Stadt, für ihre Rechte, für ihre Freiheiten. Er ist einer, auf den sich jeder berufen kann, der sich zu liberalen Traditionen bekennt. Freiheit und Einheit, also Freiheit für viele, für eine Bürgerschaft, für ein Volk, das war seine Devise. Dieser bürgerliche Rebell war ein wahrer Demokrat. Er hat uns auch heute noch viel zu sagen.

Friedrich Stoltzes Leben und Wirken zeigt wie in einem Brennglas die deutsche Geschichte des 19. Jahrhunderts. Es ist das Jahrhundert der großen Umwälzungen und Machtverschiebungen, der bürgerlichen Revolution, der Aufstände und Kriege, aber auch das Jahrhundert des Empire, der Romantik, des Biedermeier, der Klassizistik, der kopierenden Gründerstile bis hin zum beginnenden Jugendstil, und schließlich ist es das Jahrhundert der stürmischen Entwicklung in Wissenschaft und Technik.

Es brachte Eisenbahn, Telefon und Auto. Es sind Sprache und Stil dieser bewegten Epoche, die uns den Blick verstellen auf die Wirklichkeit dieses problematischen und dramatischen Jahrhunderts.

Der Schriftsteller, Journalist und kritische Kommentator Friedrich Stoltze gibt ein typisches Beispiel für diese Verstellung, für diese Irreleitung durch romantische, biedermeierliche, humorvoll-poetische Verklärung der Wirklichkeit. Wir müssen uns beim Lesen und Hören freimachen vom ersten Eindruck, den wir heute empfinden. Wir müssen mehr hineinhorchen und herauslesen, um wirklich zu begreifen, was in dieser Zeit geschehen ist, wie die Ereignisse auf die Menschen gewirkt haben müssen, nicht zuletzt um zu erkennen, was für ein Könner der Autor Friedrich Stoltze gewesen ist.

Sein Leben beginnt 1816 kurz nach dem Wiener Kongreß und kurz nach der Gründung des Deutschen Bundes. Es endet ein Jahr nach Bismarcks Entlassung 1891. In dieser Lebensspanne liegen die großen Ereignisse und Entwicklungen des 19. Jahrhunderts, die ersten friedlichen Jahre des Deutschen Bundes, aber dann der Vormärz, die Unruhen der 30er Jahre mit der Demagogenverfolgung, der Zollverein, die erste Eisenbahn, liegt 1848, der deutsche Bruderkrieg, die Erringung der preußischen Vormachtstellung 1866 mit dem Ende der Freien Stadt Frankfurt, der Deutsch-Französische Krieg, die Reichsgründung und der »Friede von Frankfurt« 1871, die Gründerjahre und der zweimalige Thronwechsel im Reich. Stoltze stirbt unter Wilhelm II. Er stirbt einigermaßen ausgesöhnt mit seiner politischen Umwelt, aber immer noch kritisch die Zeitabläufe verfolgend und vielleicht auch kommendes Unheil ahnend.

Für Stoltze gab es in seinem ganzen Leben drei große Themen: Freiheit, Frankfurt und Familie. Diese Themen handelt er ab in Lyrik und Prosa, indem er seine Frankfurter Mitbürger, das Frankfurter Milieu schildert, die Nachbarn, die Handwerker, die Kaufleute und Gärtner, die Bürger, die in der freien Stadt auch freiwillig dienen in der Bürgermiliz oder bei der freiwilligen Feuerwehr. Unnachahmlich ist die liberal-tolerante Haltung in diesen Schilderungen, so vor allem die Darstellung des für Frankfurt so wichtigen jüdischen Elements. Man darf nicht vergessen: Erst während Stoltzes Leben haben die Juden volles Bürgerrecht in Frankfurt erworben.

Sein Stil ist unverwechselbar. Er liebt die Paradoxie, die Übertreibung, die doppelte Verneinung; alles ist voller Humor, selten nur ernst oder gar sentimental.

Er gehört durchaus in die Reihe der Freiheitsdichter des 19. Jahrhunderts, auch wenn er den Rang eines Uhland, eines Hoffmann v. Fallersleben, eines Herwegh oder eines Freiligrath nicht beanspruchen kann. Immerhin wird man bei diesem Mundartdichter auch mit Recht erinnert an Fritz Reuter im Norden und an Johann Peter Hebel im Süden.

Theodor Heuss aber nennt Goethe und Stoltze gemeinsam in seinem 1959 in der Paulskirche gesprochenen Satz:

> »Immer wenn ich hier war, spürte ich beides: Weite einer Weltgesinnung und Nähe eines Heimatgefühls, Goethe und Friedrich Stoltze.«

Ein treffendes Wort über Frankfurt und eine Ehrung Stoltzes, die dieser verdient.

Den Bürgern Frankfurts

Johannes Proelß hat seine Stoltze-Biographie der Stadt Frankfurt am Main gewidmet, denn er sah die Lebensbeschreibung im engen Zusammenhang mit den geschichtlichen Ereignissen des 19. Jahrhunderts und ihren Auswirkungen auf die Stadt und ihre Bürger. »Friedrich Stoltze war der Sänger und Lustige Rat der Freien Stadt Frankfurt, als sie die Hauptstadt der deutschen Freiheits- und Einheitsbewegung war, bis zum Verlust ihrer Selbständigkeit, der Verherrlicher ihres unvergänglichen Ruhms und ihrer stets sich neuverjüngenden Schönheit in der Epoche, die ihren Aufschwung zur modernen Großstadt erlebte.«

Aus dem Lebensbild konnte mühelos ein Zeitbild werden, denn Friedrich Stoltzes Schicksal ist eng verknüpft mit dem seiner Vaterstadt, mit den Perioden der Stürme und der Idyllen. Als Redakteur der »Frankfurter Zeitung« und junger Freund des Dichters hat Proelß davon viel erfahren aus Stoltzes Mund. Und als nach dessen Tod im Jahr 1891 die Stoltze-Rezeption zunächst mit dem Plan einsetzte, ein Denkmal aufzustellen, glaubte der dafür konstituierte Bürgerausschuß keinen besseren Laudator finden zu können, als den inzwischen wieder nach Stuttgart zurückgekehrten Journalisten Johannes Proelß. Schon bei der Ausarbeitung seines Vortrags war ihm klargeworden, daß es einmal einer ausführlicheren Lebensbeschreibung bedürfe, als sie von einer abendlichen Rede zu leisten sei. Der Plan einer Biographie wurde zur festen Absicht, eifrig bestärkt vom Denkmalausschußvorsitzenden Dr. Heinrich Rößler. Der Autor entsprach bereitwillig dem allgemeinen Wunsch, die Biographie mit möglichst vielen Proben aus Stoltzes ernsten und heiteren Texten auszustatten, denn ein großer Teil der Gedichte und Erzählungen sind zugleich auch

Dokumente von Stoltzes Leben, vor allem soweit sie die Demagogenzeit und die Jahre 1848 und 1866 betreffen.

Zehn Jahre hat Proelß in Frankfurt gelebt und ist dann nach Stuttgart zurückgekehrt, wo er auch sein Buch geschrieben hat, gestützt auf seine persönlichen Erinnerungen und freundschaftlichen Beziehungen zu Stoltze, unterstützt von den Kindern und Vertrauten des Dichters. Die Töchter ließen ihn den Nachlaß des Vaters durchsehen.

Proelß hat die Biographie für seine Zeitgenossen geschrieben, die zum großen Teil noch Zeitgenossen Stoltzes gewesen waren. In diesen Jahren hat das Frankfurt noch gestanden, mit seiner Altstadt, der großen Bühne von Leben und Werk eines Volksdichters: abgesehen höchstens von punktuellen Veränderungen und Verjüngungen an ihrem Äußeren, aber die hat es in allen Perioden der Stadtgeschichte immer wieder mal gegeben. Der Leser des Buches konnte, wenn er wollte, die Stätten von Stoltzes Leben und Dichtung im Original erleben.

Heute kann das niemand mehr. Die Generationen unserer Tage haben meist noch nicht einmal mehr die Erinnerungen aus einer Jugendzeit, in der die verwunschene Welt Alt-Frankfurts noch stand. Wenn sie sich mit Stoltze bekanntmachen wollen, sind sie auf Gedrucktes, auf Abbildungen und museale Präsentation angewiesen. Auch diese Biographie aus der Jahrhundertwende war bisher nur in Antiquariaten zu finden.

Je mehr Stoltzes Welt aber entschwindet, um so dringlicher ist es, die Erinnerung festzuhalten und sie als Quelle für jetzige und künftige Frankfurter zu fassen. Denn Kenntnis gehört dazu, wenn ein Bürger wirkliche Beziehungen zu seiner Stadt haben will, zumal niemand weiß, was alles diese Beziehungen in der Zukunft noch erschüttern kann. Wie Johannes Proelß nicht wußte, als er sein Buch zu schreiben begann, daß bei Drucklegung der »Rebstock«, Stoltzes Vaterhaus, schon vom Erdboden verschwunden sein würde, weil die Braubachstraße darüber führen sollte – und wie niemand je befürchten konnte, daß die ganze Altstadt einmal in Schutt und Asche versinken werde!

So ist, um dies Stoltze-Buch lebendig zu machen, der Schauplatz im Bild reichhaltiger erstanden, als man es um die Jahrhundertwende für nötig hielt. Aus dem gleichen Grund wurde die blumige Schreibweise der Urgroßväter behutsam dem heutigen Stil angepaßt und die Etappen von Stoltzes Leben deutlicher herausgestellt und gestrafft. Die notwendigen wie wünschenswerten Beispiele von Stoltzes Mundartpoesie blieben unverändert bis auf eine Ausnahme: aus dem »Mää« ist, der heutigen Dialektschreibweise folgend, der »Maa« geworden, ebenso wurde bei gleichklingenden Worten verfahren, um die Mundartfreunde und solche, die es werden wollen, nicht zu irritieren.

Ein besseres Motto für das Stoltze-Buch in neuem Gewand kann es nicht geben als die Worte, die Bundespräsident Theodor Heuss am 11. Oktober 1959 in der Paulskirche ausgesprochen hat: »Immer wenn ich hier war, spürte ich beides: Weite einer Weltgesinnung und Nähe eines Heimatgefühles, Goethe und Friedrich Stoltze.« Gewiß sollte mit dieser Zuordnung Stoltze nicht nur in eine einzige Ecke gestellt werden, denn sein persönliches Credo vereinigte alles: »Diesen Kuß der ganzen Welt – Deutschland über alles – Iwer Frankfurt geht nix.«

Und dies soll bewiesen werden. G.V.

1 Die Welt Goethes und Stoltzes

Das Leben der beiden Frankfurter ist ganz unterschiedlich verlaufen. Der eine hat die höchsten Höhen in Literatur und gesellschaftlicher Stellung erklommen, der andere vertiefte sich mehr und mehr in seine Vaterstadt und wurde ihr Volksdichter. Er konnte es wagen, ihr mit einigen Versen in heiterer Selbstironie eine Art Nationalhymne zu schenken, deren scheinbare Unbedingtheit richtig verstanden wird, wenn man bedenkt, daß der Autor sie seiner Lieblingsfigur, dem Herrn Hampelmann, in den Mund gelegt hat:

> Es is kaa Stadt uff der weite Welt,
> Die so merr wie mei Frankfort gefällt,
> Un es will merr net in mein Kopp enei:
> Wie kann nor e Mensch net von Frankfort sei!

Übrigens hat auch Goethe, wenngleich nüchterner und nicht so vollmundig, die Meinung geäußert, daß er sich keine Stadt vorstellen könne, aus der er lieber stamme als aus Frankfurt am Main.

So verschieden das Leben beider sich entwickelte, so ähnlich ist, bedingt durch den gleichen Schauplatz, ihre Kindheit gewesen.

Für den Knaben Wolfgang Goethe war es die höchste Lust, sich im Römer, auf der alten Mainbrücke, an den belebten Landungsplätzen und Märkten, zumal zur Meßzeit, herumzutreiben. Eine gewisse Neigung zum Altertümlichen, heißt es in »Dichtung und Wahrheit«, setzte sich in dem Knaben fest, wobei noch eine andere Lust, bloß menschliche Zustände in ihrer Mannigfaltigkeit und Natürlichkeit zu erfassen, sich hervortat. Das gilt auch für den Sohn des Gasthalters Stoltze im »Rebstock«. Das Unterscheidende ergab sich aus ihrer Herkunft und der sozialen Umwelt, aus der Verschiedenheit der Epochen der Geschichte Frankfurts, in die des einen und des andern Kindheit fiel. Das feingekleidete Söhnchen des kaiserlichen Rats Goethe machte seine frühen Exkursionen auf eigene Faust hinter dem Rücken der Eltern; der Gastwirtssohn Fritz Stoltze war in der Frankfurter Altstadt daheim. Als Wolfgang Goethe heranwuchs, »war kein Frankfurter von einem gewissen Alter, der nicht die letzten Kaiserkrönungen und was sie begleitete, für den Gipfel seines Lebens gehalten hätte«.

In Stoltzes Knabenzeit war das alte römische Reich deutscher Nation bereits zerfallen, die Festungswerke, ihre Wälle und Gräben geschleift und die Gartenanlagen statt ihrer um die Stadt gelegt worden. Noch bestanden zwar die Haupt- und Nebentore, ja sie wurden über Nacht geschlossen, aber tagsüber flutete das Leben ungehemmt hindurch.

In »Dichtung und Wahrheit« lesen wir, wie Goethe als Knabe in den Grundsätzen der Toleranz auch den Bewohnern der abgeschlossenen »Judenstadt« gegenüber erzogen wurde, denen von Seiten des Stadtregiments noch alle bürgerlichen Rechte versagt waren. Als er, schon älter, bei einem Brand am Eingang der »Judenstadt« löschen half, wurde ihm dies von seinen Freunden verdacht. Seit 1811 waren jedoch die Israeliten als Bürger anerkannt, und wenn auch die Verfassung von 1816 ihre Rechte wieder beschränkte, so war der alte Zustand der Absonderung doch für alle Zeiten vorüber. Sobald es im Hause eines Juden brannte, trat die Löschmannschaft der Stadtwehr in Aktion, und Stoltze konnte als Knabe in jedem solchen Fall seinen Vater als Spritzenkommandant beim Rettungswerke walten sehen.

Freilich hatte 1806 Frankfurt aufgehört, die Wahl- und Krönungsstadt eines deutschen Kaiserreichs zu sein, und das offizielle und gesellschaftliche Leben der Bundestagsgesandten war nur ein schwacher Ersatz für die glänzenden Aufzüge und Feste, die noch die letzten Kaiserkrönungen begleitet hatten. Aber der Charakter der Messen selbst bewahrte noch viel der bedeutsamen historischen Züge. Das Einläuten mit der großen Meßglocke des Pfarrturms elektrisierte die Jugend von ganz Frankfurt wie früher, und wenn vormittags halb Zwölf der erste Schlag erfolgte, sprangen die Kinder jubelnd auf die Gasse und schrien aus vollem Hals »Mei Meß! Mei Meß!«

In Stoltzes Kinderzeit hatten die Erwachsenen noch lebhaft die Erinnerungen an die Einzelheiten der großen Staatsaktionen während der letzten Kaiserwahlen und -krönungen im Gedächtnis, sodann die Ereignisse beim Einzug der Alliierten nach der Völkerschlacht bei Leipzig, der auch für die Frankfurter das Ende des französischen Jochs bedeutete. Man hatte den Reichsfreiherrn vom Stein zum Ehrenbürger gemacht, weil er der mächtige Anwalt des Frankfurter Wunsches nach Selbständigkeit gewesen war und dafür gesorgt hatte, daß die Mächte am 15. Juni 1815 in Wien zu dem Beschluß kamen: »Die Stadt Frankfurt mit ihrem Gebiet, wie sie es im Jahre 1803 besaß, wird für frei erklärt und bildet einen Teil des Deutschen Bundes; ihre Verfassung ist auf das Prinzip der völligen Gleichberechtigung der christlichen Konfessionen zu gründen.« In diesem

Vier Wochen vor Stoltzes Geburt, am 18. Oktober 1816, beschworen Senat und Bürgerschaft die Verfassung der Freien Stadt Frankfurt am Main auf dem Römerberg. Genau fünfzig Jahre lang war sie das Grundgesetz der Stadt und Stoltzes bürgerlicher Gesinnung. (Lithographie von J. Susenbeth.)

Zusammenhang hatte die Bundesakte vom 8. Juni 1815 im Artikel 9 die Stadt Frankfurt zum Sitz der Bundesversammlung bestimmt.

Erinnerung und jährlicher Anlaß des Feierns war aber besonders der 18. Oktober 1816, der Tag, an dem die neue Verfassung des Freistaats Frankfurt beschworen worden war, nachdem man vorher in der Bürgerschaft lange verhandelt und gekämpft hatte, bis die »Konstitutions-Ergänzungsakte« am 19. Juli als Staatsgrundsatz angenommen worden war.

Wenige Wochen nach dem Verfassungstag ist im Gasthof zum Rebstock am 21. November 1816 ein Junge zur Welt gekommen. Er erhielt den Namen Friedrich Philipp Stoltze und wurde im lutherischen Bekenntnis der Eltern vom Pfarrer Anton Kirchner in der Katharinenkirche getauft.

2 Der »Rewestock«, mei Vatterhaus

Aus dem ältesten Frankfurt, wie es sich bis ins 19. Jahrhundert erhalten hatte, stammt der Sänger Alt-Frankfurts. In »Dichtung und Wahrheit« hat Goethe betont, wie ihn als Kind bei seinen Streifereien in der Altstadt die »Festungen in der Festung« angezogen hätten, »die aus frühern Jahrhunderten noch übrigen mehr oder minder burgartigen Räume: so der Nürnberger Hof, das Kompostell, das Braunfels, das Stammhaus derer von Stallburg, und mehrere in den späteren Zeiten zu Wohnungen und Gewerbsbenutzungen eingerichtete Festen.« Der »Hof zum Rebstock«, in dessen Mitte sich das schon im Jahre 1632 als Gasthof betriebene Giebelhaus erhob, war einer dieser festen Höfe, die für die Anlage des ältesten Frankfurt so charakteristisch sind. Die alten Geschlechter, die vor den Toren ihre Güter hatten, gaben ihren Stadtwohnungen diese kastellartige Gestalt, mit Zugängen, die durch zwei und oft durch drei Tore geschlossen werden konnten. Der »Rebstock« gehörte einst dem Geschlechte der Weißen von Limpurg, einem Zweig der altangesehenen Familie, der sich »vom Rebstock« benannte. Später wechselten die Gebäude, die den Hof umgaben, den Besitzer und gelangten zumeist in den Dienst der Messen. Als der Vater des Dichters den alten Gasthof übernahm, hatte das Anwesen dem »Deutschen Orden« gehört.

Der Betrieb eines Gasthofs im Rebstockhof begreift sich leicht angesichts der Lage zwischen dem alten »Markt« und der Fahrgasse; drängte sich doch in diesem Quartier von alters her das Geschäftsleben während der Messen am dichtesten zusammen. Trotz der engen Zugänge vom »Markt« und der Schnurgasse her war für jene noch eisenbahnlose Zeit die Lage sehr günstig. Denn die Schnurgasse geht in die Fahrgasse, die von der alten Brücke zum alten Posthof in der Friedbergergasse jenseits der Zeil führte, und hier mündeten von den Toren her die Postrouten aus Mainz, Limburg, Friedberg, Hanau, Darmstadt. Noch näher als die Post lagen die Landungsplätze der Marktschiffe am Fahrtor; der Weg von dort führte über den Hauptplatz der Altstadt, am Römer vorbei.

Die große Balustergalerie aus Holz, die sich vor der Front des einen der alten Häuser längs des Hofes hinzieht, gab dem ganzen Platz ein malerisches Aussehen, zumal diese Galerien reich umgrünt und mit Blumen besetzt waren. Es herrschte in Stoltzes Knabenzeit ein reger Verkehr im Rebstock; mehr aber noch brachte die Nähe des Pfarrturms, des Bartholomäusdoms, dem heranwachsenden Knaben zum Bewußtsein, daß er im Herzen der Vaterstadt wohne.

Der »Rewestock«, mei Vatterhaus,
Dhat nah beim Pathorn leihe;
Hoch iwwer unser Dach enaus,
Wie hoch sah ich en steihe!
Deß war e Rewepfahl, e Plock!
De Wolke nah, wo 's wettert;
Doch is des Kind vom Rewestock,
Wie oft, enuffgeklettert.

Im Pathorn war kaa Eckelche,
Ich wußt's, kaa Luck, kaa Boge;
Da hing kaa Glock, kaa Glöckelche,
Ich habb' schonn draa gezoge.
Der Therner selbst uff der Altan
Wußt's besser net zu sage,
Wo's Sprachrohr un die Feuerfahn,
Trompeet un Fernrohr lage.

Im Pathorn war ich wie dehaam;
Ganz in der Näh war's freilich,
Un aus meim goldne Kinnertraam
Da ragt er hoch un heilig.

Die Name von 're jede Glock
Un ihr Geburtsregister,
Ich wußt se, wie im Rewestock
Von Eltern un Geschwister.

Ihr Klang, un was er hat bedeut',
Es bleibt merr unvergesse;
»Es hat ja schon zwölf Uhr geläut', –
Kriehn merr noch nix zu esse?«...
Un Nachts, lag schlaflos ich und krank,
Un hab' die Glock vernomme:
»Es läut' vier Uhr, – ach Gott sei Dank
Jetzt werd der Dag bald komme!«...

Und wann im diefe, diefe Baß
Die Meßglock hat geklunge, –
»Mei Meß!« wie bin ich uff die Gass'
Mit lautem Ruf gesprunge!
Un fing derr die Carolusglock
Im Pathorn aa zu brumme,
Was war des iwwerm Rewestock
Hoch in der Luft e Summe!

Wie awwer hat der Thorn gebraust
Am achtzehte Octower!
Als hätt' die deitsche Eisefaust
Dort dirigirt die Ower!
Von alle Glocke e Gebraus,
E Machtchoral, e ganzer,
Wie dorch die Luft in's Land enaus
E Storm mit Schild un Panzer!...

»An meiner Herkunft war ganz Deutschland beteiligt«, scherzte der Dichter im Alter. »Ich bin ein deutsches Vollblut. Mein Vater war ein Norddeutscher, meine Mutter war eine Frankfurterin. Der Vater von dieser stammte vom Neckar, war also ein Süddeutscher, und dessen Frau aus Thüringen, war also aus Mitteldeutschland.« Vater Friedrich Christian Stoltze, geboren zu Hörla in Waldeck am 21. März 1783, kam früh nach Kassel, wo er Kellner wurde, siedelte um die Jahrhundertwende nach Frankfurt über und wurde Oberkellner im »Goldenen Löwen«, dem späteren »Württemberger Hof«.

In den bewegten Zeiten herrschte in Frankfurt ein überaus reger Verkehr; so drückend auch die politischen Verhältnisse auf dem Handel und Handwerk lasteten, die Gastwirte und ihre Leute konnten sich nicht beklagen. Als der »Kellner und Koch« Friedrich Stoltze sich im Jahre 1808 um das Bürgerrecht bewarb, konnte er auf 500 ersparte Gulden hinweisen, für damalige Verhältnisse ein kleines Vermögen. Er war jetzt mit der

Der »Rebstock«, Friedrich Stoltzes Geburtshaus.

Tochter des Bürgers und Packers Friedrich Rottmann verlobt; die Packer (Spediteure) bildeten im alten Frankfurt ein für Meßgeschäft und Handel sehr wichtiges Gewerbe.

Vater Rottmann besaß die Konzession, das Gasthaus »Zur goldenen Spitze« in der Mausgasse zu betreiben. Der Schwiegersohn übernahm die »Köcherei und Aufwartung« in dem neuen Geschäft. Am 29. März 1808 trat der junge Waldecker als »Speisewirt« in das Bürgerrecht ein; am 21. Juni führte er die Jungfer Anna Maria Rottmann heim; kurz darauf wurde er, ein Zeichen, daß er sich der Achtung seiner benachbarten Mitbürger erfreute, zum Bürgeroffizier seines Quartiers gewählt.

Nur wenige Jahre blieb das junge Paar bei den Schwiegereltern in der Fußherberge »Zur goldenen Spitze«; am 1. April 1813 übernahm Stoltze die benachbarte Schildwirtschaft »Zum Rebstock« und erwarb im nächsten Jahre auch das Haus. Bald eröffnete er auch einen Handel mit den damals beliebten Mineral- und Gesundheitswassern.

Das Geschäft blühte; »die fortwährenden Truppendurchmärsche in den Kriegsjahren brachten dem gewandten und aufmerksamen Gastwirt ein schönes Stück Geld ein, während in der folgenden Friedenszeit der bewährte Durst der altstädtischen Nachbarn die solide Grundlage des Geschäftes bildete; der Stoff war gut, wenn der Wirt auch nur ein »Eingeplackter« und »Hergeloffener« war.«

Am meisten blühte der »Rebstock« im Frühjahr und Herbst während der Messen. Die Gäste aus Holland, Belgien, dem Rheinland, Westfalen, Braunschweig, Hannover und Hessen kamen so zahlreich, daß sich der Gasthalter regelmäßig gezwungen sah, einen Teil der bei ihm anlangenden Gäste in fremden Häusern einzuquartieren. Den starken Zuspruch aus Norddeutschland verdankte der Wirt nicht zuletzt dem Umstand, daß er sein Waldecker Deutsch sich rein erhalten hatte. Gerade dies aber brachte ins Familienleben der Stoltzes einen gewissen Zwiespalt. Der Herr Gasthalter bildete mit seiner Tochter Annett die »Waldeckische Partei«, denn seine Älteste hatte sich seinen Dialekt zu eigen gemacht und sprach ganz reines Hochdeutsch. Die »Frankfurter Partei« bestand aus der Frau Gasthalterin, dem Fritz und den Großeltern Rottmann in der »Goldenen Spitz«.

Die beiden alten Leute, obgleich er aus Neckarsteinach und sie aus Sonneberg in Thüringen stammte, fühlten sich längst in Frankfurt, wo sich einst ihre Herzen gefunden und das Glück ihnen wohlgewollt hatte, völlig eingebürgert. Auch waren sie mit Altfrankfurter Familien verschwägert. Beim Gewürzkrämer Häffner und dem Conditor Holzschuh wird sich das »Fritzi« nicht wenig »Klunscher« und »Gutscher« geholt haben. Der Großvater Rottmann hat viel dazu beigetragen, daß sich die Liebe zur Vaterstadt im Gemüte des Enkels so ganz besonders stark entwickelt hat; ihm hat denn auch dieser später ein Denkmal gesetzt in dem Erinnerungsblatt »Von Frankfurt's Macht und Größe«.

»Wann Aaner die größte Sticker uff sei Vatterstadt gehalte hat, so is des mei Großvatter gewese. Der hat derr euch en Begriff von der Größ un Macht un Gewalt von der Freie Stadt Frankfort gehat, wie derrsch in alle Geographiebücher zesammegenomme net drin vorkimmt... Un daß er net behaapt hat, die Frankforter hätte Flichel, die merr nor net seh dhet,

Anna Maria Stoltze, geborene Rottmann (1787–1868), die Mutter des Dichters in jungen Jahren. Kleines Porträtbild in Öl, Historisches Museum in Frankfurt am Main.

weil se den Rock driwwer aaziehe dhete, des war Alles. Die Bollezei odder un der leibhaftig Deiwel, e Rathsherr un e Halbgott, der Borjemaaster un der derkisch Suldan hawwe bei em in gleichem Aaseh gestanne, un wann err als hat uff dem Römer zu dhu gehat, hat err schon am Staanern Haus uffem Mark die Schuh abgekratzt. Iwwer sei schee un dheier Frankforter Muttersprach is em odder gar nix gange; un von de Waldecker un Hannoveraner hat err behaapt, die dhete die Sprach verderwe un wärn kaa ächte Deutsche net. Un wann err uns Kinner von de Kaiserkrönunge un Uffzick, von de große Scheiweschieße un Schlittefahrte, vom Ferscht Primas un dem Eizuck der Alljirte, vom Halseise un vom Rawestaa, von de Konstawweler un de Bettelvöck, von de Glaat'sreiter un de Fähnerichsmahlzeite, vom Ketteesel un vom Muhkalb verzehlt hat, das des Nachts uff der Gaß de Leut uff de Buckel gesprunge is, da hawwe merr dagesotze un hawwe Maul un Nas uffgesperrt... Awwer mei Großvatter hat's bei uns Kinner net beim blose Verzähle bewenne lasse, err hat uns aach, sozusage, mit der Nas uff die Größ un den Glanz von unserer Vatterstadt druffgestumpt. Ich meen, es wär ehrscht gestern gewese, so gut dhun ich michs noch erinnern, wie ich emal uff en scheene Middag in der Woch un im Sommer mei blau- und weißgestreifte Hösercher aakrieht habb, wo die Hose un Kammesölercher in aam warn, un de Hose hinne mit baanerne Knepp bis ganz enunner zugekneppt gewese sinn, un wie ich habb den Hemderkrage erausgelegt krieht un e roth saffianern Kapp uff. Ich war damals e Biebche von e Jahrer finf un noch net weider komme als um die Dhorn erum, odder in Rosebach sein Gaarte, odder bei'n Scheiwe uffs Klapperfeld, wo jetzt de Schandarme ihr Reitbahn is, oder bei'n Roos uffen Sandweg, wo jetzt dem Schloß sein Cigarrnfawrik steht, odder uffen Schießplatz vor'm Allerhelljedhor, oder bei'n Fay im Divoli, wo ich emol von der Schockel gefalle bin. Dießmal is es odder weider gange, dann mei Großvatter hat zu merr gesagt: ›Fritzi, heut wolle mer odder emal en weide Spaziergang mache, bis uff die Sachsehäuser Waart. Kannst de dann aach so weit laafe?‹ ›Jnja!‹ haw' ich da gesagt. Un da hat mich mei Großvatter an der Hand krieht, un merr sin aus dem Rewestock dorch den Boge, der Neugaß enuff un hinnersch Lämmche, wo ich odder an der Fraa Geyer von Bernem ihre Butterkuche net vorbeizebringe gewese bin. Daderdrum hat merr dann aach mei Großvatter so en runde Kreuzerschbutterkuche kaaft, un die Fraa Geyer hat der so viel Zucker druffgestraat, daß merr des Mehl in beide Naslöcher enei gefahrn is, wie ich in den Butterkuche gebisse habb. Un dann sein merr hinnerm Lämmche erum, iwwern Mark un uff dem Römerbeerg zwische de Fischerhäusercher dorch, die dozemal noch net uffem Garkicheplatz, sonnern uffem Römerbeerg gestanne hawwe, un dorchs Fahrdhor enaus an Maa. Dazemal hat awwer noch des alt Fahrdhor gestanne un's Holzpörtche un warn noch die alte Krahne da, un war derr euch e Lewe an dem Wasser! Un so viel Schiff warn da un hawwe euch die Ufer so voll Balle un Fässer un Kiste gelege un war euch e Fahrn von Haanzlerwäge und Rollwäge, daß mer kaum dorchgekennt hat, dann des Ufer war dazemal noch viel schmäler. Jetz is des viel braater. Un mei Großvatter hat derr aach ganz stolz mit dem Kopp geschittelt un hat zu merr gesagt: »Guck emal, Fritzi, was da e Kiste-, un Fässer- un Ballespiel an dem Maa leiht! Un was des e Hannel un e Wannel is an dem Maa. Ja, Frankfort! des hat was ze bestelle; so e groß Hannelstadt gibt's in der ganze Welt kaa zwett net, als wie Frankfort am Maa. Un guck emal aa die viele große Schiff. – ›Großpapa, sein des lauter Seeschiff?‹ – ›Deß grad net all, mei Kind, awwer se kenne all im Meer schwemme.‹

Un am Fahrdhor sein merr dann an der Iwwerfahrt in en Ache gestiche, un wie merr uffem mitte Maa warn, da hat mei Großvatter zu merr gesagt: ›Jetz, Fritzi, mach odder emol die Aage uff un guck dem Maa enunner, soweit als de kannst. Guckst de, Alles, was de da siehst, hiwwe un driwwe, alle Häuser un Gaarte un des Knöppche, un dem »Kleeblatt« sei Insel un der klaane Maa, und alle Beem un Felder bis ganz, ganz dief enunner an Grinkbrunne un noch viel, viel diefer enunner, ganz weit da hinne bis an den Gutleithof un noch e ganz halb Stunn driwwer enaus: des geheert all Frankfort, des is alles mitenanner nor Frankfortisch! Net wahr, des is odder emal viel?‹ ›Ui!‹ haw' ich gesacht. ›Un jetz dreh dich emal erum nach der Brick zu. Guckst de, des is alles aach Frankfortisch: alle Häuser, hiwwe un driwwe, un ganz Frankfort un ganz Sachsehause un der Rentethorn un der Mexterthorn un die ganze Sachsehäuser Brick mit sammt de zwaa Mihle druff. Un guck odder ehrscht emal dorch die Brickeböge! Da siehst de so weit als des Aag raache dhut, bis ganz hinne an die Gerwermihl, nix als lauter Frankforter Terredorium; da is nix, gar nix, was net ganz Frankfordisch wär. Un was de gar net seh kannst deß is aach alles Frankfordisch. Net wahr, des is emal groß Frankfort?...‹«

Friedrich Stoltzes Vater: der Wirt des »Rebstock«, Friedrich Christian Stoltze.

Als ein ganz anderer Mann hebt sich der Gasthalter Stoltze aus den Geschichten empor, in denen der Sohn später seines Vaters gedacht hat. Ein stattlicher kräftiger Mann, tüchtig zu allem, wozu körperliches Geschick und geistige Findigkeit erforderlich war, tatkräftig, gesellig, heiter, voll Weltklugheit und schlagfertigem Witz, hatte er sich in wenigen Jahren eine dominierende Stellung unter seinen Nachbarn und Standesgenossen erworben. Er verstand zu repräsentieren, an den Diskursen seiner vornehmen Gäste mit kluger Zurückhaltung, an denen der Stammgäste mit gutem Humor teilzunehmen. Mut und Unerschrockenheit müssen ihn ausgezeichnet haben, sonst wäre er sicher nicht verhältnismäßig schnell zum Hauptmann im Löschbataillon der Stadtwehr avanciert. Er war ein guter und eifriger Schütz, und unter den Frankfurter Schützen gelangte er gleichfalls zu Ehren. Wenn das Geschäft besondere Leistungen von ihm forderte, war er in seinem Element. Ein Genrebild seines Sohnes hat ihn für uns bei dieser Tätigkeit festgehalten.

»An em e scheene Mittag, dem Geleitstag, also gleich am ehrschte Meßtag im Herbst, war die Table dhote im Gasthaus zum Rewestock ewe so zahlreich als glänzend. Die Gäst konnte gar net all in der Gaststub placirt wern und dessentwege war aach noch emol e lang Dafel hinnerm Haus im Gärtche unner dem Zelt gedeckt. Hier saße aach die Herrn aus Holland und Belgie sowie aach sechs bis acht Herrn aus Aache, un zwaa Servenat- und Schinkehänneler aus Braunschweig. Der Gasthalter Stoltze, mit ere blendendweiße Salfeet unnerm Aarm, hat gestrahlt for Vergniege un is bald vom Gärtche in die Gaststubb, bald von der Gaststubb in's Gärtche geeilt, um die Table dhote zu iwerwache, die Kellner un Aushelfer aazutreiwe; bald is er in die Kich geeilt un hat da e »Donner un Doria« erschalle lasse, bald hat er den Oberkellner Lacroix beim Tranchirn unterstitzt. Des ganz Personal vom Rewestock war in Dhätigkeit. Sogar der hoffnungsvolle Soh vom Haus hat seiner Mutter un seiner Schwester Anett in der Kichestubb beim Belege der Dessert-Teller mit Obst, Frihtrauwele, Anisschnitte, Dafelrosine, Krachmannele un so weiter geholfe, nadirlich in der uneigenitzigste Weis.«

Aber so viel Vorzüge der Herr Gasthalter vom Rebstock für seinen Beruf in sich vereinigte: ein guter Haushalter war er nicht. Ein unruhiger Trieb in seiner genußfrohen Natur ließ ihn kein Genüge finden an dem Gastwirtsgeschäft, und die kavaliermäßigen Seiten desselben, das Halten

Der »Rebstock«, Zeichnung von Otto Lindheimer um 1900.

von Pferden und Wagen, das Probieren von Wein in der Pfalz und im Rheingau, reizte ihn weit mächtiger als die Beschäftigung mit dem Hauptbuch. Wenn das Fritzi vom Vater im leichten Wagen auf einen seiner Ausflüge mitgenommen wurde, so war das für diesen natürlich ein Hauptpläsier, und der Unterricht, den er dabei in der Frankfurter Geographie erhielt, eröffnete ihm etwas weitere Perspektiven über Frankfurts Macht und Größe hinaus als die Spaziergänge mit dem Großvater. Auch auf größere Reisen wurde Fritz vom Vater mitgenommen, so auf eine zu den Verwandten in Waldeck, wo sie in Pyrmont den Kaiser Franz als Kurgast zu sehen bekamen.

Das eigentliche Familienleben ist uns vom Dichter mit liebevoller Treue geschildert worden in den ersten Kapiteln der größeren Erzählung »Polen und Studenten« (1876 bis 1878 in der Frankfurter »Latern« als Fragment erschienen und leider nie vollendet). Gasthalter Stoltze, so viel Pläsier und Freiheit er auch seiner eigenen stattlichen Person gönnte, hielt auf Zucht und Ordnung in seinem Gasthof. Die Kellner, Hausknechte, die Köchin und mehrere Küchen- und Hausmädchen wohnten im Hinterhaus, in das eine Treppe aus dem Rebstock führte. Der Mutter stand die »alt Grittche« als Wirtschafterin zur Seite, die aus dem Rottmannschen Haushalt mit in den Rebstock gekommen war. Grittche oder Annett lasen frühmorgens vor dem Kaffee nach alter Sitte laut ein Stück aus dem von den Großeltern Rottmann in den Haushalt gestifteten »Johann Friedrich Starck's, gewesenen evangelischen Predigers und Konsistorial-Rats zu Frankfurt am Mayn Tägliches Handbuch in guten und bösen Tagen«, einem Buch, das oft auch von Frau Rat Goethe benutzt wurde; der Verfasser war ein Verwandter von ihr.

»E halb Jahrhunnert lang hat aus dem »Parre Starcks Handbuch« die Frau Rottmann ihrm Mann den dägliche Morjend- und Abendsege vorgelese und es hat sich der alte fromme Brauch uff die Stoltzesche Familie iwertrage. Am liebste awer ließ sich der Herr Gasthalter zum Rewestock von seim Liebling, von seiner Tochter Annett vorlese, was awer sei Sohn Fritz durchaus nicht als e Zurücksetzung uffgenommen hat.« Gefrühstückt wurde von der Familie am liebste »hinnerm Haus im Gärtche«. Vater Stoltze erschien dazu in seinem kirschroten türkischen Schlafrock und mit dem buntgestickten Hauskäppchen auf dem Kopf, die Frau Gasthalter, »e klaa, sehr lebhaft Fraa, im Morjendaazug un em Negligéhäubche mit fliehende rote Bänder«. Aufgewartet hat beim Frühstück die alt Grittche. Denn das war »e enger Familieaagelegenheit«.

»Des Gärtche hinnerm Rewestock war mit zwaa Reihe Akaziebääm beblanzt. In der Mitt stand e groß Zelt von hellgraue Drill, die Zacke und Näth rot eingefaßt; die sechskantige Zeltposte warn in de Frankfurter Landesfarwe geringelt, un owe uff dem Zeltknauf war e blechern Wetterfähnelche: e bartiger Kossak mit eingelegter Lanz, im volle Galopp, das klaane Kosakegäulche von ächter donischer Rasse, struppische Haar, lange Mähne un em bedeutend lange Schwanz; e Kunstwerk vom Spengler Heydenreich nach ere Zeichnung vom Maler Käsian, der im Gasthaus zum Rewestock uff Nr. 14 gewohnt hat. Unner dem Zelt befand sich e Reihe Disch mit zwaa Reihe Stihl for die Gäst. Linker Hand im Gärtche, gleich newer dem Ausgang aus der Gaststub war e klaa Mauer, flankiert von zwaa blihende Oleanderbääm in grine Kiwel, und derzwische stand en runder Disch mit vier Stihl. Uff der Mauer selbst awer war von der kunstfertige Hand des Malers Stöcklein die Aasicht von der »Maakur« abgemalt, samt Umgebung. Rechts sah mer im Hinnergrund Ofebach liege. Damit mer aach die Ofebächer Schiffbrick seh konnt, hat der Maler Stöcklein eigens des derrfor liegende Dorf Fechenheim ebbes aus dem Weg gelegt... Am End vom Gärtche war e zwett un größer Mauer, von Dannegebüsch flankiert, aus dene sich, uff hoche hölzerne marmorirte Sockel, zwaa Statue, aus Blech getriwe, erhowe. Die Figur linker Hand hat en sehr schwarze Mohr vorgestellt, der uff em ganz merkwirdige Wollekopp e aiserst buntig Fedderkron getrage hat... Die anner Figur, rechter Hand, war die Ceres. Dorch en mythologische Errdhum bei ere Versteigerung, kam se im die Gesellschaft von dem Mohr un ward so grausam von em Bachus getrennt, den der Werthsgartebesitzer Scheiwe mit ere Indianerin ersteigert hatt... Uff der Mauer selbst awer, zwischen dene zwaa Figurn, war des Frankforter Owerforschthaus mit Umgebung abgebild. Sehr viele Equipage sah merr da hi fahrn, jed von ihrer respektive Staabwolk beglaadt. Am Waldrand awer hat merr sehr viele Fußgänger bemerkt, nadirlich all sehr gebutzt. Sämtliche zahlreiche Frankforterinne in rote Mandelschale. Seitwärts vom Forschthaus sah merr Nidderad liche un im Hinnergrund den Taunus, mit der Hofheimer Kapell, der Königstaaner und Falkestaaner Ruin, un dann Croneberg, Owererschel, Homborg, Hofheim, Hatterschheim, Wickert un sogar Hochheim, alles nah beisamme, damit die Gäst vom »Rewestock« unner dem Zelt evor aach e recht bequem Fernsicht hätte.« Die Familie des Gasthalters Stoltze hatte also bei günstiger Witterung täglich die Wahl, ob sie »auf der Mainkur« oder »auf dem Forsthaus« frühstücken wollte.

Fritz war der jüngste von sieben Geschwistern. Aber vier davon – lauter Knaben – starben bald nach der Geburt, und als Fritz zur Welt kam, lebten nur zwei Schwestern: die ältere, Sabine verlor er, als er drei Jahre alt war; die jüngere Anna Margaretha, von den Eltern Annett genannt, war am 11. September 1813 geboren, also fast drei Jahre älter als er.

Weil Fritz der einzige von fünf Knaben war, der den Eltern am Leben blieb, wurde der Bub in seiner ersten Zeit arg verwöhnt. Man putzte ihn heraus wie einen kleinen Bajazz; auf dem vom Dichter so köstlich geschilderten Ausflug nach Königstein (»Der Schiffbruch des Raddampfers Freie Stadt Frankfurt«) sehen wir den bereits Elfjährigen bekleidet mit gelben Höserchen, einem grünen Kamisölchen und einer roten saffianeren Kapp. Wer den Vater Stoltze in der Glorie seines anschlägigen Humors sehen will, muß diese Geschichte lesen: die tolle Faschingsidee, »zu Schiff« in den Taunus zu fahren, entspringt dem unternehmungslustigen Geiste des Gasthalters vom Rebstock. An der unerhörten Schiffahrt in einem Mainnachen auf Rädern, von vier Pferden gezogen, nahmen zwei Dutzend Gastwirte und Handwerker teil, Frau Stoltze und ihre Tochter im Sonntagsstaat nach der neuesten »Modi« schlossen sich in der Hotelequipage mit dem Fritz dem Riesenrollwagen an, der das in den Frankfurter Farben prangende Schiff seinen Seeabenteuern auf der Landstraße entgegentrug.

Einige der Handwerksmeister gehörten zur »Frankfurter Stadtwehr«, in der Vater Stoltze stolz den Rang eines Hauptmanns im Löschbataillon bekleidete. Die Stadtwehr umfaßte freiwillige Kavallerie, Artillerie, Scharfschützen, Jäger (2 Bataillone), Infanterie (2 Bataillone), das Löschbataillon und 3 Bataillone Infanterie. In ihr dienten nur Frankfurter Bürger, die bloß zu regelmäßigen Übungen und rein militärischem Wachtdienst verpflichtet waren; drei- bis viertausend Mann stark stellte sie sich alljährlich zur großen Revue am Grindbrunnen ein. In der Stadtwehr lebte in neuen Formen die Bürgerwehr fort, die zur Verteidigung der alten Reichsstadt schon im Mittelalter bestanden hatte. Den »Fähnlein« von früher entsprachen die Kompagnien der reichsstädtischen Bürgerwehr, von denen jedes der vierzehn Stadtquartiere eine stellte; in der von Karl

Die Parade am Grindbrunnen am Verfassungstag, alljährlich vom Bürgermilitär ausgeführt, gehörte zu Stoltzes Jugenderinnerungen. (Gouache um 1830.)

Malß im »Alten Bürgercapitain« geschilderten Zeit (1815) stand an der Spitze jedes Quartiers ein »Capitain«, der auch Quartiervorstand war. Nach der Neuordnung der Stadtwehr hatten die Quartiervorstände jetzt den Rang von »Majoren«. Dem »Rebstock« gegenüber wohnte übrigens der Major Graumann, nach dem das Bataillon der besonders beliebten grünuniformierten »Graumänner« genannt war. In ihm diente der von Stoltze so oft genannte Maler Kaisian, der Held der köstlichen Episode: »Wie Aaner absolut wollt erschosse sei«. »Der Maler Käsian war bei de »Graumänner«, un wann er sei gri Uniform aagehat hat, den Säwel um, un den Schako mit dem hoche Fedderbusch uff, un den Schnorrbart recht schwarz gewichst und ungrisch mit lange Spitze hiwe un driwe enausgedreht, un hat sich sei Krawatt recht fest geschnallt, so daß er en recht rote Kopp krag, da hat er sehr martialisch ausgeseh«. Der allzeit fidele Junggeselle, der in der Altstädter Bürgerschaft als Porträtmaler recht beliebt war, wohnte in einem Zimmer des Rebstocks und stand mit Stoltzes in freundschaftlichem Verkehr.

Derjenige Altfrankfurter Brauch aber, der für das Knabengemüt die höchste Bedeutung gewann, war der »Wäldchesdag«. Am dritten Pfingstfeiertag zog man nachmittags mit Kind und Kegel in den an die Sachsenhäuser Gemarkung und an Niederrad grenzenden Teil des Stadtwalds und feierte dort ein Frühlingsfest. In Stoltzes Knabenzeit wurde es unter Teilnahme aller Stände begangen. Alle Läden, alle Büros und Geschäfte wurden dieses Bürgerfests wegen geschlossen. Kein Senator versäumte, mit den Seinen sich in das frohe Treiben zu mischen. Auch wer im Wagen hinausfuhr, lagerte sich zum Picknick im Grünen. Ausmarsch und Ausfahrt der Tausende gestalteten sich zu einer großen Revue der neuen Frühlingstoiletten.

3 ...und worde däglich weiser

Es war nur natürlich, daß Fritz als einziger Sohn eines Gasthofsbesitzers, dessen Schwiegervater ebenfalls einen Gasthof besaß, zunächst von beiden in der Überzeugung erzogen wurde, er werde dereinst ihr Nachfolger werden. Der Bub schien auch alle Anlagen dafür zu haben; er zeigte sich anstellig und gefällig, wo es dem Vater und Großvater, dem Hausburschen und dem Kutscher bei irgendeiner Hantierung zu helfen galt, und wußte in Küche und Keller, in Pferdestall und Wagenremise Bescheid, noch ehe er in die Schule kam. Die Schwester hatte ihn schon lesen gelehrt, als er zum Lehrer Diehl in die Katharinenschule gebracht wurde. Als eine Bürgerschule zweiten Ranges trat 1824 diese »Mittelschule« ins Leben. Der Lehrer Diehl gehörte zu den Stammgästen im Rebstock, wo er sichs als Lehrer des Haussohns wohl sein ließ. Wie er nach der Sitte der Zeit zur Aufrechterhaltung der Disziplin Bakel und Farrenschwanz gehörig zu brauchen wußte, hat später sein ausgelassenster Zögling in dem Schwankgedicht »Die Blutblas« geschildert; bei dem Sinn für Humor, den der lebenslustige und immer durstige Mann in der Erzählung »Der Schiffbruch des Raddampfers ›Freie Stadt Frankfurt‹« entwickelt und seinen nahen Beziehungen zu den Kellerverhältnissen des »Rebstocks« ist aber nicht anzunehmen, daß gerade Fritz unter seiner Strenge besonders zu leiden hatte. Von dem Humor dieses Lehrers enthält das Gedicht »Der Profet Jonas« eine Probe, das der Dichter bei der ersten Herausgabe mit der Bemerkung: »Erinnerung aus de Schuljahre« versah.

Von Acht bis Neun war Unnericht
Stets in der biblische Geschicht.
Merr warn an de Profete,
Am Jonas, wie err in die See
Geborzelt is bei Ninivee; –
Fort war err! – Unner! – Bleede!

E Wallfisch hat en kaum geguckt,
So hat errn aach schon gleich verschluckt;
Err wollt en nicht erst kaue.
Drei Dag lang ohne Stuhl un Disch
Saß der Profet so in dem Fisch,
Un war net zu verdaue.

Der Wallfisch, der sehr Leibweh krag,
Der speuzt' en aus am verrte Dag
Grad uff die Ufertrappe.
Der Jonas rafft sich mihsam uff
Un lobt den Herrn, und kriecht enuff
Un mecht sich aus de Lappe.

So etwa brachts der Lehrer vor,
Mit annern, bessern Worte nor,
Dann davor war's der Lehrer.
Mir Buwe horchte fromm der Redd,
Nor Aaner hat's bedabbelt net,
Der von Begriff war schwerer.

Der segt un mecht e dumm Gesicht:
Ei letzt in der Nadurgeschicht,
Da dhate Se doch sage,
Der Wallfisch hätt en enge Schlund
Un deshalb könnt aus diesem Grund
Nix Großes in sein Mage.

Un es beständ sei Middagsdisch
Aus lauter ganze klaane Fisch
Un Seegewerm un Schnecke. –
Bei so em enge Gorjelschlauch,
Wie kam der Jonas in den Bauch
Und blieb im Hals net stecke?

Der Lehrer, der sprach ganz verblifft:
E Wallfischschlund, was deß betrifft,
Is zwar e enger, klaaner, –
Doch deshalb sei ganz außer Sorg',
E Judd drickt iwerall sich dorch,
Un Jonas war ja aaner!

Ein Witz eigener Prägung war es, was Fritz bald wieder aus der Katharinenschule herausbrachte. Seiner Schwester Annett war von Vater und Großvater eine mehr als standesgemäße Bildung zugedacht worden. Sie war sehr begabt, und ihre Talente imponierten dem Vater mächtig; auch wünschte er, daß sie die Jahre des Heranreifens fern von dem Gasthoftreiben verbrächte. Annett kam in das damals vielgerühmte, von der Großherzogin Stephanie von Baden gestiftete Institut in Mannheim, in dem fast nur Töchter von adliger Abkunft erzogen wurden. Als nun die Schwester zum erstenmal in den Ferien wieder daheim war, und alle lauschten bei ihren Schilderungen, regte sich in dem Bruder der Neid, und er sagte zur Schwester: »Annett, du wirst wie eine Prinzessin erzogen und du bist auch eine; du bist so schön wie die Prinzessinnen in den Märchen; ich aber gehe in eine Mittelschule, der Papa hat auch Mittel zu meiner Erziehung!« In der Niederschrift des Dichters, der wir dies entnehmen, heißt's weiter: »Diese naseweise, von einem kleinen Jungen gemachte Bemerkung war von großem Eindruck auf den Vater. Schon gleich am nächsten Tag kam ich in die Pension des Dr. Kemmeter in der Schlesingergasse und zwar in Halbpension. Abends kam ich nach Haus, wo mich jedoch schon der alte Professor Textor erwartete, um mir Lateinisch und Griechisch beizubringen. Der alte Professor war ein grundgelehrtes Haus und ein ganz ausgezeichneter Lehrer. Wie ich einmal nach einigen Jahren anfing, die Alten, die er mir in der anziehendsten Weise erklärte, etwas zu verstehen und die erste Grammatik überstanden hatte, waren mir die Stunden des alten Professors bei weitem die liebsten von allen, und ich lief förmlich Galopp von der Schlesingergasse in den Rebstock.« Auch in das Knabeninstitut von Dr. Kemmeter, das nach dessen Tode von Dr. Kayser im »Junghof« fortgeführt wurde, ging der Lernbegierige gern, und im Alter sang Stoltze:

Mir Buwe in dem Institut
Vom Kemmeter un Kayser,
Merr lernte was un hatte's gut
Und worde däglich weiser.

In unserer Quelle aber heißt es weiter:

»Die seligsten Tage meiner Kindheit begannen eigentlich erst mit der Zurückkunft meiner Schwester aus dem Pensionat. Das ganze Familienleben im Rebstock wurde durch sie umgestaltet. Es bekam alles einen im besten Sinne feinen Anstrich. Ich selbst ward aus der Wirtsstube, wo ich

Pfarreisen mit Luthereck, der spätere Domplatz, war nahe dem Rebstock Teil der Welt des kleinen Fritz. (Stahlstich nach einer Zeichnung von Dielmann.)

allerlei hörte, was für ein so junges Gemüt nicht immer ganz geeignet war, aber auch vieles, was den Mutterwitz weckte und das Volksleben mich kennen lehrte, unmittelbar unter die Grazien versetzt. Für die Haushaltung war meine Schwester vollständig verloren, eine natürliche Folge ihrer Erziehung; sie beschäftigte sich nur mit Musik und Gesang oder saß an der Staffelei und malte, wobei ihr der Maler Kaisian lehrend zur Seite stand; sie war eine Schülerin von Ferdinand Ries, dem bekannten Komponisten, spielte Klavier wie eine kleine Virtuosin und sang wie eine Nachtigall. – Ich war damals vierzehn Jahre alt, hatte ein glattes Gesichtchen, war aber ein wilder Bub, der nicht viel auf seine Kleider hielt. Ich war ein sogenannter Reißteufel. Um mich davon abzubringen, verfielen meine Schwester und ihre Freundinnen auf das Extrem und putzten mich auf.

Es war eine Zeit der Verhätschelung, der ich mich aber doch bald wieder entriß. Übrigens haben die durchweg sehr gebildeten Dämchen dennoch erziehlich auf mich eingewirkt und dem sehr übermütigen Jungen feinere Manieren beigebracht.«

Die Annett war der Liebling und Augapfel ihres Vaters; dem schön herangeblühten Mädchen konnte er keine Bitte abschlagen, und so wurde diese zum Schutzengel für den mutwilligen Bruder, der durch seine Einfälle und Possen den Eltern manchen Ärger bereitete. In der Novelle »Der rothe Schornsteinfeger« hat sie später Friedrich geschildert, wie sie durch ihre Ankunft mit einem Rosenstrauß für den Vater diesem von der Stirn die Zornfalten scheucht, die gerade ein Streich des Sohnes erregt hat. Entzückt weilt des Dichters Erinnerung bei dem Bilde, »wie se vor ihm stand, im weißen Klaad, e Ros' an die Brust gesteckt, den Strohhut un den Schal uff dem Aarm – e Mädche von wahrhaft idealer Schönheit... Schlank uffgeschosse wie e Dann, von undadelhaftem Wuchs un nobler Haltung, tiefdunkle Haar, blaue Aage, lange Wimpern, dichte, scharfgezogene Braue, en blendend weißen Teint un e Mäulche wie e erschlosse Roseknöppche. Unvergeßlich is merr ihr Stimm: es war, als wann merr mit eme silwerne Hämmerche widder e silwern Glock schlage dhet. Daderbei e Mädche von Talent un Geist, awer mit eme große Hang zum Absonderliche, Extreme... Sie war aach die aanzig im ganze Haus, die iwwer mich böse Bub Macht gehat hat. Ihr haw' ich gefolgt wie e Lämmche. Sie hat's verstanne, mitte aus meine Unarte eraus en bildsame Kern zu entdecke. Wie se emal gemerkt hat, daß ich mich for ihr Beschäftigunge intressir un Gaß un Spielkamerade im Stich laß, so wie ich ihr Clavier un ihr Silwerstimm gehört hab, un mäusistill zu ihr Füß uff dem Schawellche saß un zu err ganz glickselig enuffsah, – da wußt se aach schon, wie se mit mir draa war. In meim junge Herze fings schon früh zu klinge un zu läute aa; mit meim kindliche Reim dorft ich awwer meim Vatter net komme. Der hat mich ausgelacht mit meine Dinteflecke und Kratzelfüß... Mei Schwester derrgege hat mich uffgemuntert un hat merr Gedichtebicher gewwe, die meim Fassungsvermöge zugängig warn. Des ehrschte warn Höltys Gedichte. Die Gedichte hat mei Schwester mit merr gelese un die Lieder hat se merr am Clavier vorgesunge. O glicklich Zeit! Daß ich zu em Dichter bin warn, hat mei Schwester zu verantworte! Ich wäsch mei Händ in Unschuld. Awwer net allaa die ernst, aach die humoristisch Seit hat se in

Blick auf Frankfurt am Main vom Wendelsweg aus. Kolorierte Zeich

J. F. Morgenstern (1777–1844).

merr aageschlage; deß heeßt: es hawwe sich zwaa geschwisterliche Seele zusamme gefunne, um sich uff Unkoste von annern Leut un besonnerscht iwwern eigene »Rewestock« lustig zu mache; mei Schwester von eme hochnäsige Institutsstandpunkt aus un ich aus eme aageborene Hang zum Muthwille.

...Alles Ungewöhnliche hat mei Schwester lebhaft ergriffe. Als noch kaa aanzig Frauenzimmer in ganz Frankfort draa gedacht hat, Schlittschuh zu laafe un Schwimme zu lerne, hat mei Schwester schon längst Schlittschuhlaafe und Schwimme kenne. Sie hat mit ere Sicherheit kutschirt wie e kaiserlicher Leibkutscher.«

So wirkte Annett auf den Knaben ein. In einer Niederschrift ohne humoristischen Unterhaltungszweck, in der Stoltze seine Jugend zur Berichtigung falscher Angaben skizzierte, heißt es darüber: »Wie ich zur Poesie gekommen bin, weiß ich selber nicht; vermutlich wie die Vögel zum Singen. Sehr frühe schon fing ich eines Tages zu zwitschern an. Meine Schwester Annette munterte mich auf und versah mich mit Lektüre, wobei sie freilich mir ihre eigenen Lieblingsdichter empfahl: Ernst Schulze und Tiedge, die damals auf allen Salontischen anzutreffen waren. Die »Bezauberte Rose« und die »Cäcilie« Schulzes und Tiedges »Urania« kann ich heute noch fast ganz auswendig. Die Schillerschen Gedichte verschlang ich. Eigentlich wohl ums Herz ist es mir aber erst bei Goethes Versen geworden. Da war alles frisches Leben und Gesundheit, was mir besonders zusagte. Dabei behagte mir vorab das Körnige seiner Sprache und die klare Einfachheit seiner doch so tiefen und großen Gedanken. Ich sah zu ihm hinauf »mit beschatteten Augen« wie zu einer Lichtgestalt. Zum Humor habe ich, um mich unbescheiden auszudrücken, eine angeborne Neigung, die sich sehr zeitig, nur zu zeitig durch allerlei Teufelsstreiche und Mutwillen offenbarte. »Langbein und Blumauer« (Langbein in seinen »Schwänken« ein Meister der versifizierten Erzählung komischer Vorfälle, Blumauer, berühmt durch seine Travestie von Vergils Aeneide) »las ich viel zu früh, heimlich und durcheinander mit Schulze und Tiedge! Als ich den »Don Quixote« mir verschaffte, sah ich den Langbein und Blumauer nicht mehr an.«

Ganz anders als die Schwester konnte ihm sein Privatlehrer Textor die Welt von Goethes Poesie erschließen und ihn frühzeitig davon überzeugen, daß die Vaterstadt und ihre Umgebung die Heimat dieser Poesie war.

Wenn jetzt der nachdenklicher werdende Junge statt mit dem Großvater mit dem Lehrer zur Sachsenhäuser Warte hinaufging, wurde ihm klar, daß der Blick zurück auf die Stadt der Schilderung glich, die Goethes Faust auf dem Osterspaziergang vor dem Tor an Wagner richtet.

Friedrich Karl Ludwig Textor war ein direkter Vetter Goethes. Als Sohn des Schöffen Johann Jost Textor, eines Bruders der Frau Rat, am 13. November 1775 in Frankfurt geboren, war er um ein Menschenalter jünger als der Dichter, studierte in Tübingen Jura und habilitierte sich an der schwäbischen Universität. 1813 leistete er als Advokat seinen Bürgereid in Frankfurt, hatte als Anwalt dann aber keinen wirtschaftlichen Erfolg. Durch »Unterrichtserteilung in deutscher, römischer und griechischer Sprache und den damit in Berührung stehenden Fächern« schuf er sich eine Existenz, die ihm seine bescheidenen Bedürfnisse sicherte.

Wie Bettina Brentano hatte er einst den Erzählungen seiner Tante Goethe von ihres Wolfgangs Jugendzeit gelauscht. Zu Frau Ajas Beerdigung 1808 war er nach Frankfurt gekommen. Oft zog es jetzt den alternden Mann zu ihrem Grab auf dem alten Peterskirchhof, und sein Lieblingsschüler Fritz Stoltze hat ihn oft dahin begleitet. Dieser ernste, mit der Welt zerfallene Gelehrte, dessen Geist von edlem Humanismus erfüllt war, hat die Entwicklung Stoltzes stark beeinflußt. Textor konnte merkwürdigerweise auch Stoltzes Frohnatur und Lust zu fabulieren die erste Anregung geben, sich als Poet im Frankfurter Dialekt zu versuchen.

Als Sekundaner des Frankfurter Gymnasiums im Jahre 1793 hatte Textor aus naiver Freude am Komischen und dem angeborenen Hang zur Satire eine Reihe dramatischer Szenen in Frankfurter Mundart geschrieben, welche die unfreiwillige Komik und jammervolle Unterrichtsmethode des Prorektors Scherbius betrafen. Dies »Lustspiel« erschien unter dem Titel »Der Prorektor«, wohl ohne Zutun des Verfassers und nach der Abschrift eines Mitschülers, 1794 in Druck. Der Titel hatte den Zusatz: »Die Geschichte fiel an einem Mittwoch Morgen im Jahre 1793 vor. Der Schauplatz ist in Sekunda des Frankfurter Gymnasiums.« Dieser Schwank ist das erste Literaturerzeugnis in Frankfurter Dialekt von poetischem Wert; es hat Schule gemacht in einer Anzahl von Nachahmungen, deren erste der Schwank »Der Gräff, wie er leibt und lebt« von Wilhelm Sauerwein war.

Noch bevor Stoltze die Lokalstücke des letzteren und die von Karl

Malß kennenlernte, kam der »Prorektor« des alten Hauslehrers in seine Hände, und die Tatsache, daß der jetzt so ernste und gelehrte Mann als Gymnasiast gerade ein so loser Bub gewesen war wie er selbst, mag nicht wenig dazu beigetragen haben, daß er sich an diesen Lehrer mit vollem Vertrauen schloß.

Textor ließ den Schwank wohl gelten als einen schülerhaften Versuch in jener Lustspielkomik, der die Meisterwerke des Aristophanes angehören, und als einen Versuch, die Mundart der geliebten Vaterstadt im Dienst des Humors literarisch anzuwenden. Er zeigte dem Schüler, wie all die oft bizarren und scheinbar willkürlichen Eigentümlichkeiten der Volkssprechweise bestimmten Sprachgesetzen ebenso genügen wie die Regeln und Ausnahmen irgend einer literarisch fixierten Schriftsprache, und konnte sich, wenn er seine Mundartdichtung rechtfertigte, auf Goethe berufen. Dieser hatte die alemannischen Gedichte Hebels mit dem größten Interesse begrüßt, ferner in Rezensionen seine Sympathie für das Straßburger Dialektstück »Der Pfingstmontag« von Arnold und die Gedichte des Nürnbergers Grübel ausgesprochen. »In jeder Volksmundart spricht sich ein eigenes inneres Leben aus, welches in seinen Abstufungen eine besondere National-Charakteristik darbietet«, zu diesem Satze des Straßburgers hatte sich 1819 Goethe bekannt, der selbst nie aufhörte, mit Besonderheiten des Frankfurter Dialekts seine eigene poetische Sprache zu würzen.

Mit Staunen nahm andrerseits Professor Textor wahr, welch hochentwickelten Sinn für diese Besonderheiten sein Schüler Stoltze besaß, der gleichzeitig vom Vater her über die reinste Aussprache des Hochdeutschen verfügte. Es machte ihm Spaß, diesen Sinn auszubilden und, da er bereits der Vertraute der poetischen Versuche des Knaben war, ermunterte er ihn, sich auch im Dialektgedicht zu versuchen. Er unterrichtete ihn regelrecht im Frankfurter Idiom, schrieb ihm eigens ein Wörterbuch und eine kleine Grammatik für diesen Unterricht. So ist es gekommen, daß des Knaben frühreifes Talent sich gleichzeitig in der hochdeutschen Schriftsprache und im Frankfurter Dialekt zu entfalten begann.

Welche Innigkeit sein Gemütsleben bei allem Mutwillen barg, bezeugen die »Geistlichen Gedichte« aus seinem vierzehnten Jahr. Wir sehen darin den Widerschein des Konfirmationsunterrichts, den Fritz von dem Pfarrer Anton Kirchner empfing, dem aufgeklärten Theologen und Verfasser der »Geschichte der Stadt Frankfurt«. Ihm verdankte Stoltze die Weltanschauung, die das Gedicht »Gottvertrauen« ausspricht.

Halt fest an Gott von Jugend an
Und sei voll Zuversicht!
Geh' still und treue deine Bahn
Und laß dich selber nicht.

Ist auch dein Herz betrübt zu Tod,
Dein Glück wie Spreu verweht,
Verzage nicht in deiner Noth
Und sprich ein schlicht Gebet.

Da wird dir wieder leicht und klar
Bis in das Haupt hinan;
Es weht dich mild und wunderbar
Wie Palmenwehen an.

Ein goldner Friede scheucht das Graun
Wie Sonnenglanz die Nacht.
Das ist das liebe Gottvertraun,
Das dich so ruhig macht.

Die Innigkeit, mit der hier eine reine Empfindung in einfacher Liedform zum Ausdruck gebracht ist, beseelte auch die ersten Naturgedichte:

Hinauf bis zum Gipfel,
Den Wolken umziehn,
Sind Buschwerk und Wipfel
Nun wieder so grün!
Hinab bis zum Schoße
Der untersten Kluft
Ergrünten die Moose
Am Athem der Luft!

Nun strömt's aus allen Toren
In heller Fröhlichkeit,
Der Leib wie neu geboren,
Die Seele wie befreit.

Das Herze, leicht zum Hauchen,
Möcht' gleich auf alle Höh'n,
Und bleibst mit nassen Augen
Beim ersten Veilchen steh'n.

Wir erkennen den Einfluß der Jugendpoesie Goethes, deren pantheistischer Geist in anderen Gedichten sich geltend machte. Wie die reli-

Der kolorierte Stich der Katharinenkirche (nach einer Zeichnung von Heinzlmann) ist um 1830 erschienen, genau in der Zeit, als Friedrich Stoltze in der Kirche an der Hauptwache konfirmiert wurde.

giöse Poesie Ernst Schulzes auf ihn wirkte, zeigt sich besonders in dem größeren Gedicht »Das Christfest« (1830), das in erhabenem Stile ausmalt, wie der Engel Gabriel den Hirten auf dem Feld bei Bethlehem die Geburt Christi verkündet. »Wie Harfentöne« klingen »die Tritte der hohen Lichtgestalt« des Engels und ebenso »der Purpurflügel Schlag« der sich niederschwingenden Seraphim.

Das Gedicht wird nicht nur die Großmutter und die Mutter, sondern auch den Vater erbaut haben, und diesen beschlich allmählich doch die Ahnung, daß in dem Jungen etwas Besonderes stecke. So ließ er ihn denn gewähren, bis einige Zeit später ein neues Gedicht des Sohnes, »Bessere Sterne«, in seine Hände geriet, aus dem er nicht klug ward und das ihm doch gegen seinen Willen imponierte. Er legte es dem Rektor Vömel vom Gymnasium vor, das der Sohn jetzt besuchte. Vömel war ein Pietist von schroffer Rechtgläubigkeit. Der Gestrenge las das Blatt, runzelte die Stirn und gab es mit dem Verdammungsurteil zurück: »Abscheuliche Spinozerei!« Vater Stoltze, der nichts von Spinoza, geschweige von dessen pantheistischer Philosophie wußte, die im All Gott erkennt, verstand statt Spinozerei – »Schinnoserei« (Frankfurter Ausdruck für Narrenspossen) und verwies daraufhin strengstens dem Sohn alles weitere Dichten.

Pfarrer Anton Kirchner (1779–1835), Stoltzes geistlicher Lehrer, der während des Konfirmationsunterrichts die religiöse Anschauung des Gastwirtssohns entscheidend prägte. (Lithographie von C. L. Allemand, 1833.)

Unter seinen wirklichen »Schinnosereien«, schriftlichen wie mündlichen, hatte der Vater wirklich oft genug zu leiden. Wenn dem Fritz eine menschliche Schwäche in ihrer Komik auffiel und in seinem Kopf einen Witz auslöste, mußte der Witz heraus, auch wenn er dabei eine Ohrfeige von der kräftigen Hand des Vaters riskierte.

Der Knabe hatte wie später der Mann einen starken Zug zur idealen Auffassung des Lebens und innige Pietät vor allem, was seinen idealen Anforderungen genügte; aber es war, als hätte sich das Schicksal verschworen, ihn dadurch zum Humoristen heranzubilden, daß es ihm neben die erhabenen und erhebenden Eindrücke sogleich deren komisches Gegenstück stellte.

Das echt religiöse, männlich edle Wesen des Pfarrers Kirchner blieb ihm ein Ideal sein ganzes Leben; aber ein andrer Vertreter des geistlichen Standes, der regelmäßig am Samstagabend im »Rebstock« seine »Kreuzmariagepartie« spielte, sorgte dafür, daß sich des Knaben Respekt vor Kirchner nicht auf den geistlichen Stand übertrug. Die Anekdoten vom »Parre Kännche« sind das Denkmal der innigen Pietätlosigkeit, mit welcher der Konfirmand die menschlichen Schwächen dieses geistlichen Herrn durchschaute, dem er an sich gar nicht gram sein konnte.

4 Von de Phönizier stammt ihr zwei nicht!

Im allgemeinen war der Vater bemüht, den Übermut des Knaben zu zügeln, und als die Konfirmation vorüber war, bestand er energisch darauf, daß Fritz als Vorschule für die ihm zugedachte Laufbahn eines Hoteliers eine kaufmännische Lehrzeit antrete. Daß ihm selbst eine gute kaufmännische Vorbildung fehlte, hatte er längst als Mangel empfunden, andererseits war der Handelsstand der angesehenste in Frankfurt – »Hannel ist doch Hannel!« – und wer auf Grund eines Frankfurter Lehrlingszeugnisses als Kaufmann Bürger wurde, dem war das Vorwärtskommen so leidlich gesichert.

So kam Fritz in die Lehre zu G. C. Melchin, der in dem Hause »Zum roten Männchen« an der Ecke der Alten Mainzergasse am Fahrtor ein großes Kommissions- und Speditionsgeschäft in Kolonialwaren und Landesprodukten betrieb. Herr Melchin bewohnte den ersten Stock; das Kontor und die Magazine waren zu ebener Erde.

Seiner Lehrzeit hat der Dichter ein Erinnerungsblatt gewidmet, den »Beitrag zur Goetheliteratur«. Sogar das Geschäftspersonal, dem der Knabe aus dem »Rebstock« sich zugesellte, ist hier verzeichnet. Ein Magazinier, ein Buchhalter, zwei Kommis, drei Lehrlinge und »ein Original von Ausläufer« standen in Diensten.

Nur nach längerem Widerstand ergab sich Fritz in den Willen des Vaters, denn der lerneifrige Schüler des Professors Textor hatte studieren wollen, ganz wie der kleine David in der köstlichen Erzählung »Die Kapp«. Und mit demselben Widerwillen und dem gleichen Drange, sich durch lose Streiche an dem Schicksal zu rächen, ist Fritz Stoltze in die Lehre gegangen. In Lehrling Hermann Hendrichs, der abends eifrig in einem Liebhabertheater mimte, fand er einen lustigen Spießgesellen.

»Was diese zwaa Lehrling«, heißt es in dem »Beitrag zur Goetheliteratur«, »for Aalage, for Lust un Lieb zum Kaafmannsstand hatte, zu dem se uff e gewaltdhätig Art von ihre eisichtsvolle Vätter auserkorn warn, illustrirt am beste die häufig Versicherung von dem Herrn Prinzipal Melchin selwer, der nor e allzu nachsichtiger un seeleguter Mann war: ›Von de Phönizier stammt ihr zwei nicht! Wann ihr den Hannel erfinne sollt, dhet ihr den Bankrott auskligele. In dem Lewe werd nix aus euch; ihr mißt dann grad e Hannelung in Lumpestraach errichte.‹ In der Dhat schiene aach die zwaa Lehrling kaa geborne Kaafleut zu sei. Der Hermann Hendrichs stann viel liewer im Magazin uff de Hanfballe von Knoblauch in Dingelstedt im Breisgau odder uff em e große Faß voll derre Quetsche von Wenglein in Bamberg un hat die Hohl Gaß aus dem Tell deklamiert, un der Friedrich Stoltze hat im Kopirbuch, zum Schrecke von seim Prinzipal, die Geschäftsbrief in Reim gesetzt, odder er is ins Magazin zu de Krachmannele verduft un hat da mit dem Kienrußbensel allerlei unsterbliche Vers an die Wänd geschriwwe.« Der Lehrherr staunte nur über die »Deiwelsstraach«, die die zwei kunsteifrigen Lehrlinge in Kontor und Magazin begingen. Als aber Hendrichs schon im Herbste 1831 das Geschäft verließ, um dem heißen Drange zur Bühne zu folgen, wurde dem zurückbleibenden jüngeren Genossen Trost von Seiten einer Frau, die einst als Mädchen Clemens Brentanos Lehrlingsnöte sich hatte beichten lassen und nun längst mit ihrem Gatten, dem Geheimrat Johann Jakob v. Willemer, den zweiten Stock des Hauses »Zum roten Männchen« bewohnte.

»Das Haus ›Zum rothe Männche‹«, heißt es im »Beitrag zur Goetheliteratur«, »war zu Aafang der dreißiger Jahr noch Eigendhum vom Geheimrath Willemer, dem bekannte Freund vom Goethe. Der Herr Geheimrath warn dazumal schont stark in de Sibbzig; e schmaler langer Mann, schon ebbes gebeigt dorch die Jahrn un net mehr ganz gut zu Fuß, herngege dorchaus kaa Griesgram, sonnern e freindlicher alter Herr. Der Herr Geheimrath hawwe mit seiner Fraa Mariane im zwette Stock vom »Rothe Männche« gewohnt, mit der Aussicht nach dem Maa zu, un mit der Aussicht nach dem Hof zu. Die Fraa Geheimrath war zwar bedeitend jinger als wie ihr Mann, awwer dazemal doch scho e aagehend Fuffzigern; e klaa ebbes korpelent, awwer lebhaft Fraache, mit e paar blitzende, geistreiche Aage un em e Fießi so elegant un zierlich, daß se e Sechzehjährig drum beneidt hätt. In ihrm freindliche Gesicht, zwische zaa große

Marianne von Willemer
(1784–1860)

Johann Jakob von Willemer
(1760–1838)

graue Locke, sah merr noch die deutliche Spurn von friherer Schönheit. Bekanntlich is die Fraa Mariane die von Goethe in seim Westöstliche Diwan hochgefeiert »Suleika«. Der alte Heid Goethe hat en gute, klassische Geschmack gehat.«

Im Verlauf der kleinen Erzählung ist kurz erwähnt, daß die Frau Geheimrat einen ganz besonderen Spaß an dem Treiben der beiden Lehrlinge gehabt und sie darin sogar aufgemuntert und unterstützt habe. Die gemütvolle alte Frau, die selbst eine Dichterin von hoher Begabung war, hat aber auch dem hübschen aufgeweckten sangesfrohen Lehrling bei Melchin ganz ernsthaft ihre Teilnahme zugewandt. Ist es nicht eine hübsche Fügung, daß die talentvolle Sängerin aus Österreich, die als Mädchen den jungen Brentano, als jugendfrische Frau den alternden Goethe zu Liedern begeistert hatte, nun als angehende Matrone die Beschützerin eines dritten, erst noch werdenden Frankfurter Dichters wurde?

Marianne Willemer wurde die Vertraute seiner poetischen Versuche, und nachdem sie sich überzeugt hatte, daß er seiner ganzen Anlage nach wirklich nicht zum Kaufmann berufen sei, wogegen sich in seinem jungen Kopf poetische Gedanken und eine lebhafte Phantasie in erfreulicher Munterkeit regten, gab sie ihm den einfachen Rat: »Ei Stoltzchen, so laufen Sie doch aus der Lehre!« Sie war gewiß überzeugt, daß der Gasthalter vom Rebstock seinen einzigen Sohn schon zurückrufen und ihm doch noch erlauben werde, sich nach den Plänen des Professor Textor zum Besuch der Universität vorzubereiten. Der hatte dem Schüler in dieser Konfliktszeit getreulich die Stange gehalten; aber gerade der Umstand, daß ein Mann von seinem Wissen und seiner Gelehrsamkeit sich im Alter mühselig durch Stundenerteilen sein Brot verdienen mußte, hatte dazu beigetragen, daß Vater Stoltze auf seinem Willen bestand. Zum Durchbrennen aber kam es nicht, und was das »Stoltzchen« an die Vaterstadt fesselte, war das buntbewegte Leben und Treiben, das gerade jetzt die »Demagogenbewegung« und die Polendurchzüge im »Rebstock« zur Entfaltung brachten.

Daß der Knabe vor diesen Ereignissen die freundlichen Beziehungen zu dem alten Senator Willemer und seiner Frau gewann, wurde für seine Charakterbildung von nicht zu unterschätzender Bedeutung. Ihm ist es immer leicht gefallen, bei aller Freiheitsliebe und aller Freude am Schlichtbürgerlichen und Volksmäßigen das Schöne und Tüchtige auch an solchen zu schätzen, die durch Herkunft oder Erwerb zu den Privilegierten gehörten.

Aus dieser Zeit, in der Stoltze gewiß auch die Wonnen der Tanzstunde durchkostet hat, stammt das älteste uns erhaltene Gedicht in Frankfurter Mundart aus seiner Feder, »Der verliebte junge Altegässer«. Der fünfzehnjährige »Page Cherubin« aus dem Rebstock war jedenfalls in der Lage, die Sehnsucht des Altegässer Gärtnerburschen einigermaßen nachzuempfinden.

Seit ich se in Bernem traf,
Bin ich um mein goldne Schlaf,
Is merr ganz for eweviel
Tuwak, Kaart- und Kegelspiel.

Seit dem Walzer bei'm »Mattern«
Leucht kaa Mond merr und kaa Stern
Un kaa Appel in em Kranz,
Bis ich widder mit err danz!

Ach, ihr Athem war so waarm!
Un so mackelig ihr Aarm!
Un ihr Guckelcher so sieß,
Daß merrsch noch ganz annerscht is.

Jagd un Wald is merr verlaadt
Un uff meine Sticker fraat
Mich kaa Baam mehr und kaa Blanz,
Bis ich widder mit err danz!

Is aach Frankfort noch so schee,
Hat's aach noch so viele Späh,
Wann ich sie net widder guck,
Hust ich uff die ganz Matschbuck!

Ehnder werrd kaa Wort geschwätzt
Un kaa Kapp krakehl gesetzt
Un mei Lewe hat kaan Glanz,
Bis ich widder mit err danz.

Bedenkt man, daß der fünfzehnjährige Dichter für diese außerordentlich lebensvolle psychologische Skizze einer typischen Figur der Frankfurter Altstadt in rein lyrischer Form kein Vorbild hatte, so ist erst recht erstaunlich, mit wie einfachen Mitteln die überaus treffende Charakteristik erreicht ist.

Stoltze trachtete bei diesen ersten Übungen im Dialektgedicht, die er zum Gaudium seiner Schwester anstellte, nach derben komischen Wirkungen. Ein Pendant zu dem Gedicht ist der »Oberräder Ländler«:

Un willst de net folge, so spier's;
Jetzt nemm' ich mei Ränzi un schnier's,
Jetzt nemm' ich mei Ränzi un geh
Un sag derr net aamal adje.

Der heißblütige Oberräder, der seinem Schatz dergestalt droht, ist eifersüchtig: sie hat am letzten Sonntag mit einem anderen getanzt, ja den Hans sogar den Wein trinken lassen, den er bezahlt hat:

Un wann an dem End' von der Welt
Der Hans in die Kluppe merr fällt,
Da klingelt's im Ohr dir gewiß,
Dann Aaner von uns krieht sei Schmiß.

Dieses Lied ist bald, nachdem es entstanden war, von Annett komponiert worden; die gemeinsame Arbeit der Geschwister gelangte schon 1833 zum Druck in einem besonderen Notenheft, Verlag von Fischer in Frankfurt.

Die Anregung zu solchen Gedichten hatte der Sechzehnjährige, abgesehen von Textor, seinem Umgang mit Hendrichs zu danken, der, ehe er Mitglied des Frankfurter Stadttheaters wurde, unter anderm zur Übung an einem Liebhabertheater mimte, das an regenfreien Sonntagabenden seine Bühne mitten im »Worschtquartier« aufschlug, im Hof des Hauses »zu de drei Saukepp«. Hier wurden nicht nur die beliebtesten Rühr- und Trauerspiele der Zeit, sondern auch Stücke in Frankfurter Mundart aufgeführt, und hier war es wohl auch, wo unser Dichter sich zuerst an der Charakterkomik des alten Berjerkapedhäns Kimmelmeier im Malßschen Stück, der Gastwirt und Pompierhauptmann wie sein Vater ist, ergötzte. Für diese Bühne dichtete der Maler Kaisian »Die Rewie am Grinkbrunne« und hier kam auch das erste und beste Dialektlustspiel Wilhelm Sauerweins, »Der Amerikaner«, zur Aufführung. Eine Sachsenhäuserin bekommt darin von ihrem Sohn den Vorwurf gemacht, er bekäme nicht satt zu essen. Der Ausruf der im Innersten getroffenen Mutter: »Woß? Dau krägst net satt zau esse?« in verschiedener Betonung wiederholt, wirkte auf unseren Dichter, als er etwas später von der Schauspielerin Caroline Lindner das Stück vorgelesen hörte, wie eine Offenbarung. Wilhelm Sauerwein aber, ein guter Freund von Hendrichs und Kaisian, hat noch in ganz anderer Weise einen nachhaltigen Einfluß auf die Bildung und das Schicksal des Rebstocksohnes ausgeübt. Denn gerade durch diesen jungen warmblütigen Journalisten, der auf dem »Markt«, ganz in der Nähe des Rebstocks, wohnte, war letzterer im Jahre der Pariser Julirevolution, 1830, ein Zusammenkunftsort der Frankfurter Demagogen geworden.

Frankfurts Theater um die Mitte des 19. Jahrhunderts.

» . . . der Stadt enaus! Das war so gut wie geköppt.« Einmal in jeder Woche wurden die Ausweisungen exekutiert. An der Stadtgrenze wurden die Ausgewiesenen aufs freie Feld gesetzt. Frauen hatten die Vergünstigung, bis dorthin gefahren zu werden.

5 Demagogenzeit

»Was mir Kinner«, verraten die Selbstbekenntnisse des Dichters im »Roten Schornsteinfeger«, »in dem Rewestock gehört hawwe, des war durchaus net immer zu em e Vortrag im Senat geeignet. Das Gasthaus zum Rewestock stand in kaaner ganz besonnere Gnad bei unsere allerhöchste republikanische Herrschafte un mei Vatter sei Name stand met rother Tinte un hinne un vorne e blau Notabene im schwarze Bollezeibuch. Das Gasthaus zum Rewestock war näämlich aa von de Hauptkneipe der damalige Frankforter Demagogen... Hier in dem Rewestock hawwe zuerscht die Haupthahne von der damalige demokratische Barthei ihrn verbottene Morjcruf der deutsche Freiheit gekräht. Hier hawwe die relegirte Candidate Funck un Wilhelm Sauerwein zum heimlich versammelte Volk öffentlich gesproche. Hier sin zum ehrschte Mal die scheene deutsche Vatterlandslieder gesunge warn: »Ferschte zum Land enaus« un »Wer net in Hambach war, der hat keen Backebaart«... Hier in dem Rewestock war das Asyl for alle diejenige bolidisch Verfolgte, die liwer in em e Gasthaus als uff der Constaweler Wache odder dem Rentethorn gesotze hawwe. Wer die Schwell vom Rewestock hat iwwerschritte gehat, der war for die Bollizei e verlorner Mann. In dem ganze Haus is kaa Eckelche, kaa heimlich Stibbche un Boddemkämmerche, in dem net schon e abgehetzt Edelwild Rast un Schutz gefunne hätt.«

Wie aber ist es zu unruhigen Zeiten gekommen? In »Polen und Studenten« malte Stoltze ein fast idyllisches Bild von den zwanziger Jahren: »Uff dem Wiener Kongreß war Frankfurt am Main zur Freie Stadt erklärt und zum Sitz des allerdurchlauchtigsten Deutschen Bundes erhowe worn. Des ehrschtere Ereigniß ward mit großen Juwel von der Borjerschaft begrißt un aach uff des zwette hat sich Frankfort net wenig eigebildt. Zum Schwerpunkt und zum Sitz des bolitische Lewens in Deutschland is es awer daderrdorch just noch net warn, denn des hat vor der Hand un aach noch länger Zeit nach der Hand in Wien gesotze und hat dem Ferscht Metternich sei Kanzlerhütche uffgehat. Awer der Glanz der Vatterstadt ward dorch den Sitz des Allerdorchlautigsten Deutschen Bundes doch bedeitend erhöht un zugleich aach war, was net zu vergesse is, die Aawesenheit so vieler deutsche und fremde Gesandtschafte mit ihre zahlreiche Personal un ihre große Dienerschaft for Frankfort aach von materielle Vordhäl un so des Nitzliche mit dem Aagenehme in erfreulicher Weis verbunne. Freilich hawe später die Frankforter Hausfraue sehr driwer geklagt, daß die Bundesdagsgesandte die Sporchele un Blumekehl sehr verdheiern dhäte un daß unner dere Schern bei dene Mexter gar kaa Lenne- und Pastetesticker mehr zu krieche wärn. Aach unner dem reiche Hannelsstand ward geklagt driwer, daß die Gesandte un Gesandtinne die beste Parterre- und Ehrschterang-Loge im Theater inn'hätte, un e Log von em Frankforter Bankje dicht newer ere Gesandtelog war e sehr beneidter Gegestand.

Die Verdheierung von Sporchele un Blumekehl dorch die Gesandtschafte is awer uff der annere Seit widder bedeitend dorch den Uffwand uffgewoge worn, den so viele Herrschafte in Frankfort gemacht un dadorch e schee Stick Geld unner die Borjerschaft gebracht hawe. Dann außer dene Bundesdagsgesandte von Oesterreich, Preuße, Bayern, Sachse, Hannover, Wertemberg, Bade, Kurhesse, Hesse un bei Rhei, Dänemark wege Holstaa un Laueborg, Nidderlande wege Luxeborg un Limborg, de Großherzoglich un Herzoglich Sächsische Häuser, Braunschweig un Nassau, Meckleborg-Schwerin un Strelitz, Oldeborg, Anhalt un Schwarzborg, Liechtestaa, Reuß, Schaumborg-Lippe, Lippe, Waldeck un Hesse-Homborg, Hamborg, Lübeck un Breme, mit ihre ganze Familje un ihre zahlreiche Legationsräth, Bundesdagsgesandtschaftsräth, Legationssecretär, Kanzleiräth, Archivarn, Kassierer, Kontrolleure, Secretär und Canzeliste, Kammerdiener, Köch, Jäger, Portier, Kutscher un Bediente usw., Gesellschaftsfräulein, Gouvernantinne un Kammerjungfern, hat aach noch emal die deutsch Bundesmilitärcommission mit ihre zahlreiche hohe Militärpersone ihrn Sitz in Frankfort gehat. Un daderzu kame dann noch die viele fremde Gesandtschafte und Bottschafter, Minister,

Minister-Residente un Geschäftsträger mit ihre Familje, ihre Gesandtschafts-Personal, Dienerschaft usw. – von Belgien, Frankreich, Großbrittanje, Rußland, Sardinje, Schwede un Norwege, Spanje usw., usw. – Un dann noch emal all die viele bei der Freie Stadt Frankfort accreditirte Bevollmächtigte Minister, Minister-Residente, Geschäftsträger un Consul aus aller Herrn Länder, viele hunnert Persone, die um ihr respective Allerhöchste Herrschafte, Krone, Majestäte, Königliche Hoheite, Hoheite, Dorchlauchte, Republike un Präsidente werdig un mit allem Bomb zu repräsentiren viel Geld verbraucht un aach sonst die Stadt mit stolze Karosse, glänzende Uniforme, goldbetresste Livree usw. geschmückt hawe. Im Theater hawe in der Loge die Stern un Orden un die Diamante gefunkelt, un die Straußfeddern und Paradiesvögelschwänz hawe sich vornehm uff de Köpp von de Fraa Gesandtinne bewegt, un des feinste Salon-Franzeesch un aach net Franzeesch hat merr bis erunner ins Parterre gehört...

Im Iwrige war von Seite der Borjerschaft iwer den Senat net weiter zu klage; sein Joch war sanft und seine Last war leicht. Klaane »Tyranne« hawe sich ehrscht zu Anfang der dreißiger Jahre gezeigt. Aach die Bollizei war bis dahi sehr umgänglicher Art. E halb Dutzend Bollizeidiener un der unsterbliche Gatzemeier, oder vielmehr Gatzenmeyer, der Schrecke aller Mähd und klaane Kinner, hawe die ganz Berjerschaft im Zaum gehalte oder aach net. Wenn bei ere mehr odder weniger festlich Veraalassung e groß Keilerei ausgebroche is, so hat des Frankforter Bollizeiamt immer e patriotisch un berjerfreundlich Einsicht gehat und die Tumultuante waren regelmäßig net etwa Frankforter Berjer, ‹naa, so was dhut e Frankforter Berjer nicht›, sonnern des warn nor fremde Handwerksgeselle un sonstige Fremde von außerhalb. Un die hawe awer aach gehörig ihr Fett krieht. Die härtst Straf war dann, vom Frankforter Standpunkt aus: der Stadt enaus! – Das war so gut wie geköppt. – Die Stadtämter waren Muster von gutmithige, echt berjerliche Einrichtung; je lauter der Herr Amtmann oder der Herr Fiskal gekrische hat, je weniger bös war er. Pfändunge wege rückständiger Eikommensteuer odder Schulgeld wärn gradzu unerhört gewese... Das Rässonnirn iwer sei Owerigkeit stand dem Frankforter Berjer frei un er hat aach dadervon in der umfassendste Weis un mit em ganz unglaabliche Uffwand von Ausdrick aus dem Frankforter Komplimentirbuch Gebrauch gemacht...

Das Lewe in Frankfort war schee un daderbei net halb so kostspielig als wie ewe. De Borjerschaft hat viel Geld verdient, dadervor freilich aach destoweniger Steuern bezahlt. E bissi spießborjerlich war se freilich noch, un hat sich so zu sage enanner in die Dippe geguckt, awer es war ja aach eigentlich nor aa groß Familje. Geklatscht is worn eriwer un eniwer, ower zu Zank un Streit is es selte komme. Konfessioneller Hader gar war in Frankfort e dorchaus unbekannt Sach. Daderzu wärn die Frankforter net zu bringe gewese, daderzu warn se zu uffgeklärt un die verschiedene Konfessione, Lutheraner, Reformirte, Katholike un Israel hawe in der schönste Aatracht mit enanner un unneranner gelebt. Nor aa religiös Gattung war de damalige Frankforter grundzuwidder, das warn die Kopphänker. Der Frankforter hat gern gelebt un lewe lasse.«

Unter der friedlichen Oberfläche bereiteten sich aber schon in der Bürgerschaft die Unruhen der »Demagogenzeit« vor. Geschichtswerke vertreten oft die Ansicht, erst das Echo der Pariser Julirevolution, das überall in Deutschland mächtig aufrüttelnd wirkte, habe im Altfrankfurter Bürgertum jenen Geist der Unzufriedenheit geweckt, der hier weitere Kreise für politische Konspirationen empfänglich machte. Diese Unzufriedenheit aber bestand schon einige Zeit vorher und hatte ihre Hauptursache in dem Rückgang des altüberlieferten Geschäftslebens der Altstadt, dessen Gedeihen auf die Messen gegründet war.

Auch der Gasthalter Stoltze ist genau genommen durch den Ärger über den Rückgang der Geschäfte in der Altstadt unter die Demagogen geraten. »Die Frankfurter Messe kommt immer mehr herunter. Donner und Doria! Die verfluchte Mauth ist an allem schuld...«

Die »Mauth«, über die Vater Stoltze so erbittert war und welche die Einrichtung von Offenbacher Messen als Konkurrenz zu den Frankfurter Messen bewirkt hatte, war die Zollsperre, mit der die preußisch-hessische Zollgemeinschaft die Tore Frankfurts belagerte. Heute ist es leicht, die Idee des preußischen Obersteuerdirektors Maaßen, eine Zollvereinigung aller deutschen Länder anzustreben, als einen der bedeutsamsten Keime zur deutschen Einheit zu preisen. Aber in jener Zeit der Anfänge hat die alte Handelsstadt am Main dem neuen Wesen verhältnismäßig die größten Opfer bringen müssen. Schon als Preußen die Beschränkungen des Verkehrs zwischen den einzelnen Provinzen des Staates aufhob, an der Hauptgrenze aber begann, von allen fremden Waren Einfuhr- oder

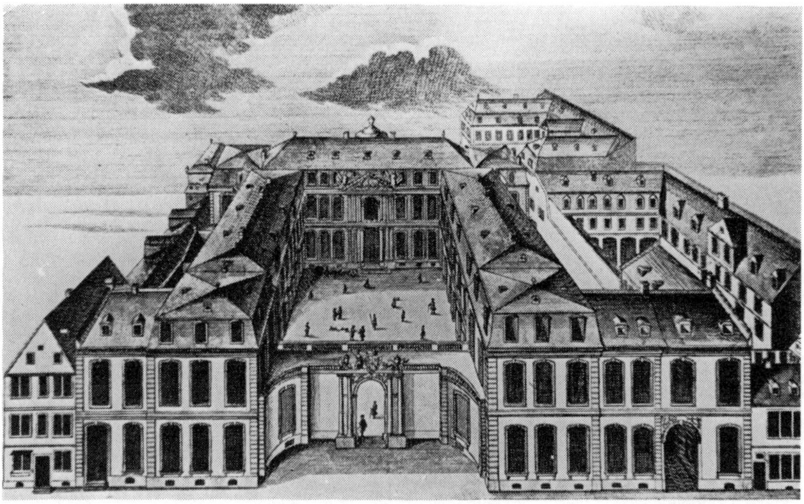

Das Palais Thurn und Taxis, der Sitz des Bundesrates.

Durchgangszölle zu erheben, ward dies gerade vom Frankfurter Zwischenhandel sehr übel empfunden. Es folgte der Anschluß verschiedener norddeutscher und rheinischer Kleinstaaten zu der mächtig anwachsenden Zollgemeinschaft, der von 1828 an auch das Großherzogtum Hessen angehörte, während Frankfurt mit Sachsen, Hannover, Kurhessen, Braunschweig, Nassau jenes Bündnis schloß, das schon im Sommer 1831 der Abfall Kurhessens auseinandersprengte. Nun endlich bemächtigte sich in Frankfurt a. M. die gesetzgebende Versammlung der Anschlußfrage.

Der Senat erklärte sich entschieden gegen den Anschluß; er bereitete im Stillen den Handels- und Schiffahrtstraktat mit Großbritannien vor, der im Sommer 1832 zum Abschluß gelangte. Gegen die preußische Zollpolitik rechnete man auf die Hilfe des Bundestags. Vergeblich! Als es nun doch zu den Unterhandlungen mit Preußen kam, die Schöffe v. Guaita und Senator Bansa 1835 in Berlin führten, erwies sich der Vertrag mit England nur als Fessel. Erst nachdem verschiedene Punkte jenes Vertrags aufgehoben waren, gelang es dem Senat, für Frankfurt als Meßstadt die gleichen Konzessionen zu erwirken, die sich Sachsen für Leipzig ausbedungen hatte.

Vorher aber hatte Frankfurt Jahre hindurch eine förmliche Belagerung in diesem Zollkrieg aushalten müssen. Seit 1828 erhoben sich nördlich und südlich von der Stadt an der Hamburg-Baseler Handelsstraße die fremden Zollstätten; als Konkurrenz der Frankfurter Messen entwickelten sich die von Offenbach, die in der gleichen Zeit und Dauer abgehalten wurden. In Frankfurt war nun der Groll, jetzt auch wieder in akademischen Kreisen, gewachsen gegen die Mißstände in der Vaterstadt, gegen die Abhängigkeit des Senats vom Bundestag und die Anmaßungen dieser Vormacht des deutschen Partikularismus und der volksfeindlichen Politik der mit Rußland verbündeten deutschen Großmächte Österreich und Preußen. So kam es in der Bürgerschaft Frankfurts zu jener Agitation, die in Stoltzes Erzählung geschildert ist:

»Herngege war die Begeisterung für die Julirevolution un die Neuordnung der Dinge in Frankreich, un die Erbitterung iwer den Bundesdag, den Ferscht Metternich un die ganz nixnutzig Werthschaft in all denen fünfunddreißig deitsche Vatterländer, die Unerdrickung von jeder noch so bescheidenen freie Aeußerung in Wort un Schrift, um so heftiger und uffrichtiger bei ere Anzahl von junge intelligente Frankforter Advokate, Mediziner, Kandidate, Kaafleut un Handwerker. Verwandte Elemente finne sich. Der Monat August des Jahres 1830 war noch net erum, so hatte sich schon die ehrschte Aafäng zu klaane vertrauliche Versammlungen beim Schoppe gebildt, wo merr sich iwer die Aagelegenheite des Vatterlands besprach, un em e lang verhaltene Grimm unner gleichgestimmte Seele Luft mache konnt. Die Lokale awer, wo merr sich awends traf, warn die Weinwerthschaft vom Dilleburger Hof am Eck von der Fahrgass un dem jetzige Maaquai (»Zur Brückenau«), des »Gasthaus zum Rewestock« un bei der Fraa Christ im »Hammelsgässer Hof« in der Näh vom Essighaus«.

An erregendem Gesprächsstoff fehlte es nie in diesen Kreisen. So elend die damaligen Frankfurter Zeitungen bedient waren, so schwer die doppelte Censur des städtischen Polizeiamts und des Bundestags auf ihnen lastete, verschweigen konnten sie doch nicht ganz, wie das in Paris gegebene Beispiel in Belgien, in Polen, in vielen deutschen Ländern zündete. Da las man noch im Sommer und im Herbst 1830 von den revolutionären Ereignissen in Brüssel, in Leipzig, Dresden, Chemnitz, in Altenburg und Gera, in Braunschweig, in Kassel, in Warschau, und im Januar 1831 von den Unruhen im Königreich Hannover, namentlich zu Osterode und Göttingen. Bald aber lieferte das politische Leben in Frankfurt selbst den Hauptstoff nicht nur zu Gesprächen, sondern auch zu Unternehmen oppositioneller Natur, die sich gegen den Bundestag wandten.

Zu einer Politik des Angriffs waren namentlich die »Liberalen« entschlossen, die sich abends in der oben an erster Stelle genannten Weinwirtschaft »Zur Brückenau« in einem besonderen Zimmer beim Schoppen zusammenfanden. In diesem »Brückenau-Kolleg« führten neben mehreren jungen Advokaten, wie Dr. Jucho, drei junge Schriftsteller das Wort, echte Frankfurter Kinder, die auf der Universität die burschenschaftlichen Ideale in sich aufgenommen und in der Vaterstadt, Börnes Beispiel folgend, sich der Journalistik zugewandt hatten: Friedrich Funck, Wilhelm Sauerwein und Christof Freyeisen. Sie wirkten in den Jahren 1830 und 1831 zusammen als Redakteure und Mitarbeiter der von Wilhelm Wagner in Gustav Oehlers Verlag gegründeten »Zeitbilder«, dann der »Neuen Zeitschwingen«, die beide sehr bald auf Betreiben des Bundestags vom Frankfurter Senat unterdrückt wurden, später des »Proteus«, der »Deutschen Volkshalle« und des »Eulenspiegels«, die alle ein gleiches Schicksal ereilte, denn sobald der Versuch gemacht wurde, sie im Schutze der neuen kurhessischen Verfassung in Hanau erscheinen und von dort aus in Frankfurt vertreiben zu lassen, wußte der Bundestag sie auch dort zu unterdrücken.

Keineswegs ist der Sohn des Gasthalters Stoltze von den eifrigen Journalisten, die ihre Ideale aus dem »Brückenau-Kolleg« in den »Rebstock« trugen, schon für voll angesehen und näher ins Vertrauen gezogen worden, doch hat ihr Verkehr für Stoltzes Charakterbildung und Schicksal größte Bedeutung gewonnen. Der Schützling der Frau v. Willemer, der zu Goethe als Leitstern emporsah, der Frankfurter Großhandlungslehrling, der in seiner Kleidung sorgfältig darauf hielt, im Gasthof des Vaters nie den Eindruck eines Kellners zu machen, der Freund des Schauspielers Hendrichs, der darauf sann, gleich diesem aus der Lehre zu laufen, war damals im Zustand einer inneren Entfremdung gegenüber dem Vater, der ihn in die Lehre gezwungen hatte, gegenüber der ganzen Atmosphäre des Rebstocks. Sein Sinn für das Komische, sein immer reger Witz entdeckten, wie wir sahen, gar geschwind die menschlich schwache Seite des »Demagogentums« seines Vaters. Dafür aber war seine Schwester Annett die Muse, die ihm die ideale Seite der Bewegungen verkörperte. Ihr schwärmerisches Gemüt hatte sich zunächst für den Freiheitskampf der Polen begeistert, und ihr gegenüber fand die ehrliche Überzeugung und der feurige Fanatismus Funcks, fand der satirisch-behagliche Humor Sauerweins besonders beredten Ausdruck, denn beide, zumal Funck, unterhielten sich mit dem schönen, geistvollen Mädchen, das ihre Gesinnungen teilte, mit großer Vorliebe.

»Also die Annett war e Republikanern un konnt gar nett begreife, deß in ere Republik wie Frankfort nicht aach alle Frankforter for e deutsch Republick wärn... Es blieb err vor der Hand nix iwrig, als ihrn hoffnungsvolle Bruder Fritz in ihre Grundsätz zu erziehe. Vor allem hat die Erziehung in dem gemaanschaftliche Lese von alle verbottene Flugblätter bestanne, die sich die Annett zu verschaffe wußt... Der Kandidat Funck hat aach geherig derrzwische geschmisse, un der Wilhelm Sauerwein, aach e relegirter Frankforter Kandidat wie der Funck. Der Wilhelm Sauerwein, der Verfasser vom »Greff wie er leibt und lebt«, vom »Greff im Grine«, vom »Amerikaner« usw., e dorchaus genialer Mensch, aaner der witzigste Frankforter, die's jemals gewe hat, der gesprudelt hat von Humor un oosige Eifäll, der hat in dene dreißiger Jahrn die Frankforter Bollezei net wenig geärjert.«

Der erste Akt des revolutionären Dramas entbehrte auf weite Strecken nicht einer von Stoltze genüßlich beschriebenen Komik, obwohl Blut geflossen ist und das Freiheitsbegehren der Bürger eine Regung von historischem Gewicht bedeutete: der Sperrbatzenkrawall mit anschließendem Laternenfest. Ein später oft gesungenes Lied hat in diesen Tagen eine verhängnisvolle Rolle gespielt, das »Ferschte, zum Land hinaus«. In der Freien Stadt Frankfurt wurden bei Sonnenuntergang noch die Stadttore zum Unmut der Einwohner verschlossen, denn wer später noch hineinwollte, mußte als Zoll den »Sperrbatzen« an den Haupttoren bezahlen, während die Nebentore auch gegen dieses Entgelt nicht mehr zu passieren waren. Einmal im Jahr, an den drei Tagen der behördlich datierten Weinlese, dem »Herbst«, wurde die frühe Torsperre ausnahmsweise aufgehoben. Es waren Saturnalien in Trunkenheit von Wein und dem Pulverdampf aus Schwärmern und Raketen. Wegen der unruhigen Zeiten glaubte im Jahr 1831 der Jüngere Bürgermeister Dr. Miltenberg, das ausgelassene Fest dürfte nicht bis in die Nacht hineingehen, und verbot kurzerhand die Aufhebung der Torsperre. Das brachte den Volkszorn auf, und am 24. Oktober kam es am Allerheiligentor zu blutigen Zusammenstößen zwischen den spätabends aus den Weingärten zurückkommenden Frankfurtern und den Wachmannschaften. Tote und Verletzte auf beiden Seiten blieben auf der Walstatt. Militär hielt die Massen auf, die sich nach dem Überrennen des Tors zur Zeil wälzten. Am nächsten Morgen erließ der Bürgermeister das Gebot, daß niemand nach Sonnenuntergang sich ohne brennende Laterne auf den Straßen aufhalten dürfe. Also gingen die Frankfurter am gleichen Abend mit allen möglichen und unmöglichen Lichtern umher. Die Zeil, gedrängt voll von Menschen, soll so hell beleuchtet gewesen sein wie nie zuvor. Junge Demagogen sangen »Ferschte, zum Land hinaus« und übertrugen die Aufforderung auch noch auf den Bundestag. Es setzte Verhaftungen, und am nächsten Morgen kam aus dem Rathaus die Anordnung, daß niemand mehr mit einer Laterne auf die Straße dürfe.

Zweiter Akt: Die Durchzüge der Polenflüchtlinge, deren Schicksal gleichzeitig in allen Teilen Deutschlands die lebhafte Sympathie des freigesinnten Bürgertums fand. Sie begannen in Frankfurt am 16. Januar 1832. Man feierte in ihnen die Kämpfer für Volksfreiheit und die Opfer der gewalttätigen Politik des russischen Zaren, des Schöpfers jener »heiligen Allianz«, die der auf die Vernichtung der deutschen Nationalität gerichteten Politik Metternichs den starken Rückhalt bot. Viele tausend polnische Insurgenten, Offiziere und Mannschaften, hatten der Kapitulation die Flucht ins Exil vorgezogen, und die deutschen Regierungen bereiteten den Entwaffneten bei der Durchreise nach Frankreich keine Hindernisse. In vielen Städten bildeten sich Bewillkommnungsausschüsse zur Verpflegung und Unterstützung der Flüchtlinge, auch in Frankfurt. Über 7000 Polen fanden im Lauf des Jahres 1832 hier für einen Tag und eine Nacht gastliche Aufnahme und dann bequeme Weiterbeförderung bis Oppenheim auf Kosten der Stadt; der Senat bekam für die Ausgaben von der Bürgerrepräsentation 57000 Gulden bewilligt. Er schloß mit verschiedenen Gastwirten, die sich zur regelmäßigen Aufnahme von Polen bereit erklärten, Kontrakte ab, und der Gasthalter vom Rebstock hatte es »seinen guten Konnexionen im Römer« zu danken, daß er fast nur Offiziere zugewiesen bekam.

So hatte der Lehrling von Herrn Melchin reichlich Gelegenheit, auch diese Phase der »Demagogenzeit« in aller Unmittelbarkeit mitzuerleben. Natürlich wurde der Tochter des Wirts, die jetzt mit neunzehn Jahren im vollen Lenz ihrer vom Bruder so gern gepriesenen Schönheit stand, von den jungen Freiheitskämpfern nicht wenig gehuldigt. Ehrliche Begeisterung für den Kampf, den sie gefochten, glänzte dem Mädchen aus den Augen. Eifrig wirkte sie als Mitglied des Frankfurter Frauenkomitees, das sich zur Unterstützung der Flüchtlinge gebildet hatte, von denen viele ohne Mittel und nur in mangelhafter Kleidung ankamen.

Mit noch größerem Eifer war das enthusiastische Mädchen bald darauf in einem anderen Komitee tätig, das seine Hilfe Frankfurter Landsleuten zuwandte: der seit dem Herbstkrawall beträchtlich gewachsenen Zahl von politischen Gefangenen, die wegen irgendeines »demagogischen Umtriebs« in den Gefängniszellen der Konstablerwache und der Hauptwache saßen, »zu lebenslänglicher Untersuchung verdammt«, wie Frau von Willemer ironisch an Goethe schrieb.

Eine große Zahl liberaler Landtagsabgeordneter aus allen deutschen Verfassungsstaaten suchten Verkehr miteinander, der auch zu einem losen Zusammenschluß führte; sie wollten durch den gleichzeitigen und gleichmäßigen Ausbau der einzelnen Verfassungen die Bundesreform auf gesetzmäßige Weise vorbereiten. Ungestümer, aber auch unvorsichtiger setzte der Ende Januar 1832 in Rheinbayern gegründete »Deutsche Vaterlandsverein zur Unterstützung der freien Presse« mit seiner Agitation ein, der von einigen pfälzischen Abgeordneten der bayrischen Kammer ins Leben gerufen wurde, um den Kampf, den sie eben in München um den Fortbestand der bayrischen Preßfreiheit geführt hatten, zu einem allgemeinen in ganz Deutschland zu machen. Für den »Vaterlandsverein« wirkten auch Funck, Freyeisen und Sauerwein in ihren Blättern, und neben ihnen fanden sich in Frankfurt viele gemäßigte Liberale, die dem dort gegründeten Zweigverein sich mit lebhafter Sympathie anschlossen.

Die dritte Bewegung, an der zunächst nur Wenige beteiligt waren, war die der »entschiedenen« Burschenschafter, jene geheimbündlerische Bewegung, die schon einmal revolutionäre Anschläge geplant hatte. Sie fußte auf den idealen Forderungen der großen Patrioten, die einst die Er-

Metternich setzte Liberalismus und Demokratie gleich mit Nationalismus und hielt sie für die drei Wurzeln der Französischen Revolution. Daraus galt es für ihn die Lehre zu ziehen, daß Presse- und Meinungsfreiheit nur neue Übel hervorbringen könnten. Die in den deutschen Staaten durch sein Betreiben praktizierte Unterdrückung des neu erwachten Bürgersinns fand in Frankfurt am Main eine besondere Resonanz. In den Kreisen der »Demagogen« des Rebstock empfing der junge Stoltze politische Grundlehren, die sein Leben bestimmen sollten. (Holzstich um 1825.)

hebung Preußens gegen Napoleon bewirkt und dann versucht hatten, die Einheit und Freiheit Deutschlands verfassungsmäßig zu sichern. Sie wollte dem Bundestag und der »heiligen Alliance« zum Trotz verwirklichen, was sie nach der Abschüttelung der Franzosenherrschaft für das Anrecht der deutschen Nation hielt. Frankfurt wurde Vorort, Dr. Gärth Generalsekretär des Allgemeinen Verbandes der Burschenschaft, dem freilich keineswegs die Burschenschaften alle angehörten.

Am 27. Mai fand in der bayrischen Pfalz das »Hambacher Fest« statt, das über 30000 Teilnehmer aus allen deutschen Verfassungsstaaten, auch aus Sachsen und Thüringen, auf dem Schloßberg bei Neustadt an der

Weinstraße vereinigt sah. Hier trafen Vertreter der oben gekennzeichneten drei Bewegungen zusammen. Ein beträchtliches Kontingent kam aus Frankfurt nach Neustadt. Der Führer der Schar war Funck, und dieser war es auch, der dem Oberhaupt der rheinbayerischen Bewegung, Dr. Wirth, »im Namen von Deutschen in Frankfurt« jenes Ehrenschwert überreichte, das dann dem entrüsteten König von Bayern als Beweis eines in Hambach geplanten bewaffneten Aufstandes erschien.

Das Hambacher Bürgerfest vom 27. Mai 1832. Am Jahrestag der bayerischen Verfassung versammelten sich rund 30 000 Menschen auf der Maxburg über Bad Neustadt a. d. Haardt. Von den Sprechern Siebenpfeiffer, J. G. A. Wirth und anderen wurde die nationale Einheit Deutschlands, Volkssouveränität und Presse- und Redefreiheit gefordert. Auf den jungen Friedrich Stoltze hat diese Kundgebung, an der er teilnahm, tiefen Eindruck gemacht.

Auch Vater Stoltze, der so gern in der Pfalz seine Weineinkäufe selbst besorgte, muß sich unter den Frankfurtern beim Hambacher Fest befunden haben, wenigstens hat unser Dichter in zwei späteren Gedichten bezeugt, daß er selbst, trotz seiner Jugend, mit in Hambach gewesen ist. Nach fünfzig Jahren begrüßte der gealterte Stoltze Neustadt an der Haardt:

Ich sah dich blühn, ich sah dich prangen
Im Festes Schmuck, der Freiheit Braut.
Die Täler rings und Höhen klangen
Von Volkesjubel hell und laut.

Ich sah nach Freiheit das Verlangen
Aus tausend Männeraugen sprühn,
Da stieg das Blut mir in die Wangen,
Mein junges Herz fing an zu glühn.

In einem anderen Liede hat er erzählt, wie Ludwig Börne, dem er während des Festes vorgestellt wurde, ihm freundlich zunickte, wobei er sagte: »Was ein Häkchen werden will, krümmt sich bei Zeiten.« Noch größeren Eindruck machte ihm aber ein Flugblatt, das zur Verteilung gelangte; Lafayettes berühmte »Erklärung der Menschenrechte« in deutscher Übersetzung, darinnen es heißt: »Das Ziel aller politischen Gesellschaften ist die Erhaltung der natürlichen und unveräußerlichen Rechte des Menschen. Diese Rechte sind die Freiheit, das Eigentum, die Sicherheit und das Recht des Widerstands gegen willkürliche Bedrückung.«

Der Sechzehnjährige dichtete in jener Zeit wirklich sein erstes politisches Kommerslied, wohl für einen Verein von gleichgesinnten Altersgenossen. Aber es war noch kein Produkt unverhüllter Begeisterung, sondern eine Eingebung ironisch gestimmten Humors. »Ein nagelneu Trinklied zu Ehren der Göttin Stabilität allen stillen und ruhigen Bürgern gewidmet«, lautete die Aufschrift. Die Getreuen der heiligen Stabilitas, des Stillstands, klagen in dem Liede der Göttin ihr Leid über das Treiben der unruhigen »Kinder der Beweglichkeit«.

Sie heben frech das Haupt empor
In Frankfurts heiligen Mauern;
Es tritt sogar mit Wünschen vor
Das dumme Volk der Bauern.

Von den Liberalen, die damals in Frankfurt den politischen Fortschritt vertraten, war Rechtsanwalt Dr. Maximilian Reinganum wohl der berufenste Politiker. Er imponierte dem jungen Stoltze von all den »Demagogen«, deren Tun er mit gespanntem Interesse verfolgte, am meisten. Schon 1832 war Reinganum Mitglied des Gesetzgebenden Körpers und als solcher ein unerschrockener Verfechter der Preßfreiheit. Als der Bundestag noch vor Ende 1831 die bedingte Preßfreiheit, die einigen Verfassungsstaaten wie auch Frankfurt gewährleistet war, durch einen Beschluß zu ersticken versuchte, verfaßte Reinganum die »Protestation deutscher Bürger für Preßfreiheit in Deutschland«, die von mehr als 300 Frankfurter Bürgern und Gesinnungsgenossen in den Nachbarstädten unterzeichnet wurde. Sie enthielt eine haarscharf logische Darstellung der Maßregeln des Bundestags der deutschen Staaten seit dem Jahr 1819, die an die Stelle der feierlich zugesicherten Preßfreiheit die »inquisitorische, ungebundene, durch kein Gesetz, durch keine Regel zu hemmende, in das beliebige Ermessen einiger Beamten gelegte Gewalt der Censur« setzten. Die Herren von der Bundestagsgesandtschaft waren natürlich aufs höchste empört über diese Sprache von Frankfurter Bürgern! Die Polizeispitzel, die namentlich Österreich und Preußen in Frankfurt unterhielten, waren ohnehin längst dem Zusammenhang auf der Spur, der zwischen den Frankfurter »Liberalen« und den Volksaufwühlern in der bayrischen Pfalz bestand.

Um diese Zeit, als schon im Bundestag die neuen Beschlüsse vorbereitet wurden, die alles politische Volksleben in Deutschland auf Jahre hinaus lahmlegen und unterdrücken sollten, legte der Senat der Stadt Frankfurt dem Gesetzgebenden Körper ein Gesetz vor, das alle Vereine und Veranstaltungen von nicht herkömmlicher lokaler Natur, das Besprechen »deutscher« Angelegenheiten in der Presse oder in Versammlungen, das Tragen schwarzrotgoldner Abzeichen mit Geldstrafen bedrohte. Im Gesetzgebenden Körper wurde der Entwurf von Reinganum, Eder und dem Weinhändler Hinckel lebhaft bekämpft, aber am 2. Juli erhielt er Gesetzeskraft.

Lebendig hat der Dichter in der Erzählung »Der rote Schornsteinfeger« eine geheime Sitzung der Verschwörer im Hinterzimmer des Rebstocks geschildert. Es war eine Zusammenkunft der Kaufleute und Handwerker samt Funck und Sauerwein mit Delegierten aus Württemberg. Der pfiffige Kaufmannslehrling verstand es, sich unter dem Vorwand des Diensteifers zum Zeugen der Versammlung zu machen. »Das war was for mein Vatter sein Sohn! Da haw' ich geschäftig e Serviett unner den Aarm genomme und hab merr den Aaschei gewwe, als wann ich Wunner was in der Werthschaft helfe wollt. Mein Vatter hat deß sehr viel Spaß gemacht, so lang ich kaa borzellanerne Deller mit sammt der Carmenat un dem Schisselche mit gemischte Salat hab uff die Erd falle lasse odder en Gast mit ere sauere Rindsbratesoos iwwergosse hab. Was awwer mei Vatter for Freud an seim Geschäft gehalte hat, deß hat en ganz annern Grund gehat. Mir war's drum zu dhun, derrbei sei und zuhörn zu derfe, bei dene Demagogenversammlung.«

Der Sturm auf die Hauptwache am 3. April 1833 nach einem französischen Flugblatt.

Johann Wilhelm Sauerweins »Gemüsmarkt« schildert die Welt des Frankfurter Kleinbürgertums in gemütvoller und derber sozialkritischer Weise. (Umschlagzeichnung eines seiner Drucke, 1838.) ▷

6 Der Engel der Gefangenen

Am 3. April 1833 stürmten Verschworene die Hauptwache und die Konstabler Wache, um die darin sitzenden politischen Gefangenen zu befreien. Der Versuch, die unter den verschiedensten Voraussetzungen da und dort geplante Revolution gleichzeitig zum Ausbruch zu bringen, ist nie gemacht worden. Das »Frankfurter Attentat«, der Sturm auf die Frankfurter Wachen, wurde nicht als Anfang dieser Revolution ausgeführt, sondern als ein Verlegenheitsakt, der doch etwas von dem großen Vorhaben realisieren sollte, nachdem die Frankfurter Führer überall Absagen für diesen von ihnen ausgeschriebenen Termin erhalten hatten.

Um 9 Uhr dreißig abends überfielen plötzlich gegen dreißig Bewaffnete, die von der Katharinenpforte herkamen, die Hauptwache, erschossen den Wachtposten und den Sergeanten, entwaffneten die Mannschaft und befreiten die wegen politischer Vergehen in den Haftlokalen sitzenden Gefangenen. Der Leutnant war durch das Fenster entwichen. Gleichzeitig wurde von einem zweiten Haufen Bewaffneter die Konstablerwache angegriffen, die Wache nach lebhafter Gegenwehr und nachdem mehrere getötet und verwundet worden waren, ebenfalls überwältigt und auch hier die politischen Gefangenen befreit. Eine kleinere Schar hatte sich des Pfarrturms bemächtigt und die Sturmglocke läuten lassen. Da aber der ältere Bürgermeister von Guaita schon am Vormittag eine anonyme Warnung erhalten hatte, war das Linienbataillon in der Kaserne bereitgestellt und nahm, durch flüchtige Wachmannschaften alarmiert, die Wachen wieder, noch ehe die Aufrührer weiteres hätten unternehmen können. Die Tore wurden nun geschlossen und militärisch besetzt, Generalmarsch wurde geschlagen, um die Stadtwehr zusammenzurufen, diese durchzog dann nachts mit Patrouillen die Straßen, während die Polizei in den Gasthäusern nach den Attentätern zu fahnden begann, von denen auch viele verhaftet wurden.

Laut Zeugenaussagen hatten sich nach dem Attentat befreite »Krawaller« aus der alten Gefolgschaft Funcks in ihrem Stammlokal »Rebstock« eingefunden. Die Frauen der Verheirateten bewirkten, daß sich alle freiwillig wieder in ihr Gefängnis zurückbegaben. Gegen Annett Stoltze aber sagte einer der nichtbefreiten Kriminalgefangenen in der Konstablerwache an einem der nächsten Tage aus, sie habe am Nachmittag des 3. April mit der Frau des Georg Rottenstein an der Ecke der Friedberger Gasse und der Zeil gegenüber der Wache gestanden. »Die Stoltze machte gegen das Gefängnis des Rottenstein ein Zeichen dergestalt, daß sie beide Hände mit ausgespreizten Fingern in die Höhe hob, sie einige Zeit in dieser Stellung hielt und dann mit der einen Hand eine Bewegung erst nach dem Fenster zu und dann nach der Straße macht.« Das wurde dahin gedeutet, daß die Stoltze den Rottenstein auf die Befreiung am Abend gegen 10 Uhr vorbereiten wollte. Annett Stoltze, der geheime Schutzgeist der politischen Gefangenen von 1831 und 1832, hat offenbar den Plan der Gefangenenbefreiung schon vorher gekannt und war daran vielleicht beteiligt.

Dagegen wußte ihr Bruder Fritz nichts von der Verschwörung, hat aber in der folgenden Zeit so viel von Mitbeteiligten und Augenzeugen erzählt bekommen, daß er die einzelnen Ereignisse bis ins Alter in Erinnerung behielt. So hat er nach fünfzig Jahren in der »Latern« ausführlich über das »April-Attentat« berichtet. Das traurige Mißverständnis, dem der befreite Weißbindermeister Henckelmann erlag – nachdringende Studenten hielten ihn für den Gefängniswärter und stachen ihn nieder – ist dort in Verbindung mit einem persönlichen Eindruck erzählt. »Henckelmann war ein Ehrenmann und ein braver uneigennütziger Freiheitskämpe gewesen. Ich sah ihn im Sarge liegen, über und über mit Blumen bedeckt, die Brust offen mit der weitklaffenden Todeswunde. Obgleich er, auf Polizeibefehl, in der Stille begraben werden sollte, so kehrten sich die Frankfurter doch daran nicht, und ein langer Zug folgte seinem Sarge. Meine Schwester Annett und Fräulein Buß gingen hinter dem Leichenwagen und trugen Kränze mit schwarzrotgoldenen Schleifen geschmückt. Dafür wurden die zwei Mädchen nachher polizeilich um je fünf Gulden gestraft.«

Fritz Stoltze hat sich von dem Zorn der Schwester anstecken lassen, die von den liberalen, aber passiven Bürgern enttäuscht worden war.

Jawohl! Im Wirtshaus hinter Krug und Würsten,
Da schwatzt ihr viel von heil'gen Völkerrechten,
Da seid ihr Helden, die mit Gabeln fechten,
Und löscht in bayrisch Bier das Rachedürsten.

Da schreit ihr schrecklich: Nieder mit den Fürsten!
Mit allen heimischen und fremden Mächten!
Und Pereat den Feiglingen und Knechten!
Und dabei stecht ihr nach den Leberwürsten.

Und trinkt Gesundheiten die schwere Menge,
Denn ganz natürlich müßt ihr Vielen huld'gen,
Um's viele Trinken schicklich zu entschuld'gen.

Und wenn vom Turm zum Sturm die Glocke klänge,
Da schlichet ihr euch heim wie arme Sünder
Und sprächt: Ja, hätten wir nicht Weib und Kinder!

Annett aber wirkte sehr bald im Dienst einer neuen Verschwörung, an deren Spitze Dr. Karl Bunsen stand, und die den Zweck hatte, die »Aprilgefangenen« zu befreien. Er reorganisierte zu diesem Zweck den Männerbund in Frankfurt nach dem Vorbild der italienischen Carbonari-Geheimbündler. Den wichtigsten Beistand bei dem Unternehmen leistete ihm Friedrich Funck, nachdem dieser endlich Rechtens aus dem Gefängnis entlassen worden war, im Verein mit Sauerwein, Freyeisen und anderen. Annett Stoltze vermittelte den gefangenen Studenten die ersten Beziehungen zur Außenwelt. Helfer wurde jetzt ihres Vaters Barbier Rensch, der auch die neuen Gefangenen zu rasieren hatte und dabei Zettelchen schmuggelte.

Die Aufzeichnungen, die der Heidelberger Burschenschafter Heinrich Eimer aus Lahr in späterer Zeit als Arzt in Freiburg i. B. über seine damaligen Gefängniserlebnisse gemacht hat, bestätigen dies ganz unmittelbar.

Am anderen Morgen wurden wir einzeln abgeholt und auf die Constabler-Wache geführt. Hier ward ich in ein Gefängniß gesperrt, aus Mangel an Platz zu einem wegen Preßunfug inhaftierten Frankfurter Bürger Namens Rottenstein; dessen Frau brachte ihm täglich Bier und Mittags Kaffee. Er teilte dies, sowie sein Bett, redlich mit mir. Die blecherne Kaffeekanne hatte einen doppelten Boden, und derart wurden kleine Bedürfnisse, Papier, Bleistift usw. eingeschmuggelt und ich kam in Korrespondenz mit außen, insbesondere mit einem Fräulein Stoltze, die ich nie gesehen... Anfang Mai wurde Rottenstein aus der Haft entlassen; die Korrespondenz speziell mit Fräulein Stoltze erlitt aber keine Unterbrechung, da der Barbier, der zwei bis drei mal wöchentlich zum Rasiren kam, Zettelchen heraus und herein beförderte, obschon zwei Soldaten und zwei Pächter immer während der Operation um uns herumstanden und aufpaßten, und da in den ausgehöhlten Stöpseln in den beiden Bierflaschen, die mir von Frankfurter Wohltätern täglich zugeschickt wurden, immer Briefchen spediert wurden.

In den Frankfurter Untersuchungsakten der Jahre 1833–1836 findet sich auch eine Aussage des »Barbierers Nikolaus Rensch aus Nußloch« über diesen Verkehr. Obgleich von den »Liberalen« nicht für voll angesehen, rechnete sich doch dieser schwatzhafte Leichtfuß ganz ernsthaft zu ihnen und zeigte sich den Anführern und ihrem Anhang gern gefällig. Er gestand, als er wegen seines Anschlusses an den »Männerbund« schließlich auch in Untersuchung kam, daß er sowohl dem Eimer wie den Studenten Fries und Matthiä sogleich nach dem Attentat Zettel überbracht hatte, die er von Fräulein Stoltze empfangen habe. Er gestand auch, eines dieser Zettelchen überlesen zu haben: »Die Adressaten wurden darin angewiesen, wie sie im Verhöre antworten sollten.« Die Stoltze habe ihm gesagt, sie seien von dem Advokaten Jucho. Auf die Frage, ob er wisse, woher die Stoltze den Dr. Jucho gekannt habe, antwortete Rensch: »Das weiß ich nicht, indessen kamen zu dieser Zeit, wie ich sagen hörte, die Doktoren vom Brückenau-Kolleg, darunter auch Jucho, abends um elf Uhr von der Brückenau in den Rebstock.« Allmählich habe der Verkehr zwischen der Stoltze und dem Eimer den Charakter einer Liebschaft gewonnen.

Der geheime Briefwechsel Annetts mit Eimer wurde von einem Gefängniswärter entdeckt, der einen Zettel abfing und eine Uhrfedersäge in einem Kirschkuchen eingebacken fand. Sowohl Heinrich Eimer als Annett Stoltze haben im Verhör, als ihnen am 3. Juli nacheinander der Zettel vorgelegt wurde, ihren Anteil an dem Schriftstück geleugnet. Die gefangenen Studenten hielten so lange es ging an ihrem Eid als Burschenschafter fest, nie etwas zu verraten, und fühlten sich hierdurch zu hartnäckigstem Leugnen vor Gericht verpflichtet. Auch Annett hielt es für Ehrenpflicht alles zu leugnen, was den Gefangenen schaden und ihr die weitere Hilfstätigkeit hätte verlegen können. Daß aber der aufgefangene Zettel tatsächlich der Korrespondenz zwischen Eimer und Annett Stoltze angehörte, wurde der Untersuchungsbehörde bald durch das Geständnis des Jakob Deubert, eines ehemaligen Gefängniswärters, bestätigt. Annett Stoltze suchte sich mit odysseischer Erfindungsgabe herauszureden. Indem sie zunächst manches zugab, machte sie ihre Ableugnung um so glaubhafter. »Obwohl ich mich bisher«, sagte sie, »mehrfach für den Studiosus Eimer interessiert habe, so kenne ich denselben doch nicht, sondern wir haben von der Mutter des Stud. Eimer den Auftrag erhalten, für denselben so viel als möglich zu sorgen. Daher hat Eimer Bier von uns erhalten, auch zuweilen Lebensmittel; namentlich hat er auch gestern Kirschkuchen von uns überschickt bekommen. Als ich nämlich Samstag Mittag spazieren ging, begegnete mir am Fahrtor der Lithograph Kreischer, der sich mit mir in ein Gespräch über die Kasten an den Gefängnisfenstern einließ und mich fragte, ob ich keinen der verhafteten Studenten kenne. Da ich nun antwortete: keinen, außer dem Stud. Eimer, dem wir täglich Bier schikken! so sagte er weiter, ob Eimer nicht auch das Essen von uns bekomme; und als ich dies im Allgemeinen verneinte, jedoch bemerkte, daß ich dem Eimer schon Kuchen geschickt habe, so sagte er, er wolle mir morgen ein Stück Kuchen für den Eimer schicken, mit dem er glaube einige Tage zusammen gesessen zu haben, es werde bei ihm zuhause Kirschenkuchen gebacken. Wirklich brachte auch am andern Morgen ein kleines Mädchen ein Stück Kirschenkuchen, im Auftrag des Kreischer und mit dem Bemerken, daß dieser den Abend selbst kommen würde. Diesen Kuchen habe ich gestern durch unsern Knecht auf den Rententurm für den Studiosus Eimer geschickt.« Auf besonderes Befragen erklärte sie noch: »Wie Kreischer mit dem Vornamen heißt und wo er wohnt, weiß ich nicht; ich kenne ihn daher, daß er öfters in unsre Wirtschaft kommt. Kreischer ist von mittlerer Statur, er trägt einen samtnen Rock, graue Hosen und hat ein kleines, schwarzes Schnurrbärtchen; er ist meines Wissens aus Hanau oder Rumpenheim gebürtig, und dahier als Lithograph gegenwärtig in Arbeit.«

Das Verhöramt ließ nun sofort durch alle Polizeiorgane nach diesem Lithographen Kreischer fahnden. Es klang ja so glaubhaft, was das hübsche Mädchen da vorgebracht hatte. Doch ein Kreischer war in ganz Frankfurt nicht zu finden, so viele Krischer es auch dort gab.

Doch schon zog sich über dem Rebstock das Verhängnis zusammen. Bis in diese Zeit war er das Stelldichein der Demagogen sowohl aus dem

Altstädter Bürgerstand wie aus der jüngeren Akademikerwelt geblieben. Kurz darauf aber hatte die Brückenaukolleg-Zeitung zu berichten: »Der Gastwirt Stoltze im Rebstock ist von der Polizei zu einer Geldstrafe von 10 Talern verurteilt worden, weil er des Nachts von seiner Stube aus ein Individuum tüchtig ausgeschimpft hatte, das lauernd und spähend an den Fensterläden seiner Wirtsstube herumschlich«. Und wenige Tage danach schrieb Wilhelm Sauerwein in der Zeitung: »Aus der Protokollabschrift, die der Gasthalter Stoltze zum Rebstock sich wegen der erwähnten Sache von dem Polizeiamte ausgegeben hat, gehet hervor, daß die Polizeipatrouille Ordre hat, folgende vier Lokalitäten unter besonderer Aufsicht zu halten: Die Brückenau, den Rebstock, die Münze, den Garten der Frau Bunsen.«

Die beiden Rebstock-Kinder, die es so gut verstanden, die Begeisterung für den Freiheitskampf mit der höchsten Verehrung für Goethe zu vereinen, mögen bei dem wachsenden Polizeiterrorismus in der Vaterstadt damals manchmal an das Brüssel in Goethes Freiheitsdrama »Egmont« gedacht haben. Und wie das »Klärchen« im Egmont, das in Annettens Seele längst zum verführerischen Ideal geworden war, sann sie unerschütterlich weiter auf die Befreiung ihres gefangenen Freiheitsmärtyrers. Als sie jedoch nach einem neuen Versuch, Eimer zu befreien, vor das Peinliche Verhör-Amt geladen wurde, war sie krank und in tiefer Trauer. Am 6. November, vierzehn Tage vor der Ausführung des Befreiungsplans, war ihr Vater, der Gasthalter Friedrich Stoltze zum Rebstock, gestorben.

Am 11. November 1833 meldete die Zeitung des Brückenaukollegs: »Beim Leichenzug des Gastwirts Stoltze zum Rebstock, der auf militärische Weise gehalten wurde, fanden sich die Offiziere von der Linie darum nicht ein, weil ihnen ihr Oberst den Befehl gegeben hatte, um 10 Uhr beim Leichenzug zu erscheinen, während sich dieser schon um 9 Uhr in Bewegung gesetzt hatte. Der liberale Geruch, in dem der Todte stand, war wohl die Ursache, daß der Herr Oberst sich irrten.«

Am 15. November erschien im »Frankfurter Journal« die folgende »Todesanzeige«:

> »Ich erfülle hiermit die traurige Pflicht, allen meinen Verwandten, Freunden und Bekannten schuldigst anzuzeigen, daß es am 6. d. Mts., abends 9 Uhr, dem Allmächtigen gefallen hat, meinen geliebten Ehegatten, Friedrich Christian Stoltze, Gastgeber zum Rebstock allhier, nach schwerem Leiden, in einem Al-

ter von 50 Jahren, 7 Monaten und 15 Tagen von dieser Welt abzurufen, und verbinde hiermit zugleich die fernere schuldige Anzeige, daß ich, mit Hilfe meiner beiden Kinder, sowohl die von meinem seligen Ehegatten bisher geführte Gastwirtschaft, als das von ihm betriebene Mineralwasser-Geschäft fernerhin fortsetzen und durch gute und billige Bedienung mich in aller Hinsicht bei Jedem zu empfehlen wissen werde.

Frankfurt a. M., den 14. Nov. 1833.

Anna Maria Stoltze, Wittwe,
geb. Rottmann.«

Tiefe Trauer herrschte während der nächsten Monate im »Rebstock«, während deren nicht nur die Tochter, sondern auch die Witwe und der Sohn des Verstorbenen aufs Verhöramt zitiert wurden. Erst am 23. Mai 1834 – die Untersuchungen zogen sich in die Länge – war der nun siebzehnjährige Fritz vorgeladen. Er stellte jede nähere Beziehung zu Eimer in Abrede. Den Verkehr mit den Liberalen, »die im Rebstock verkehren«, konnte er ruhig ableugnen; die alten Stammgäste hatten sich ja infolge der polizeilichen Überwachung verzogen. Er sei Lehrling in dem Handelshause G. C. Melchin, und an jenem Tage habe er sich die ganze Geschäftszeit über im Comptoir befunden. Den Studiosus Eimer kenne er nicht. Auch später hat Stoltze bezeugt, daß ihn die Schwester in bezug auf ihren Verkehr mit Eimer nicht in ihr Vertrauen gezogen hat. Schlüsse ziehen aus dem, was er sah, konnte er freilich, und später hat sie ihm alles gebeichtet.

Er war ein eifriger Theaterbesucher geworden. Schillers, Goethes Freiheitsdramen – Götz, Egmont, Fiesko, Tell – taten von der Bühne herab ihre erste Wirkung auf ihn. Nicht dem Beispiel Börnes, Funcks, Sauerweins trieb es ihn zu folgen, nicht in der Art, wie die Dichter des jungen Deutschland, Karl Gutzkow, Heinrich Laube, Wienbarg und die andern, mit poetisch gestimmter Rede und direkter Satire in den Kampf der Zeit einzugreifen. Auf die Bahnen jener großen Dichter zu gelangen, war sein Traum. Mit Hendrichs, der jetzt auf dem Stadttheater jugendliche Helden spielte und dem er manches Theaterbillet zu verdanken hatte, pflegte er die alte Freundschaft weiter, und nach dem Tode des Vaters folgte er bald Heindrichs' Beispiel; er erwirkte bei seinem gütigen Lehrherrn, daß ihn dieser vor Ablauf der Lehrzeit entließ, wobei ihn der Wunsch der Mutter unterstützte, der kaufmännisch nun geschulte Sohn sollte ihr bei der Ordnung der geschäftlichen Lage des Rebstocks helfen. Der Vater hatte die Verhältnisse in einem ziemlich zerrütteten Zustand hinterlassen.

Die in Aussicht gestellte Hilfe der beiden Kinder versagte jedoch unter den traurigen Umständen, in die der »Rebstock« geraten war. Beide strebten hinaus aus der ihnen verleideten Welt, er, um das Versäumte nachzuholen, was ihn zum Besuch einer Universität berechtigen würde, Annett, um sich zur Sängerin auszubilden. Der Versuch der Witwe, den Gasthof und das Geschäft in der alten Weise weiterzuführen, mißglückte. Nach Jahresfrist sah sich die der verwickelten Aufgabe nicht gewachsene Frau veranlaßt, zunächst die Wirtschaft im Rebstock zu verpachten. Anfang 1837 zog sie mit ihren Kindern in die Schnurgasse, ein paar Jahre später nach Bornheim.

Am 2. Mai 1834 wurde noch einmal versucht, fünf in der Konstabler Wache einsitzende Studenten zu befreien. Unter den Ausbrechern war auch Eimer; doch kam der Pechvogel, als er sich vom Fenstergitter herabließ, zu Fall und brach ein Bein; er wurde von da an trotz dieses Schadens mit besonderer Strenge behandelt.

Am Zustandekommen der Verschwörung, die mehr als hundert Frankfurter Bürger und eine Kompagnie Scharfschützen umfaßte, war auch Annett Stoltze beteiligt. Sie geriet zu einem ihrer Helfer in ein Liebesverhältnis, das ihr Verderben wurde. Und als der Treulose sie im Stich ließ und das tapfere Mädchen sich in jeder Weise enttäuscht und betrogen sah, traf sie nachträglich noch ihre Verurteilung.

Mit großer Milde waren Polizei- und Verhöramt gegen sie verfahren; wie viel Belastendes hatten seit dem Juni 1833 die Untersuchungen nicht gegen sie zu Tage gebracht! Auf viel geringere Verdachtgründe hin waren andere Mädchen und Frauen damals in Untersuchungshaft gekommen. Die Tochter des Gasthalters zum Rebstock wurde immer wieder nur als Zeugin, nicht als Angeklagte, vor die Schranken des Verhöramts gefordert. Offenbar wußte das Gericht die idealen Motive ihrer Handlungsweise zu würdigen, zumal ja aus der aufgefangenen Korrespondenz hervorging, daß Liebe mit im Spiel war. Der Chef der Untersuchungsbehörde war der Schöffe Thomas. Es ist nicht ausgeschlossen, daß Bruder Fritz das Wohlwollen seiner Gönnerin, der Geheimrätin Willemer, benutzt hat, um es zu Gunsten seiner Schwester einzusetzen. Thomas stand mit seiner Stief-Schwiegermutter auf sehr gutem Fuß, ihr Wort galt ihm hoch. Seine humane Gesinnung steht außer Frage. Aber zwischen die Anmaßungen des Bundestags und die erbitterte Volksmeinung gestellt, konnte er nicht

Johann Gerhard Christian Thomas (1785–1838), Senator und Bürgermeister der Freien Stadt und Schwiegersohn Marianne von Willemers. Er führte zuletzt die Ermittlungen gegen Annette Stoltze anläßlich der versuchten Befreiung der in der Konstabler Wache inhaftierten Studenten.

ohne Schwankungen seiner Pflicht als oberster Richter über die Aufrührer und ihre Helfer genügen.

Am 19. November 1834 stand auch Annett Stoltze als Angeklagte in den Akten, und es hieß: »Dagegen mag über die Annette Stoltze zur Zeit noch nicht erkannt werden, weil sie wegen Versuchen, mit Eimer zu kommunizieren usw. noch in Untersuchung steht.«

Um diese Zeit beschloß der Schöffe Thomas, die noch schwebenden, viel zu sehr in die Länge gedehnten Untersuchungsverhandlungen des Verhöramts durch energisches, persönliches Eingreifen bis zum Jahresende zum Abschluß zu bringen. Er ordnete das gesamte Material und bekam so wieder die Akten der Stoltze in die Hand. Sie enthielten schon das »Schuldig« in der Kirschkuchenaffäre. Schöffe Thomas, der mit seinem Kollegen v. Meyer zusammenarbeitete, verwies die Sache wiederum an das Polizeiamt und schied sie somit endgültig aus der Großen Kriminaluntersuchung aus.

Wahrscheinlich also gegen Thomas' Erwarten erfolgte wirklich seitens des Polizeiamts eine Verurteilung der Wirtstochter aus dem Rebstock. Es verhängte wegen Beihilfe zu Fluchtversuchen Eimers vier Wochen Arrest über sie. Als dieses Urteil gesprochen war, fand sich Annett nicht in der Lage, der Vorladung zu folgen. Sie war leidend unter den Folgen der herzerschütternden Konflikte, die sie durchlebt hatte. Ihre Mutter wußte durch Vorstellungen im Römer wiederholt Aufschub zu erwirken. Das vom Schicksal schwer getroffene Mädchen verbüßte die ihr zuerkannte Strafe im August und September 1835 im Rententurm, wohl in derselben Zelle, die im Sommer 1833 Eimer bewohnt hatte. Die Zwei, die damals Liebesbriefe unter so erschwerenden Umständen tauschten, haben sich nie wieder gesehen.

Dieses Schicksal Annetts hat auf den Bruder tiefer gewirkt als alle die anderen Eindrücke, die er damals empfing. Das Miterleben hat für immer den tiefen Haß gegen alle Vergewaltigung des politischen Freiheitssinnes in ihm begründet, der sich so merkwürdig in seinem Charakter mit harmlosem Humor und duldsamer Menschenliebe verschmolz.

Als das Geschick der Schwester sich so tragisch entwickelte, hatte Fritz die Privatstunden beim Professor Textor wieder aufgenommen. In seinen Mußestunden aber sann er dem Plane eines Dramas nach, das in geschichtlicher Spiegelung die Schicksale darstellen sollte, die soeben die Vaterstadt bis ins tiefste erschüttert hatten. Er gedachte wohl auch, das Schicksal der Schwester, von seiner Phantasie idealisiert, hineinzuverweben.

Der Stoff, der ihn ergriffen hatte, gehörte derselben historischen Stimmungswelt an wie Schillers »Don Carlos« und »Fiesko«, wie Goethes »Egmont«, dem Zeitalter Kaiser Karls V. und seines Sohnes. Der große Doge Andrea Doria, der seine Vaterstadt Genua von der Herrschaft der Franzosen befreit, nachdem er vorher Admiral Franz des Ersten von Frankreich gewesen war, wurde sein Held. Die Weigerung des Dogen, die politischen Gefangenen auszuliefern, durch welche er sich die Ungnade Königs Franz I. zuzog, bot eine ins Auge springende Analogie zum Verhalten des Frankfurter Senats unter der Führung des Schöffen Thomas, der dem Bundestag seine politischen Gefangenen nicht hatte ausliefern mögen.

Als er mit der Vorarbeit am Drama so weit war, daß er mit der poetischen Ausführung beginnen konnte, bekam Stoltze Typhus. Die Krankheit selbst und der nachfolgende Schwächezustand hielten lange an. Offenbar fiel in diese Zeit Annettes Gefängnishaft. Friedrich litt unter ihrem Schicksal; es erhöhte seine verzweifelte Stimmung. Der Zusammenbruch all der Hoffnungen, die er begeisterten Mutes mit seiner Schwester geteilt hatte, das Triumphieren der empörenden Bundespolitik, das schaurige Ende der Unternehmungen braver Bürger zur Verpflegung und zur Befreiung der politischen Gefangenen führten zu langanhaltender Schwermut. Sein eigener Mutwille und Humor waren völlig versiegt. Das Schicksal der gefangenen Studenten hatte ihn um allen Optimismus gebracht.

Zur Wiederaufnahme der Arbeit wurde er auch nicht ermutigt durch die Bekanntschaft mit dem Dichter Grabbe, der 1835 in Frankfurt lebte. In der Genesungszeit besuchte Stoltze öfter ein Kaffeehaus am Roßmarkt, und hinter seiner Limonade konnte er den Dichter des »Hannibal« beobachten, dessen liederliche Lebensführung zum Stadtgespräch geworden war. Dies hielt Stoltze nicht ab, ein Fachgespräch mit dem damals berühmten Mann zu suchen; doch bekam er von ihm so heillose Dinge über den Fluch des Epigonentums zu hören, daß es den Jüngling vor der eigenen Schiller-Nachahmung grauste.

Auch die ihm im Alter näherstehenden norddeutschen Schriftsteller, die sich im gleichen Jahre um die in J. D. Sauerlanders Verlag herausgegebene »Frühlingszeitung« »Der Phönix« scharten, den Berliner Karl Gutzkow, Ludolf Wienbarg aus Kiel, Eduard Beurmann aus Bremen, bekam der noch kränkelnde Jüngling zu Gesicht. Daß sich diese Autoren mit dem Schlesier Heinrich Laube und dem Berliner Theodor Mundt als ein literarisches »junges Deutschland« empfanden und dieser Gemeinschaft ein eigenes Organ in der »Deutschen Revue« schaffen wollten, die in Frankfurt bei Gutzkows Freund Karl Löwenthal erscheinen sollte, wurde dem stillen Beobachter freilich auch erst bekannt, als der berüchtigte Beschluß des Bundestags dieses Unternehmen im Keime erstickte. Der Schlag, der die frischen jungen Autoren von seiten der Gewalthaber traf, konnte auch auf ein zaghaftes Dichtergemüt wirken. Am 10. Dezember 1835 wurden mit Heine und Börne die Jungdeutschen Gutzkow, Wienbarg, Laube, Mundt und Kühne von dem Bundesbeschluß getroffen, der nicht nur ihre bisherigen, sondern auch alle Werke, die sie in Zukunft schreiben würden, verbot. Mit diesem Ukas hatte die Reaktion den Höhepunkt erreicht. Gutzkow, der zunächst die Sünden seiner »Wally« im Gefängnis zu Mannheim büßen mußte, blieb auch in den nächsten Jahren in Frankfurt, wo er sich mit Amalie Klönne, einer Nichte des Verlegers Valentin Meidinger, verheiratet hatte, aber seine Versuche, hier unter Verleugnung seines Namens literarisch tätig zu sein, wurden ihm so er-

Ludwig Börne (1784–1837), das Vorbild Stoltzes als politischer Publizist. Die Lithographie F. C. Vogels (nach dem Gemälde von Moritz Oppenheim) hing über dem Schreibtisch in Stoltzes Arbeitszimmer am Grüneburgweg.

Karl Gutzkow (1811–1878).

Johann Wilhelm Sauerwein.

schwert, daß er sich 1837 nach Hamburg wandte, um die neue Zeitschrift »Der Telegraph« ins Leben zu rufen.

Bei der Abhängigkeit der Frankfurter Presse von der Zensurbehörde und den Gesandtschaften des Bundestags bestand für einen jungen liberal gesinnten Frankfurter, der sich zum Dichter berufen fühlte, also keine

Verlockung, sich als Journalist den Weg in die literarische Welt zu bahnen. Aber ein junger Dichter will sich gedruckt sehen. Das Weihnachtsfest des Jahres 1836 brachte Friedrich Stoltze zum ersten Mal dieses Vergnügen. Seine humoristischen Genrestückchen im Dialekt der Altstadt hatten bei mündlichem Vortrag in dem Kreis junger Künstler, dem sein Freund Hendrichs angehörte, viel Beifall gefunden. Aber er wollte als »hochdeutscher« Dichter anerkannt sein. Eins seiner religiösen Gedichte mit dem Titel »Hymnus an Gott« schickte er an Wilhelm Wagner, Redakteur der belletristischen Beilage des Frankfurter Journals, der »Didaskalia«. Es war nicht sein bestes Gedicht, aber die Schlußstrophe doch recht bezeichnend für ihn:

Hoch über Raum und Zeit blickst du hernieder,
Du Gott von Ewigkeit zu Ewigkeit!
Tief in den Staub, ihr stolzen Weltgebieter,
Tief in den Staub, ihr Wesen flücht'ger Zeit!

Dem Redakteur war die Hymne willkommen, und er brachte sie in der Nummer 355, Samstag, den 24. Dezember 1836. Für Fritz war das eine heißersehnte Genugtuung. Seiner Mutter war der Beweis erbracht, daß er wirklich zum Dichter berufen sei. Aber es kam noch besser. Von den in Frankfurt lebenden Musikern genoß damals der Schweizer Xaver Schnyder von Wartensee das größte Ansehen, der sich 1817 in Frankfurt niedergelassen hatte und seither in den Museumskonzerten, im Cäcilienverein, später auch in dem nach dem Stuttgarter Vorbild 1827 gegründeten »Liederkranz« am Klavier und als Geiger mitwirkte. Die Aufführung seiner Oper »Fortunat« auf der Frankfurter Bühne hatte ihn in näheren Verkehr mit dem Künstlervölkchen gebracht, dessen Seele Hendrichs war. Wenige Tage nun nach dem Erscheinen der »Hymne« erhielt ihr Verfasser einen Brief mit der Adresse: »S. Wohlgeboren Herrn Friedrich Stoltze, Dichter im Rebstock *Littera L* Nr. 87, dahier.« Hocherrötend hielt er den noch uneröffneten Brief der herzutretenden Schwester entgegen. Der Brief war von Schnyder von Wartensee.

Lieber junger Herr!
Ich hatte neulich in der Wirtschaft des Herrn Resch, bei Gelegenheit des Künstlerabends der Mitglieder des Frankfurter Theaters das Vergnügen, mich an Ihrer heitern Laune zu erfreuen. Gestern habe ich nun auch in der »Didaskalia« Ihre Hymne gelesen. Ich bin ein Freund derjenigen fröhlichen Jugend,

die sich dabei zugleich ein frommes unverdorbenes Herz bewahrt. Um Ihnen eine Freude zu machen, habe ich Ihre Hymne komponiert.

Mit freundlichem Gruß
X. Schnyder v. Wartensee.

Die Komposition lag dem Briefe bei. Als Annett den Brief vorgelesen hatte, fühlte sich Fritz wie von einer höheren Macht zum Dichter geweiht. Und wie zum Gebet trat er hinter die Schwester, die sich ans Klavier setzte und ihm seine, von einem Schnyder komponierte Hymne frisch vom Blatt vorsang.

Mit seinen Studien beeilte sich der junge Dichter nun erst recht nicht. In der Erholungszeit nach dem Typhus, als er sich schonen mußte, hatte er sich an ein behagliches Tempo gewöhnt, und als dann die Daseinslust in ihm neu erwachte und ihm geraten wurde, sich wieder etwas zuzumuten, tat er dies im Stil eines jungen Mannes, der sich als halbwüchsiger Knabe gewöhnt hat, des Sonntags mit den Eltern auszufahren oder auch hoch zu Roß durch die Promenaden zu reiten. Seine Mutter hielt er für reich. In der Tat bezog Frau Stoltze bis ins Jahr 1839 erhebliche Einnahmen aus dem Betrieb des Rebstocks, den sie an den Weinwirt C. L. Bessier verpachtet hatte. Erst am 7. Dezember 1841 kam der Gasthof durch Versteigerung an den Insatzkläger, Philipp Simon Häffner, einen Verwandten der Witwe. Vorher aber waren bereits dem etwas leichtsinnigen Sohn die Augen über den Ernst der Lage aufgegangen: Fritz war zwanzig Jahre alt, er hatte Schulden gemacht, weil ihn die Mutter seiner Ansicht nach zu knapp hielt, da ließ ihn sein Vormund auf das Kuratelamt im Römer zitieren, und die Vorhaltungen, die er hier vom Senator Neuburg erhielt, blieben von nachhaltiger Wirkung.

Unter dem Druck der häuslichen Verhältnisse mußte er den Plan, doch noch zu studieren, aufgeben. Die deutschen Universitätszustände, die nun wieder unter strenger Bundeskontrolle standen, hatten zudem auch nichts Lockendes. Er bereitete sich jetzt mit Eifer für einen Aufenthalt in Frankreich vor, wo er als gelernter Kaufmann durch Freunde eine Stelle zu finden hoffte. Béranger bildete seine Hauptlektüre, aber auch mit Viktor Hugos Poesien befreundete er sich. Unter deren Einfluß entwickelte sich in ihm die Lust an landschaftlichen Schilderungen in einer aufs Großartige gerichteten Bildersprache. Der Charakter der heimatlichen Landschaft milderte zunächst diesen Hang, der dann in der Schweiz, als er wirklich nach Frankreich ging, mächtige Anregung fand, wie das Gedicht »Angesichts der Jungfrau« bezeugt. Stoltzes »Taunusbilder«, die im Sommer 1837 in der »Didaskalia« erschienen, spiegeln aber weit unmittelbarer das persönliche Erleben des Dichters, sein inniges Verständnis für die besondere Schönheit der heimatlichen Berge, die Genesungswonne, die er im Frühling des genannten Jahres beim Durchwandern derselben genoß. Eine Stelle der ältesten Fassung verrät uns auch, daß sein Herz jetzt die Seligkeit der ersten Liebe kosten durfte; selbst die Namen der Geliebten – Lyda Christine – vertraut er der Strophe an. Sie schildert die Sehnsucht, mit der die Augen des Dichters den Giebel in der fernen Vaterstadt suchen, unter dem die Besungene atmet. Sie und das bald danach entstandene stimmungsvolle Gedicht »Am Rechneigraben zu Frankfurt am Main« feiern die Genesung, die das Altfrankfurter Stadtkind damals der schönen Umgebung der Vaterstadt und seiner jungen Liebe zu danken hatte.

Auch der Stadt Frankfurt brachte die Zeit einen günstigen Umschwung. Die Demagogenbewegung zeitigte im Stillen doch willkommene Wirkungen. Am 2. Januar 1836 war die Freie Stadt dem Deutschen Zollverein beigetreten, dem seit 1833 auch Sachsen, Bayern und Baden angehörten. Die Schlagbäume an den Warttürmen fielen. Noch im Laufe des Jahres wurde der »Sperrbatzen« beseitigt. Die Errichtung des Zollgebäudes und der Lagerhäuser am Main hatte die Entfernung der alten Wassertore zur Folge; das Leonhardstor, das Holzpförtchen, das Fahrtor wurden abgetragen; der neue Mainkai vom alten Holzausladeplatz bis zum Weinmarkt beim Rententurm wurde bis 1840 angelegt.

Das Jahr 1836 brachte auch für Frankfurt den Prozeß gegen die Aprilattentäter zu einem gewissen Abschluß. Am 9. Oktober wurde das Urteil der Tübinger Rechtsfakultät den Angeklagten eröffnet. Danach wurden zehn zu lebenslänglicher, einer zu 15jähriger, einer zu 12jähriger, einer zu 6jähriger und einer zu 6monatiger Zuchthausstrafe verurteilt. Während der langen Untersuchungshaft waren zwei der Studenten entkommen, drei gestorben, zwei als wahnsinnig in Irrenhäuser überführt worden. Heinrich Eimer, der den Dr. Eder zum Anwalt hatte, war auf sein Verlangen auf die badische Festung Kislau verbracht worden. Im März 1837 traten die übrigen in der Bundesfestung Mainz, auf dem Hartenstein, ihre Strafe an. Im Monat vorher war Börne in Paris gestorben. 1838 erhielten die noch übrigen Gefangenen, die zu längerer Haft verurteilt waren, die Erlaubnis zur Auswanderung nach Amerika.

Das Jahr bedeutete in mehr als einer Beziehung einen Abschnitt. Am 19. Oktober starb Johann Jakob v. Willemer im 79. Lebensjahr, und wenige Tage später, am 1. November, erlag sein Schwiegersohn Gerhard Thomas mitten in seiner Wirksamkeit als oberster Repräsentant des Freistaats einem Leiden, das er sich unter den Stürmen der Demagogenzeit zugezogen hatte. Das Leichenbegängnis von seinem Haus vor dem oberen Maintor nach der Familiengruft in Sachsenhausen, zu welchem sämtliche Korps der Stadtwehr und des Linienmilitärs ausrückten, brachte die ganze Stadt in Bewegung; Geistliche sämtlicher Konfessionen befanden sich in dem Zuge. Ein Vierteljahr vorher, am 29. und 30. Juli, war in Frankfurt das erste deutsche Sängerfest vom Frankfurter Liederkranz veranstaltet worden. Mit diesem Fest wurde Frankfurt zum Vorort einer neuen Bewegung, die mit friedlichen Mitteln im Geist der Freiheitsliebe das Ideal der deutschen Einheit pflegte. Aus all den Ländern, in denen 1833 die Sendboten der Vaterlandsvereine und der Revolutionsausschüsse heimlich nach Frankfurt gekommen waren, zogen nun öffentlich, zum Teil auf reichbewimpelten Schiffen von Mainz und Aschaffenburg her die deutschen Sänger nach der Bundesstadt. Wohl durfte sich das verpönte Schwarzrotgold auch jetzt noch nicht wieder hervorwagen; aber in dem von vielen Tausenden besuchten Waldkonzert auf dem Forsthaus bildete den Höhepunkt der Vortrag des Arndt'schen Liedes »Was ist des Deutschen Vaterland?« in Wilhelm Speyers Komposition, und schon bei der Hauptprobe unter Justs Leitung im Theater hatte es infolge des begeisterten Beifalls der Zuhörer wiederholt werden müssen.

Die Idee zu dem Fest war dem Komponisten Wilhelm Speyer zu danken, dessen Lieder im Volkston (»Mein Herz ist am Rheine«, »Der Wirtin Töchterlein«) damals in ganz Deutschland ungemein populär waren. Als intimer Freund Felix Mendelssohns und Spohrs, als Präsident des Liederkranzes, übte seine schaffensfrische Persönlichkeit einen sehr wohltuenden Einfluß auf das Frankfurter Musikleben aus. Eines der frühesten Liebeslieder Stoltzes, »Geh' ich in der Abendstund' Liebchens Haus vorüber« wurde von W. Speyer komponiert. Und noch im Jahre 1838 brachte der junge Dichter der neuen Bewegung seinen ersten Tribut mit dem »Bundeslied der Deutschen in Lyon«, das einige Jahre später Felix Mendelssohn komponierte.

7 Lieder aus Lyon

Lange hat es gedauert, bis sich Stoltzes Jugendeindrücke von der Frankfurter Altstadt in den verklärten Erinnerungsschatz verwandelten, der später zum Hauptstoff seiner humoristischen Dichtungen wurde. Und fast ebensolange hat es gedauert, bis das unerschütterliche Bewußtsein, zum Dichter bestimmt zu sein, ihn zu einer nutzbringenden Existenz in Frankfurt gelangen ließ. Nichts aber ist für die Wanderjahre so bezeichnend, als daß dem jungen Frankfurter Handlungsbeflissenen Fritz Stoltze, der 1838 in einem Seidengeschäft zu Lyon Stellung fand, im lustigen Frankreich, das damals so vielen Deutschen als das gelobte Land der Freiheit erschien, das Heimweh zur Muse wurde. In der Fremde hat er den patriotischen Grundton seiner späteren politischen Lyrik gefunden.

Die Handelsbeziehungen Frankfurts zu Lyon waren von altersher lebhaft. In der deutschen Kolonie der Rhônestadt stellten die Frankfurter schon längst ein stattliches Kontingent. Auch Karl Malß, der Dichter des »Bürger-Kapitains«, war vor seiner Beteiligung an den Freiheitskriegen Volontär in einem Lyoner Handelshaus gewesen. Der Seidenhandel en gros, der in Frankfurt früher durch Mailänder Kaufleute zur Blüte gebracht worden war, hatte in der Rheinbundzeit von Lyon aus neue Impulse erhalten. Unter den Frankfurter Handelsherren, die das in großem Stil auszunützen verstanden, war bei weitem der erfolgreichste Marquard Seufferheld, der jetzt in den Sechzigern stand. Sein Geschäft, »Seufferheld und Scheibler«, in gefärbter und roher Seide *en gros*, befand sich in der Großen Gallusgasse. Dem Kaufmann, der auch wegen seiner gemeinnützigen Tätigkeit und als Förderer von Kunst und Wissenschaft ein hohes Ansehen genoß, war es zu danken, daß Stoltze nach Lyon gehen konnte.

Die Sache scheint nicht ohne Widerspruch der Mutter zustande gekommen zu sein; das etwas sentimentale »Weihnachtslied«, das der Sohn aus Lyon nach Haus sandte, läßt dies vermuten.

Stoltze zog es nicht in die Flüchtlingskonventikel, die damals gerade, unter Mazzinis Einfluß, in Lyon bestanden. Dort hätte er manchen Frankfurter treffen können. Doch einem Flüchtling hatte er gewiß Grüße zu bringen: dem Dichter der Frankfurter Demagogenbewegung, Wilhelm Sauerwein, der 1836 von Paris aus in St. Marcelin bei Lyon eine Hauslehrerstelle und die Muße gefunden hatte, an neuen Dialektdichtungen zu bosseln. In der Schweiz und Frankreich hatte Sauerwein vieles schlechter gefunden als daheim; auch er litt an Heimweh. Schließlich befiel ihn ein Rückenmarkleiden, das seine Überführung in ein Krankenhaus in Lyon nötig machte, bis seine Verwandten ihn nach Frankfurt heimholten. Die Gespräche, die der schon kränkelnde Humorist und Poet mit seinem jungen Verehrer führte, sind gewiß für diesen nicht verloren gewesen; aber weder Sauerwein noch Stoltze ahnten damals, daß hier der Ältere mit seinem Nachfolger sprach, der ihn einmal in der Frankfurter Dialektdichtung weit überflügeln werde. Stoltze träumte jetzt nur von Erfolgen als Lyriker in hochdeutscher Sprache, und dafür erhielt er lebhafte Anregungen in Lyon selbst.

Hier bestand seit kurzem ein deutscher Sängerverein unter dem Namen »Cäcilia«, ein Chor, der unter der Direktion von André aus Offenbach 24 Mann umfaßte, allesamt junge deutsche Kaufleute. Der Verein erregte nicht geringes Aufsehen, um so mehr als er mit seinen Liedern nicht geizte und Pariser Notabilitäten, die nach Lyon kamen, mit Ständchen beehrte. Dieser Verein begrüßte Mendelssohn bei seiner Durchreise in Lyon mit einigen Liedern, worauf der Komponist das »Lied der Deutschen in Lyon« von Leipzig aus seinen Verehrern zusandte.

Dieses Lied, das als Komposition Felix Mendelssohns erst aus dessen Nachlaß (1847) zum Druck gelangte, wurde 1838 von Stoltze zum Stiftungsfest des Lyoner Cäcilienvereins gedichtet; in seinem Wortlaut etwas geändert, ging es in die späteren Sammlungen der hochdeutschen Gedichte Stoltzes über:

Was uns eint als Deutsche wieder
An der Rhone grünem Strand,
Das sind unsrer Heimat Lieder,
Und die Lust am Vaterland.

Laßt sie rauschen! laßt sie wallen,
Wie's ihr kühnster Flug vermag,
Daß die Lüfte Welschlands schallen
Unter'm deutschen Flügelschlag.
  Laß mich deine Hand ergreifen!
  Bruderherz, Auf Du und Du!
  Mit denselben Liedern schweifen
  Wir derselben Heimat zu.

Welch ein Zauber, welche Schöne,
Webt und lebt im deutschen Lied!
Es ergießt das Herz in Töne
Und die Töne ins Gemüt!
Flutet auf in vollen Chören,
Zart wie Liebe, kühn wie Wein!
Daß die Rhoneufer hören,
Wie man singet an dem Rhein!
  Laß mich deine Hand ergreifen...

So brachte dieses Bundeslied die jugendfrische Begeisterung zum Ausdruck, mit welcher der Jüngling in diesem Kreis mitten in Frankreich die Vaterlandslieder Körners und Arndts, Rückerts und Uhlands in den kraftvollen Weisen, die ihnen K. M. v. Weber, Kreutzer, Speyer, Silcher, Marschner und Methfessel verliehen, in festlicher Runde hoffnungsfroh gesungen hatte. Die Form ist von Schillers »Lied an die Freude« beeinflußt, während der Refrain auf den Einfluß Bérangers hinweist.

In Paris, auf der Durchreise, machte der junge Poet die persönliche Bekanntschaft dieses von ihm verehrten Liederdichters. Börne war nicht mehr am Leben; zu Heine, dessen scharfe Feindseligkeit gegen Börne allgemein von den deutschen Liberalen mißbilligt wurde, hatte er noch kein klares Verhältnis gefunden. An Börnes Grab auf dem Friedhof Père Lachaise ward in seiner Seele der ganze Ingrimm über das deutsche Elend wieder lebendig, über die schmähliche Unterdrückung der großen Bewegung, dessen geistvollster Führer Börne gewesen war, über die Zwietracht der Führer, die alle nationalen und freiheitlichen Bestrebungen in Deutschland immer wieder zersplitterte. In Béranger trat ihm nun ein Sänger der Freiheit entgegen, das große Vorbild all der Dichter, die in jenem »Völkerfrühling« dem Begriff des Volksdichters eine neue Bedeutung gaben: die eines Vorkämpfers der Volksrechte durch die Macht des Lieds. Frankreichs großer Chansonnier stand auf der Höhe seiner Laufbahn: der Handwerkerssohn aus der Pariser Altstadt, der die altüberlieferte Form des Chansons den Fortschrittsidealen seiner Nation dienstbar gemacht hatte und aus einem Sänger heiterer geselliger Lieder ein Apostel der Freiheit geworden war, wurde von ganz Paris heiß verehrt. Mit ihm als dem Vertrauensmann des Volkes und der studierenden Jugend hatte nach der siegreichen Julirevolution Lafayette verhandelt, als es galt, die Wahl Ludwig Philipps zum »Bürgerkönig« bei der republikanischen Partei durchzusetzen. Hatte vorher der revolutionäre Geist seiner Lieder die Pariser entzückt und die Verfolgung seine Popularität ins Unbegrenzte gehoben, so konnte er nach der Errichtung des Julikönigtums diese Sympathie erhalten, indem er Orden und Titel, Ehrenstellen und Ehrenspenden ablehnte.

Wenn der junge Stoltze den Dichter damals im Volk verkehren sah, fand er in Béranger das Dichterideal verwirklicht, das ihm selbst vorschwebte. Und was viele deutsche Autoren übersahen, die um diese Zeit sich nach Bérangers Beispiel ausbildeten, der Württemberger Georg Herwegh, der Österreicher Moritz Hartmann, das prägte sich dem Sohn der Frankfurter Altstadt ein: Béranger war so volkstümlich, weil er, wie kunstvoll sein Lied meist gebaut war, am liebsten die Sprache der Gefühle redete, die das Volk als die eigene empfand und weil er aus der Anschauung weiter Volkskreise heraus dichtete. Er war der Dichter ihrer persönlichen Freuden und Leiden, ihrer kleinen Sorgen und Feste, und das hatte ihn dem Volke zum Vertrauensmann gemacht.

Das stolze Selbstbewußtsein, das ihn einige Jahre später erfüllte, hatte er damals aber noch nicht dem Leben abgerungen, als er aus Frankreich nach Frankfurt heimkehrte. Dort erwarteten ihn trübe Herzenserfahrungen, die ihn schwer niederdrückten. Am 17. November 1840 starb nach längerer Krankheit seine Schwester Annett, die einst so schöne stolze Schwester, 27 Jahre alt. In den furchtbaren Schmerz, den ihm dieser Verlust bereitete, mischte sich die Reue, daß er sich ihr während seiner Abwesenheit nicht hatte widmen können.

Herz meiner Seele! Du bist tot!
Hüll' sie in deinen Purpur, Morgenrot,
Und lege sie dem Frühling in den Schoß!
Ach, er wird weinen, denn er zog sie groß.

Im Thurme hinter'm goth'schen Erker,
So stark vergittert ganz und gar,
Saß eine Taube in dem Kerker,
Weil sie gedacht hat wie ein Aar.
Gefangen hinter Eisenstäben,
Stand eine Rose manchen Tag,
Weil in dem lieben Blumenleben
Das Rauschen einer Eiche lag.

Was soll mir noch das Leben taugen?
Was kann mir Liebes noch gescheh'n?
Ach, weint euch blind, ihr jungen Augen!
Ich mag die Sonne nicht mehr sehn.
Ach, jede Ros', die eine Rebe
Umarmet treu und schwesterlich,
Ist mir ein Vorwurf, daß ich lebe
Und daß ich atme ohne dich!

Seite 93: Huldigungsblatt für Annett Stoltze. (Aus dem Archiv und mit Genehmigung der Frankfurter Sparkasse)

8 Christine und Laura

Daß unter dem Druck dieser Stimmung und in dem Verlangen nach Trost und Teilnahme sein Verhältnis zu dem geliebten Mädchen in dem Giebelhaus auf dem Kleinen Kornmarkt einen immer festeren Charakter annahm, war natürlich. Das Wiedersehen mit der Jugendfreundin Christine Retting war voll Zärtlichkeit gewesen, und in Jugendlust genoß das junge Paar seinen Liebeslenz.

Es ist Mai! Es ist Mai?
Komm, mein Liebchen, Frühlingsluft
Trink in vollen Zügen!
Lasse dich von Klang und Duft
Durch die Fluren wiegen.
  Es ist Mai!...

Es ist Mai! Es ist Mai?
Turteltäubchen, zwei und zwei,
Schnäbeln sich und nisten,
Grade wie im vor'gen Mai,
Als wir uns so küßten!
  Es ist Mai.

Doch den Halt, den der junge Dichter bei dem geliebten Mädchen suchte, konnte Christine ihm nicht geben. Sie hatte früh die Mutter verloren, und der Vater, der Buchbindermeister und Papierhändler Retting, war in seiner Haltung als Bürger so konservativ, daß sich das Mädchen scheute, ihm ihre Liebe zu einem jungen Mann ohne festes Einkommen zu gestehen. Erschwerend kam noch hinzu, daß der strenge Vater nie einen liberalen Schwarmgeist zum Eidam genommen hätte.

So bedeutete die Teilnahme Marquard Seufferhelds gerade jetzt eine Rettung. Stoltze hatte dem Großkaufmann, dessen Bildung in bezug auf

Die Einweihung des Gutenberg-Denkmals in Frankfurt am Main am 24. Juni 1840. Dieses Ereignis erhielt prägende Wirkung auf den jungen Dichter.

Literatur und Kunst nicht lückenlos war, manche gute Hilfe leisten können als Berater und Korrespondent in Angelegenheiten, die er als Mäzen aufgriff. So machte Seufferheld 1840 im Verein mit seinem in Mailand wohnenden Geschäftsfreund Heinrich Mylius und Dr. Eduard Rüppell, dem Frankfurter Afrikaforscher, die Goethe-Statue von Pompeo Marchesi der Frankfurter Stadtbibliothek zum Geschenk, an die er nach Anton Kirchners Tod auch dessen Büste gestiftet hatte. Nach dem Jubelfest der Erfindung der Buchdruckerkunst (24. Juni 1840) stand er an der Spitze des Komitees für das Gutenberg-Denkmal, das später auf dem Roßmarkt errichtet wurde. Die über ganz Deutschland ausgedehnte Sammlung von Spenden, ein Unternehmen, das durch den Kampf um die Preßfreiheit vom Geist des Liberalismus getragen war, lag in Seufferhelds Händen, und die ganze Korrespondenz und Buchführung wurde von ihm dem jungen Stoltze anvertraut. Da faßte der Poet den Mut, Seufferhelds Interesse für seine poetischen Versuche in Anspruch zu nehmen. Der Kunstfreund, als gläubiger Protestant und langjähriger Freund Anton Kirchners den religiösen Gedichten seines Schützlings besonders zugetan, riet zu einer Auswahl lyrischer Gedichte und anschließender Begutachtung durch einen Fachmann. Das Urteil fiel ermunternd aus, und nun erklärte Seufferheld sich bereit, die Druckkosten für die Auswahl zu tragen. Damals war gerade das Dorf Rübenach im Rheinland niedergebrannt. Man griff den aktuellen Vorfall auf und gab dem Band die Widmung »zum Besten der Abgebrannten in Rübenach«.

Im Oktober 1841 erschien diese erste Sammlung »Gedichte von Friedrich Stoltze. Frankfurt a. M., 1841. Gedruckt bei G. Weil« – ein dünnes Heft. Der junge Poet selbst sprach in seinem Vorwort zwar auch von dem wohltätigen Zweck, aber sein »erstes Auftreten als Dichter« war ihm natürlich die Hauptsache. Am Schluß hieß es: »Es war eine schöne Zeit, in der ich diese Lieder dichtete. Keines von allen ist mir von der Schwermut aus der Seele gelockt, keines von allen hat eine trübselige Erinnerung in mir zurückgelassen. Frei, froh und leicht, wie mir's damals um's Herz war, ergriffen mich die Gedanken, frei, froh und leicht warf ich sie aufs Papier. Und so blieben sie auch meist. Nur meine »Taunusbilder«, die im Sommer 1837 in der »Didaskalia« erschienen waren, fand ich für gut, fast ganz umzuarbeiten. Und so mögen denn meine Gedichte hübsch bescheiden in die Welt wandern. Ich habe mich in ihnen fern gehalten von jener beliebten Gemüthszerrissenheit, in der sich unser junges Deutschland so wohl gefällt, ohne daß ich dabei befürchten zu müssen glaubte, nichts neues hie und da bieten zu können.«

Radikale demokratische Ideen irgendwelcher Art brachte die Auswahl des Büchleins nicht zum Ausdruck. Rein politisch war nur »Der Dritte von der heil'gen Alliance«. Der Tod Friedrich Wilhelms III. von Preußen gab dem Dichter die Vision ein, wie im Elysium den zwei dort bereits weilenden Alliierten der Freiheitskriege Theodor Körners Geist von »Sieg und Freiheitsglanz« vorsingt, als der Dritte von der »heil'gen Alliance« bei ihnen erscheint. Die Wahl des Titels zeigt, wie unbefangen damals noch der jugendliche Autor dem Begriff »Heilige Alliance« gegenüberstand, hinter dem sich der Geist der Karlsbader Beschlüsse geborgen hatte. Sie zeigt ihn frei von jeder Voreingenommenheit gegen das preußische Königtum, von dem sich 1840 nach der Thronbesteigung Friedrich

Wilhelms IV. ja die ganze liberale Welt Deutschlands die Erfüllung ihrer sehnlichsten Wünsche wieder einmal versprach.

Gedankenschwung und kühne Bildersprache im Dienst begeisterter Naturschilderung zeichneten Gedichte wie »Bergkönig« und die »Taunus-Bilder« aus, in denen sich romantische Stimmung und lebendiges Wirklichkeitsgefühl vereinten. Diese letzteren Gedichte, das Idyll »Am Rechnei-Graben in Frankfurt a. M.« und die lebensvolle Schilderung »Der Pfingstdienstag« gaben der Sammlung ihren besonderen Charakter. Stoltze stellte sich der Vaterstadt als Verherrlicher der Naturreize ihrer Umgebung vor. Das zuletzt genannte Gedicht allein schlug den humoristischen Ton an, der für sein späteres Schaffen so bezeichnend wurde. Mit ihm begann er seine Laufbahn als der Sänger vaterstädtischer Feste. Die schöne Sitte der Frankfurter, am Pfingstdienstag in den Wald zu ziehen und dort den Frühlingsanfang in hundertfach zerstreuter und der Stimmung nach doch einheitlicher Geselligkeit zu feiern, war für diesen Anfang das passende Thema. Die späteren Sammlungen der hochdeutschen Gedichte Stoltzes enthalten das Gedicht in etwas veränderter Fassung. »In unsrem Volkesfestkalender Mit goldner Schrift prangt dieser Tag« begann es schon damals. Der Schluß lautete:

So wird getrunken und gesungen,
So wird gescherzt und wird gelacht,
So wird getanzt und wird gesprungen
Bis in die späte Mitternacht.
Denn dieser Tag ist ohne Zweifel
Ein nationales Freudenfest,
Drum gebt denn auch dem armen Teufel
Von Eurem Tisch den Überrest!

Erst später entstand der schönere Schlußvers:

Und heut', da gilt kein Rang, kein Titel,
Die Freude hat uns gleich gemacht.

Ein ähnliches Resultat ergibt ein Vergleich der »Taunus-Bilder« in ihrer damaligen und ihrer späteren Fassung. Dort gab sich das Ganze als »Maifahrt«. Dem Zyklus wurde Rückerts Motto vorangestellt: »Die Welt ist schön genug, den Himmel zu erwarten.« Vom Lorsbacher Tal steigt der Wandrer die steilen Felsenwege hinan, und »lustberauscht« weidet sich sein Blick an der Aussicht. In dem Gedicht »Auf dem Feldberg« tritt dann auch Frankfurt in das herrliche Aussichtsfeld:

Dort liegt die liebe Vaterstadt im Süd!
Dort wo des Maines gelbe Wogen gleiten;
Im Villenkranz, von Gärten rings umblüht,
Mit ihren Türmen, ihren Prachtgebäuden.
O wär' die Kraft verliehen meinem Blick,
Daß ich im Häusermeer den Giebel fände,
Wo meine Liebe atmet und mein Glück,
Und ich dahin die Seele senden könnte!...

Dem Wunsche, nun einmal auch ins deutsche Land hinauszuziehen, brachte das nächste Jahr Erfüllung. Noch am 5. November 1841 erhielt Stoltze in Bornheim von Seufferheld einen inhaltschweren Brief. Das Bändchen Gedichte habe bei einem seiner Freunde, »einem competenten Richter«, großen Beifall gefunden, und nach dessen Äußerung wäre es schade, wenn Stoltze diese Pfade nicht weiter verfolgte. »Ich bin gerne bereit, Sie hierinnen nach meinen Kräften zu unterstützen und so Ihnen dieses genehm ist, so erwarte ich Ihren Besuch und zwar jeden Morgen zwischen 8 und 9 Uhr.«

Der Mann, der Stoltzes Talent so warm empfohlen hatte, war Pfarrer Maximilian Kirchner, der Sohn Kirchners. Seine Empfehlung wurde unterstützt von Schnyder v. Wartensee und dem Heidelberger Philosophiedozenten v. Leonhardt, der mit Seufferheld gleichfalls befreundet war und öfters nach Frankfurt zu seinen Verwandten kam. Seufferheld warf seinem Schützling ein Jahresgehalt aus und stellte ihn als Privatsekretär ein.

»Als dann im nächsten Jahre«, so berichtet Stoltze in der hier schon öfters benutzten Niederschrift weiter, »die Tochter Seufferhelds, die in Krefeld an den Bankier Scheibler verheiratet war, mit ihren Kindern nach Frankfurt zu Besuch kam, erteilte ich den zwei älteren Kindern, Heinrich und Luise, Unterricht, und zwar mit guten Erfolg. Ich gab mir, von Dankbarkeit getrieben, alle Mühe mit den übrigens auch gut veranlagten Kindern. Herr Seufferheld meinte nun, ich hätte ein entschiedenes Talent zum Lehrer. Das war jedoch nicht der Fall. Mir fehlte vor allem die Geduld und die Aufopferung für einen Stand, den ich für den höchsten im Staat halte, aber auch für den verantwortlichsten. Zu jener Zeit nun kamen die Fröbelschen Kindergärten in Aufnahme. Herr Seufferheld wollte sie in Frankfurt einführen. Er schickte mich zu Friedrich Fröbel nach Keilhau-Blankenburg, damit ich mir das Fröbelsche System aneigne und dann in Frankfurt einige Schulen darnach einrichte. Ich hielt, nachdem ich mir den

Georg Marquard Seufferheld mit seinen Kindern. Gemälde von Karl Rausch, 1831. (Historisches Museum Frankfurt am Main.)

Fröbelschen Kindergarten angesehen, solche Gärten vorab für Kinder geeignet, deren Eltern wegen ihres Berufs die Überwachung und Leitung ihrer Kindern nicht selbst übernehmen könnten. Sonst aber fand ich manches Schablonenhafte in der Fröbelschen Kindererziehung. Ich schrieb dies auch Herrn Seufferheld. Mein Aufenthalt in Blankenburg gehört zu meinen schönsten Lebenserinnerungen.«

Die Reise nach Thüringen trat er Anfang Januar 1843 an im Gothaer »Omnibus«. Zurück ließ er nicht nur die Mutter und die geliebte Christine, sondern auch den Sohn Adolf, der am 10. Juni zur Welt gekommen war und bei Pflegeeltern in Enkheim lebte. Wie ihr Verhältnis zu Stoltze schon zuvor hatte Christine auch ihre Schwangerschaft dem Vater verschwiegen, war vor Angst und Aufregung krank geworden, so daß der Arzt ihr Luftveränderung bei Verwandten im pfälzischen Neustadt angeraten hatte. So erklärt es sich, daß das Kind nicht in Frankfurt, sondern in Mainz zur Welt gekommen ist.

In Stoltzes Nachlaß fand sich ein Merkzettel über den Aufenthalt in Thüringen; fast scheint es, daß er im Alter die Absicht gehabt hat, diese poesieverklärte Episode seines Lebens wie andere in einer Erzählung zu schildern. Da findet sich das Lehrerpersonal zu Keilhau vom Jahre 1843 verzeichnet: »Direktor Barop; Dr. Besser, Latein, Griechisch; Dr. Ausfeld, Naturwissenschaft; Dr. Kohl, Deutsche Sprache, Geschichte; Middendorf, Schreib- und Turnunterricht; Unger, Zeichnen; Kapellmeister Rhode, Musik; Pfarrer Meyer, Religion; Stoltze, Deutsche Sprache.« Das Lehrerpersonal der Kindergarten-Lehranstalt in Blankenburg bestand aus dem Direktor Professor Friedrich Fröbel und den Lehrern Middendorf und Stoltze.

Zwar zerschlugen sich Seufferhelds Erwartungen an die Lehrtätigkeit seines Schützlings, doch war das Zusammenwirken Stoltzes mit dem pädagogischen Reformer Fröbel und dessen Gefährten für seine Charakterbildung von entschiedenem Einfluß. Stoltzes Idee von der natürlichen Bestimmung des Menschen, von Menschenwürde und Humanität hat im Kreise jener begeisterten Lehrerschaft die Weihe erhalten.

Als Stoltze nach Keilhau kam, hatte Fröbel nicht lange zuvor die Leitung der alten Anstalt an Barop abgetreten, um sich ganz der neuen Bildungsanstalt für Kinderpflegerinnen zu widmen, die er in Blankenburg gegründet hatte. Das Dörfchen Keilhau und die reizende Landstadt Blankenburg liegen, von einem Hügelzug getrennt, eine Stunde auseinander. Stoltze war in beiden Anstalten tätig und unterrichtete die jungen Kindergärtnerinnen der Fröbelschen Anstalt in Deutsch. Dieser Umstand brachte der Tochter des Blankenburger Amtsmanns, Laura Sigismund, die sich lebhaft für den jungen Lehrer interessierte, manche eifersüchtige Stunden. Denn der aus seinen hellen blauen Augen oft schwermütig blikkende Dichter, der es offenbar sehr ernst mit seinem Beruf nahm, übte auf verschiedene der hübschen Kindergärtnerinnen einen sichtlichen Zauber aus.

Stoltze hatte sich in Frankfurt schweren Herzens von Christine getrennt. Die Mutter nahm sich weiter ihrer an. Noch war der Dichter erst kurze Zeit in Blankenburg, als ihn die Nachricht von Christinens Tod in tiefe Trauer versetzte.

Wie bleich sind nun die Sterne,
Wie meine Augen trüb'!
Es ist in weiter Ferne
Gestorben mir mein Lieb...
Sie haben sie begraben
Und sprachen das Gebet,
Und meine Lippen haben
Dabei nicht mitgefleht...

In solcher Stimmung wurde er allmählich als Gast im Hause des Amtmanns Sigismund heimisch, nachdem er sich mit dem jungen Arzt Dr. Berthold Sigismund befreundet hatte. Das Familienleben in diesem Haus muß harmonisch und behaglich gewesen sein; die stimmungsvollen Natur- und Lebensbilder lassen es vermuten, mit denen Berthold Sigismund später ein beliebter Mitarbeiter von Ernst Keils »Gartenlaube« wurde. Die warme Sympathie, die Stoltze von der ältesten Tochter des Hauses entgegengebracht wurde, konnte seinen Augen nicht entgehen. Die zarte Anmut und die feine Bildung Lauras übten auf den Verstörten einen wohltätigen Zauber aus, dem er sich auf die Dauer nicht zu entziehen vermochte. Aber das Gefühl, einer Toten Treue zu schulden, hielt ihn zurück, bis es doch zur poetischen Aussprache seines Empfindens kam. Gleichzeitig aber entstand die ergreifende Ballade »Die weißen Rosen« – »Er hatte Weib und Kind zu Haus – und zog in alle Welt hinaus« – ein Phantasiestück selbstquälerisch übertreibender Reue, das von einem an Bürgers Leonore gemahnenden schaurigen Reiz ist.

Er kehrte nach Frankfurt zurück, erhielt dort aber bald Seufferhelds Einwilligung, zunächst auf ein Jahr nach Jena zu gehen, um zu studieren. Der Weg führte ihn wieder nach Blankenburg, und auch vor der zweiten Heimreise stellte er sich hier ein.

Eine herrliche Gegend hat Stoltze in jenen zwei Jahren mit wechselnder Stimmung fleißig durchwandert. Überall in Thüringen fand er gastliche Menschen, die sich gern von der Kaiser- und Goethestadt Frankfurt erzählen ließen. Überall entzückten ihn anmutschöne Landschaftsbilder, die ihn an die trauten Waldtäler des Taunus gemahnten. Blankenburg, das sich vor dem Eingang des wildromantischen Schwarzatals malerisch ausbreitet, liegt nur ein paar Stunden sowohl von Rudolstadt wie von Saalfeld entfernt. In solcher Landschaftsidylle ein Liebesidyll zu erleben, war gewiß ein beneidenswertes Glück. Aber sein zweiter Abschied von Thüringen war auch ein Abschied auf ewig von Laura Sigismund. Den Schmerz über diese zweite Herzensenttäuschung konnte er indes lange nicht verwinden.

Die literarischen Notabilitäten des Thüringer Landes, denen er nahe trat, Adolf Bube, Ludwig Bechstein, Ludwig Storch, waren Sammler der Sagen und Märchen, der Lieder und Geschichten aus der Thüringer Vorzeit, der sie auch vielfach die Stoffe für das eigene Schaffen entnahmen. In Jena wirkte O. L. B. Wolff, Herausgeber zahlreicher Anthologien deutscher und fremder Volkspoesie. Der Professor der neueren Sprachen und Literaturen wurde Stoltzes handwerkliches Vorbild. Er hatte in Italien die Kunst der Improvisatoren studiert und sich selbst unter dem Beifall Goethes zu »Deutschlands erstem Improvisator« entwickelt, als welcher er zu wohltätigen Zwecken in allen größeren deutschen Städten auftrat. Stoltze, der bis ins Alter mit erstaunlicher Leichtigkeit die Verse »aus dem Ärmel zu schütteln« verstand, mag von Wolff mancherlei profitiert haben.

Auch in politischer Beziehung hatte Stoltze dem Aufenthalt in Thüringen einen weiteren Horizont zu danken. Die großen und kleinen sächsischen Fürstentümer standen unter dem Einfluß des Liberalismus und der deutschen Einheitsidee in jener gärenden Stimmung, die sich dann im März 1848 machtvoll entlud. Mit zwei Führern der Bewegung wurde Stoltze näher bekannt. Ludwig Storch, beliebt durch seine Romane, und Joseph Meyer, Gründer des Bibliographischen Instituts in Hildburghausen, hatten in den dreißiger Jahren an der Spitze liberaler Blätter gestanden, ersterer als Redakteur der »Sachsen-Zeitung« in Leipzig, Meyer als Herausgeber des »Volksfreund« in Hildburghausen. Anfang der vierziger Jahre hatte Joseph Meyer bereits mit den billigen Klassikerausgaben nach dem Wahlspruch »Bildung macht frei« begonnen. Storch lebte in Gotha unter mißlichen Verhältnissen, ein genauer Kenner der Geschichte Thüringens und seiner Höfe, ein scharfer Kritiker der überlieferten Herrscherlaunen und Machtansprüche der Fürsten.

Bevor sich der heimgekehrte Poet im Jahr 1845 in der Vaterstadt niederließ, um sich frei dem literarischen Beruf zu widmen, hatte er Gelegenheit, sich seinem Gönner Seufferheld noch dankbar zu erweisen. Der alte Herr wünschte, daß das von Stoltze in Blankenburg-Keilhau Gelernte seinen Enkeln in Krefeld zugute käme, und diesem Wunsch entsprach der Dichter. Für längere Zeit übersiedelte er in das Scheiblersche Haus. Seufferheld litt damals schon an der Krankheit, der er einige Jahre später erliegen sollte. Stoltze hat später noch oft geäußert, er habe Seufferheld in der kritischsten Zeit seiner Entwicklung so viel zu danken gehabt. Damals aber, als er die Erwartungen Seufferhelds unerfüllt ließ, der ihn durchaus zum Lehrer machen wollte, empfand er dessen Patronat nur noch als Joch, zumal sich seine Ansichten über Staat und Kirche nicht mehr mit Seufferhelds sehr maßvollem Liberalismus deckten.

9 Nichts als Poet

Als unabhängiger Schriftsteller (»Literat« sagte man damals) trat er in engere Beziehungen zum »Konversationsblatt«, der noch unter Dr. J. N. Schusters Leitung stehenden Beilage zur alten »Oberpostamts-Zeitung«. Das Blatt hatte schon früher Gedichte von ihm gebracht. Auch korrespondierte er gelegentlich für auswärtige Blätter. Zum eigentlichen Journalisten fehlte ihm jedoch die rechte Neigung und Begabung; er übernahm lieber Aufträge zu Gelegenheitsdichtungen, zu Hochzeitsgedichten, Familienfestspielen, Tischliedern, poetischen Nekrologen, wie sie der Sitte der Zeit noch entsprachen.

Das Verbot der politischen Vereine hatte dem in Frankfurt von altersher sehr lebhaften Vereinsleben einen »belletristischen« Charakter gegeben, theatralische Aufführungen, Gesangsvorträge, Rezitationen vornehmlich heiterer Art deckten neben den Bällen das Unterhaltungsprogramm der bürgerlichen Vereine. Dem Bedürfnis entsprach eine ganze Literatur des leicht witzigen Genres, das mit besonderem Glück von Saphir und Glaßbrenner gepflegt wurde, von letzterem im Geiste des politischen Fortschritts. Es kam die Zeit, wo Kalischs Berliner Koupletposse der Wiener Posse der Nestroy und Kaiser Konkurrenz machte.

Mitte der vierziger Jahre wurde Stoltze als Gelegenheitsdichter besserer Art für gesellige Zwecke in Frankfurt beliebt. In Thüringen hatte er auf einer Fußwanderung die Bekanntschaft des noch jugendlichen Frankfurter Komponisten Heinrich Neeb gemacht, der in musikalischer Beziehung ein ähnliches Talent wie er für gesellige Unterhaltung besaß. Neeb leitete ein Quartett unter seinem Namen. Jetzt entwickelte sich zwischen ihm und Stoltze ein lebhafter Freundesverkehr; der Schriftsteller schrieb den Text für Neebs Oper »Der wilde Jäger«.

Er wohnte in einer Zweizimmerwohnung wieder mit seiner Mutter zusammen, die von Bornheim in die Schäfergasse, den sogenannten »Thiergarten«, gezogen war. Die gute Frau hatte nach Christines Tod das »Adolfche« zu sich genommen und ließ sich als Großmutter mit aller Sorgfalt die Erziehung des Kleinen angelegen sein. Und als könne der Dichter seinerseits durch verdoppelte Zärtlichkeit dem Kinde die verstorbene Mutter ersetzen, suchte er sich unter Aufbietung seines besten Humors an dem Erziehungswerk zu beteiligen. Der Sohn bekam schon als Vierjähriger ein Puppentheater, noch früher als Goethe, und Adolf behielt die Szene bis ins Alter im Gedächtnis, da ein ausgehöhlter Kürbiskopf auf einer Stange ins Dachfenster schaute und unten sich mit tiefer Stimme der Riese Giuggamm erkundigte, ob der Junge auch brav seine Suppe esse.

Wohl besaß er manchen treuen Jugendfreund in der Vaterstadt, wohl war er hier an mehr als einem Stammtisch wegen seiner humorsprühenden Unterhaltungsgabe ein willkommener Kamerad, aber er hatte niemanden, der jetzt schon für sein Ringen, nur und nichts als Poet zu sein, Verständnis gehabt hätte.

Sohn Adolf Stoltze, der auf dem Gebiet des Volksschauspiels dem Beispiel des Vaters gefolgt ist, hat in seinen »Erinnerungen« über die damalige Dachwohnung des Vaters Angaben gemacht: »Unser Wohnung war eng un unser Hof, in dem die Fuhrleut ihr Gieterwage unnergestellt hawwe, sehr geräuschvoll. Mei Vatter mußt sich deshalb, da er net mit der netige Ruh arweite konnt, nach emme annern Logis umseh. Als er nix passendes fand, hat er sich in der Dollgaß (der jetzigen Börsenstraße) e Stubb gemiet un is for sich gezoge, während die Großmutter un ich im Dhiergaarte gebliwwe sin. Des neue Quadier lag im owwere Stockwerk vom Staakohlehenneler Wunderlich seim Häusi, des nor aus zwaa Etage bestanne hat. Bardeer des Kondor vom Eigetiemer un owwe driwwer die Stubb von meim Vatter. Spalierrose hawwe den Hauseingang geziert, un Rewe, die bis uffs nidderige Dach geklettert sin, die Fenster umrahmt. Das Häusi stann vollstennig frei, umgewwe von Staakohlehaufe, Bleich- un annere Gaarte, un bot die scheenst Aussicht uff des schreh gegeiwwerliegende Dollhaus.«

Noch trennte den Poeten eine soziale Kluft von dem Kreise der zahlreichen Frankfurter »Doktoren«, die neben einem wissenschaftlichen Beruf damals die Dichtkunst pflegten. Die Graduierten in der Bürgerschaft, für deren wissenschaftliche Bildung ein Titel zeugte, genossen ja nach der alten Frankfurter Ständeeinteilung ganz besondere Vorrechte. Aber mancher von ihnen begann jetzt, sich unter dem Eindruck der gelegentlich im »Konversationsblatt« und in der »Didaskalia« erscheinenden Gedichte Stoltzes für diesen hochbegabten »Lokalpoeten« zu interessieren, mit dessen Umwandlung zum korrekten Stadtbürger Marquard Seufferheld so wenig Glück gehabt hatte.

Dies tat als Erster, gleich dem nun abwesenden Komponisten Schnyder von Wartensee, der alte Lützower Dr. Friedrich Salomon Stiebel, ein Jugendfreund Börnes, der jetzt als Oberarzt von Dr. Christs Kinderhospital für alle Schichten der Frankfurter Bevölkerung seine große Praxis ausübte, wie er auch im Gesetzgebenden Körper seine liberale Gesinnung bewährte. Auch Dr. Heinrich Hoffmann, der 1845 die Kinderwelt mit dem »Struwwelpeter« beschenkte, erkannte schon früh Stoltzes Talent. 1809 als Sohn des Frankfurter Bauinspektors Jakob Hoffmann geboren, war er damals noch am Senckenbergischen Institut als Anatom tätig und galt als der »offizielle« Festdichter Frankfurts.

Zu jenen Männern gehörte auch der junge Literaturhistoriker Theodor Creizenach, der 1837 als Göttinger Student mit seinem Freund Moritz Carriere den gemaßregelten »Göttinger Sieben« (Dahlmann, Jakob und Wilhelm Grimm und anderen) seinen ersten Sonettenkranz gewidmet hatte und in den Jahren darauf Erzieher und Reisebegleiter zweier Neffen des alten Anselm v. Rothschild gewesen war. Jetzt wirkte er als Lehrer in Frankfurt, schrieb literarische Aufsätze für die Beilage der Augsburger »Allgemeinen Zeitung« und gab das »Rheinische Taschenbuch« im Verlag von Sauerländer heraus. Mit dem späteren Stadtarchivar Professor Kriegk, Dr. Heinrich Hoffmann, dem auch poetisch tätigen Architekturprofessor am Städelschen Institut F. M. Hessemer und dem Advokaten Ludwig Braunfels, (Herausgeber des Prachtwerks »Die Mainufer« und Molière-Übersetzer) bildete Creizenach das literarische Element in dem Verein »Ganges«, in dem sich die hervorragenderen Künstler Frankfurts zusammenfanden. Auch Schnyder von Wartensee gehörte dazu. Der Name der Gesellschaft bezieht sich auf eine Stelle in Lessings »Nathan«: die Sehnsucht des Derwischs Al Hafi aus dem geräuschvollen Weltgetriebe nach den stillen Ufern des Ganges. Er entsprach auch der Tendenz des »Nathan«, denn er umfaßte Protestanten, Katholiken und Juden. Im

»Ganges« verkehrte Gutzkow, der in den vierziger Jahren wiederholt in Frankfurt Aufenthalt nahm, nunmehr bereits ein gefeierter Dramatiker. Zu ihm knüpfte Stoltze anregende Beziehungen an.

In jenen Jahren stand Frankfurt im Frühling einer neuen Zeit; auf allen Gebieten regte sich der Fortschritt. 1839 war die Taunusbahn eröffnet worden; bald konnte man von Frankfurt nach Mainz mit der Bahn fahren, was den ganzen Rhein näher brachte. In Handel und Wandel zeigte sich die Wirkung von Frankfurts Beitritt zum Zollverein. Die Handelskammer ließ neben der Paulskirche nach Plänen Stülers das Börsengebäude bauen, mit dessen künstlerischem Ausschmuck die Bildhauer Zwerger, Wendelstädt und Schmidt v. d. Launitz betraut waren, während der letztere gleichzeitig an dem großen Gutenberg-Monument arbeitete. Niemals hat Frankfurt wieder der Kunst gleichzeitig so viele Aufgaben gestellt und einen so regen Wetteifer neuen Kunstschaffens gesehen wie in den Jahren, die der Märzerhebung vorausgingen. Philipp Veit hatte zwar seine Lehrtätigkeit am Städelschen Institut eingestellt, aber für den Frankfurter Dom malte er jetzt sein großes Altarbild; Alfred Rethel schuf eines für die protestantische Nikolaikirche. Der Auftrag, für das Städelsche Museum den »Sängerkrieg auf der Wartburg« zu malen, veranlaßte 1844 den Wiener Romantiker Moritz Schwind, nach seiner Verheiratung mit Luise Sachs von Karlsruhe nach Frankfurt überzusiedeln. Während der Erneuerer des realistischen Genres Jakob Becker aus Worms mit seinem Bilde »Der vom Blitz erschlagene Schäfer« die Freunde des Natürlichen entzückte, fand Overbecks große Allegorie »Der Triumph der Religion in den Künsten« nicht minder eine begeisterte Gemeinde aufrichtiger Bewunderer. Wie Jakob Becker es auf der Neuen Mainzerstraße in der Städelschule als Nachfolger Veits verstand, eine stattliche Zahl eifriger Schüler um sich zu scharen, konnte sich Veit drüben in Sachsenhausen, im Deutschordenshaus, des innigen Anschlusses seiner Getreuen, besonders Eduard Steinles und der Lasinsky erfreuen. Die Landschafts- und Genremaler Dielmann und Rustige schlossen sich Becker an.

Am 22. Oktober 1844 wurde das von Schwanthaler in München geschaffene Goethe-Denkmal in der Stadt-Allee, auf dem jetzigen Goethe-Platz, enthüllt; ein Jahre vorher war das Steinbild Karls des Großen von Wendelstädt auf der Brücke aufgestellt worden. Und viele Künstler waren an der Ausschmückung des Kaisersaals im Römer in jenen Jahren betei-

Die Feier zu Goethes hundertstem Geburtstag in Frankfurt am Main am 28. August 1849.

ligt. Die romantische Vorstellung von der Erneuerung des deutschen Kaisertums im Sinn der Barbarossasage, die damals von Rückert und vielen anderen Dichtern poetisch aufgefrischt worden war, beherrschte die deutsche Geisteswelt. Auch die meisten späteren Demokraten, zumal die von burschenschaftlicher Vergangenheit, dachten sich die zu erringende Einheit Deutschlands noch nicht als Republik, sondern als Wiedergeburt des alten Kaiserreichs deutscher Nation auf der Grundlage einer freien parlamentarischen Verfassung.

Im September 1846 lieh dieser Stimmung Ludwig Uhland in Frankfurt zündende Worte. Die erste Germanistenversammlung fand statt. Die berühmten Wiedererwecker des deutschen Nationalgefühls, die wie Arndt,

Dahlmann, Gervinus, die Brüder Grimm wegen ihres Freiheitsinns und ihres deutschen Empfindens in den zwanziger und den dreißiger Jahren verfolgt worden waren, tagten im Kaisersaal. Beim Festmahl rief der schwäbische Freiheitssänger prophetisch: bald werde wieder von deutschem Reich und Reichstag die Rede sein, »mir ist, als wollten diese Kaiserbilder aus ihrem Rahmen heraus in das wirkliche Leben treten!«

Stoltze empfand voller Genugtuung, wie sich der Ruhm der Vaterstadt als deutsche Kaiser-Wahl- und Krönungsstadt neu belebte, und mit ungeduldiger Spannung sah er den Ereignissen entgegen, die eine Erneuerung des Reiches einleiten würden. Daß dies neue Reich aber ein Reich der Freiheit werden müsse, war der Hauptgedanke, der dieses unbestimmte Ahnen durchglühte.

Die Eindrücke von all dem frischen künstlerischen Wirken hatten sehr bald in ihm die Lust zum Mittun geweckt. Die Enthüllung des Goethe-Denkmals am 22. Oktober 1844 gab ihm die erste Gelegenheit, in Beziehung zu einigen Persönlichkeiten zu treten, deren Wirken ihm Sympathie einflößte. Es brachte ihm aber auch zum Bewußtsein, wie eng der Kreis des Idealismus in der Vaterstadt noch beschaffen war. Außer dem »Ganges« bestand zur Pflege poetischer, künstlerischer Interessen die »Iris«, in der sich Dilettanten aus dem Kaufmannsstand mit Journalisten, Bühnenkünstlern, Musikern trafen. Auch Stoltze verkehrte hier. Das Komitee nun, das die Enthüllung vorbereitete, richtete die Feier sehr exklusiv aus, statt mit anderen Vereinen ein wahrhaft volkstümliches Fest zu Ehren des größten Frankfurters zu veranstalten. Namens des Denkmalkomitees hielt Dr. G. Spieß die Festrede, worauf die Enthüllung erfolgte. Das Bankett im Börsensaal, den Schwind mit dem Transparentgemälde »Eintritt Goethes in die Welt« geschmückt hatte, war noch nicht einmal für alle Teilnehmer am Festakt berechnet. Die literarischen Vereine »Iris«, »Ganges« und das »Museum« hielten also lieber Festlichkeiten für sich ab.

Für Stoltze wurde der Goethetag zum Damaskus. Er erkannte seine Mission, den Segen der Poesie ins Volk zu tragen. Noch dachte er dabei nicht an den heimatlichen Dialekt. Mit seiner eigenen Lyrik stand er ganz im Bann Schillers, mit poetischer Rede als Apostel der Menschenrechte zu wirken. Als solcher wurde damals Schiller gefeiert und gepriesen; er galt als der große Prophet der nationalen Einigung und Freiheitsbewegung, der sich trotz aller Bundesbeschlüsse, trotz der Verkümmerung der

Preßfreiheit und der vollendeten Unterdrückung des politischen Vereins- und Versammlungsrechtes nicht ersticken ließ.

Zur Gründung eines Schillervereins war es in Frankfurt noch nicht gekommen, als eine andere Bewegung hier ins Volksleben eingriff: die deutschkatholische. Während unter dem Protektorat des Romantikers auf dem preußischen Königsthron der Kölner Dombauverein sich in Deutschland ausbreitete, damit der Ausbau des Doms am Rhein die Protestanten ebenso angehe wie die Katholiken, hatte der Klerus in Rheinland und in Schlesien die Situation benützt, um seine Stellung neu zu befestigen und alte Forderungen wie die gegen die Mischehe aufs neue geltend zu machen. Die Maßregelung des katholischen Priesters Johannes Ronge in Schlesien, der die Ausstellung des heiligen Rockes in Trier in einem offenen Briefe beanstandet hatte, und ähnliche Vorgänge führten zur Gründung der Deutschkatholischen Gemeinden, einer Bewegung, der als Ideal eine Wiederaufnahme der deutschen Reformation von seiten aller Konfessionen zur Herstellung einer einigen nationalen Kirche der freien Gottesverehrung vorschwebte. Es schlossen sich ihr daher die protestantischen »Lichtfreunde« an, die von Königsberg aus gegen den Druck der erstarkten lutherischen Orthodoxie unter Führung des Predigers Rupp ihren Ausgang genommen hatte. Sie begegnete sich mit der deutschnationalen Reformbewegung unter den gebildeten Juden, deren Führer der Hamburger Advokat Gabriel Rießer war. In Schlesien, Sachsen, Hessen, Baden und im preußischen Rheinland griff sie um sich, gefördert von den geheimen Führern der verfassungsmäßigen Bundesreform, die sich alljährlich auf heimlichen Zusammenkünften, zumeist auf Hans von Itzsteins Weingut in Hallgarten im Rheingau trafen.

Während sich das evangelische Deutschland auch in Frankfurt rüstete, den dreihundertjährigen Todestag Luthers am 18. Februar 1846 im Geist der Glaubensfreiheit zu begehen, begrüßte man in den neuen »freien« oder deutschkatholischen Gemeinden den Agitator Johannes Ronge als einen zweiten Luther. Am 4. Oktober 1845 fand zu Ehren Ronges in Frankfurt eine Feier statt, für die auch die Liberalen der anderen Konfessionen Interesse zeigten. Die Führer der Frankfurter Liberalen – neben Reinganum die Rechtsanwälte Dr. Ludwig Braunfels und Dr. Julius Friedleben, der Arzt Dr. Alexander Friedleben und Schuldirektor Nicolaus Hadermann – bemächtigten sich der Bewegung. Aus ihren Zusammenkünften mit Deutschkatholiken und Lichtfreunden entstand das »Montags-Kolleg« im Gasthof zum Landsberg, das später den harmloseren Namen »Montagskränzchen« annahm, während sein Charakter ausgesprochen politisch wurde.

Stoltze schloß sich sofort der Bewegung an. Zum Jahrestag der Völkerschlacht bei Leipzig schrieb er ein Gedicht, in dem sich sein Engagement für die Bewegung ausdrückte:

Habt ihr eine Schlacht geschlagen,
Laßt uns eine zweite wagen!
Einen zweiten heil'gen Krieg!
Was wir wollen, was wir müssen,
Für die Freiheit im Gewissen
Einen großen Geistersieg!

Nicht im Grimme, nicht im Hasse
Brecht der Seele eine Gasse,
Nicht mit wilder Schmähung Schwall!
Wer sich gürten will, der gürte
Sich mit seiner Menschenwürde,
Wahrheit sei der Feldmarschall!

Wahrheit, sei du unser Leiter,
Führ' uns, deine frommen Streiter,
Daß kein einziger erlieg!
Führ' uns in den rechten Gleisen,
Wie der Morgenstern die Weisen,
Gieb uns einen heil'gen Sieg!

Daß die Schlange endlich sterbe
Und der Mensch als freier Erbe
Erd' und Himmel sich verschönt!
Daß uns zwiefach Palmen winken,
In der Rechten und der Linken,
Und uns die Verheißung krönt.

Daß ein Engel wieder spreche:
Flammt, ihr Kuppen, braust ihr Bäche!
Höh' und Tiefe, jauchz' zugleich!
Flechtet Kränze in die Locken!
Blitzt, ihr Salven, schallt ihr Glocken!
Tausendjährig ist das Reich!

10 Frau Mary

Unter denen, die dem schwungvollen Hymnus zujubelten, befand sich Marie Messenzehl, die spätere Frau Stoltze. In dem Verein, für den er den Prolog gedichtet hatte, war Stoltze mit der hübschen Blondine näher bekannt geworden. Eine Briefkastennotiz in der »Latern« (1884, Nr. 37) läßt darauf schließen. Sie handelt von der Abendunterhaltung im Sälchen des »Grünen Baums« in der Fischergasse, bei welcher der Dichter in der Aufführung eines Lustspiels mitwirkte.

»Friedrich Stoltze als Schauspieler! Zum erstenmal und zum letztenmal in unserem Leben. Wir spielten den Major Staubwirbel und wurden nicht allein nach der Aufführung herausgerufen, sondern sogar schon vor derselben. Und zwar vom Kellner. Fräulein Messenzehl, unsre Braut, war aus Besorgnis über unsre bevorstehende künstlerische Leistung unwohl geworden. Wir beruhigten sie damit, daß wir im Kreise von lauter Freunden und Bekannten höchstens ausgepfiffen werden könnten.«

Das Frankfurter Bürgerkind – der Vater war Steindeckermeister – gehörte dem katholischen Glauben an, und so freisinnig auch das ungewöhnlich gebildete Mädchen war, so waren ihr doch die religiösen Grundanschauungen ihres Glaubens ebenso heilig, wie es dem Geliebten mit seiner Überzeugung ernst war. Das Eingehen einer »gemischten« Ehe war für beide eine Gewissenssache, und sie entschieden sie im Sinne der Gewissensfreiheit. Das junge Paar beschloß jedoch, sich evangelisch trauen zu lassen.

Der Geist der Toleranz und des religiösen Gemeingefühls, das im Sinne Lessings die Anhänger der verschiedenen Bekenntnisse vereinigen sollte, feierte damals in Frankfurt schöne Triumphe. Die Freimaurerlogen wirkten ebenso in dieser Beziehung wie der oben geschilderte Künstlerverein »Ganges«. Dem entsprach es, daß die Frankfurter Katholiken die Subskriptionsliste für den Ausbau des Bartholomäusdoms auch andersgläubigen Mitbürgern vorlegen ließen und daß die Protestanten bei der Restaurierung der Nikolaikirche das Gleiche taten. Das hatte auch seine humoristische Seite. Als dem alten Baron Anselm v. Rothschild, der streng am Glauben der Väter festhielt, die Liste für den Dom gebracht wurde, meinte er zwar abwehrend: »Der Dom hat kei Spitz un ich hab kei Schneid«, aber er zeichnete doch einen größeren Beitrag. Ähnlich verfuhr er, als Stoltze im Auftrag Seufferhelds mit der Bitte zu ihm kam, für das Altargemälde Rethels »Die Auferstehung Christi« in der Nikolaikirche einen Beitrag zu zeichnen. »Dhun ich Ihne e Gefalle damit«, sagte der Alte lächelnd, »so gebe Se her der List! – Was leit mir draa, ob er uffgestanne is oder net!«

Stoltze erzählte das im Alter gern; jener Besuch im Auftrag Seufferhelds hat als der Anfang der Beziehungen zu Rothschild zu gelten. Stoltze selbst hat, als ihm einmal in der Hitze eines Reichstagswahlkampfs die »Wohltaten« vorgeworfen wurden, die ihm Anselm von Rothschild erwiesen habe, nähere Angaben über das Verhältnis gemacht. »Ich habe im Jahr 1846 dem Baron Amschel zu dessen goldener Hochzeit ein Gedicht gemacht, und zwar weil ich dazu aufgefordert wurde. Baron Amschel ließ es in großen Prachtexemplaren an seine Brüder und Neffen nach Paris, Wien, London und Neapel senden und eigens noch einmal in blauem Druck bei Buchdrucker Kitz 500 Exemplare anfertigen und auf dem Büreau und in der Stadt verteilen. Ich habe auch ein Gedicht auf die Vermählung des Baron Willy gemacht. Baron Amschel forderte mich selbst dazu auf... Überhaupt hat mir der Baron Amschel nie Wohltaten erzeigt, es müßte denn sein, daß ich in seinem Garten spazieren gehen und mir vom Gärtner Blumensträuße für meinen Schatz und später für meine Frau machen ließ. Gutes dagegen habe ich Manches im Haus Rothschild genossen: gekelterte und ungekelterte Trauben, Orangen, Kuchen und Mazzen. Dafür habe ich ihm alles mögliche Getier, Tauben, Vögel, Kaninchen und sogar Raubvögel ins Haus und in die Volièren gebracht.« In dem Brief an Dr. Otto Kanngießer, dem Stoltze diese Angaben zur Verwendung im »Frankfurter Beobachter« machte, erwähnt er ein humoristische Geburtstagsgedicht. »Rames«, der gelbe Pinscher seines Gönners, »und

Meyer Amschel Rothschild (1733–1855).

Sultan, der Hofhund, wurden von mir mit Blumenhalsbändern geschmückt und jeder bekam einen Bund Zwiebeln an den Schwanz gebunden. So wurden sie, in Begleitung eines Hammels zum Baron geführt und das Gedicht verlesen, in welchem das ganze Hauspersonal vom Röschen

Ernst Schalcks Karikatur einer Lustspielaufführung 1847, an der Stoltze als Major Staubwirbel im Sälchen des »Grünen Baums« in der Fischergasse mitwirkte.

und der Sophie an, sogar der Baron selbst seinen Treff bekam: Jeanette, die Köchin, Max, der Frotteur, Friedrich, der Bediente der Frau Baronin, Kunkel, der Portier und spätere Dieb und Einbrecher, Konrad, der Hausknecht, und Peter, der Jäger und spätere sogenannte Kammerdiener, ›der Nimrod des Wagentritts‹.« Wir sehen, der alte kinderlose Rothschild, der selbst ein witziger Kopf und ein Erzfrankfurter war, hatte seine Freude an dem Humor des Altfrankfurter Stadtkinds.

Im übrigen war ihm Stoltze eine Zeitlang ein Gehilfe und Berater in Angelegenheiten der Wohlfahrt. Die Wohltätigkeit Rothschilds war großen Stils; er gab gern, sah sich aber nicht gern betrogen, was ihm in Dingen, die ihm fremd waren, doch leicht passierte. Gern hat Stoltze in seiner »Latern« von des Alten Wohltätigkeit erzählt. In Nr. 14, Jahrgang 1873, wird die Teurung vom Winter 1847 auf 1848 behandelt, die so viel dazu beitrug, die politische Unzufriedenheit der ärmeren Volksklassen in vielen Gegenden Deutschlands bis zur Verzweiflung zu steigern. Rothschild verstand es, die drohende Hungersnot für Frankfurt im Keim zu ersticken. »Der Laab Brod hat 48 Kreuzer gekost un der alte Amschel hatt, damit die Dheuerung die Unbemittelte net gar so schwer dricke sollt, Brodkarte à 24 Kreuzer ausgewe lasse for Jeden, der derrvo Gebrauch mache wollt, so daß des Brod vor die Hälft der Tax von jedem Becker zu kriehe war. Des hat en allerdings nor e paarmalhunnertdausend Gulde gekost!«

Es mag sein, daß der alte Herr, der sein Geschäft wie ein Fürst und Staatsmann betrieb, mit dem jugendfrischen Vollblutidealisten aus dem Herzen der Frankfurter Altstadt auch deshalb so gerne verkehrt hat, um sich von ihm über den Charakter der neuanschwellenden Volksbewegung unterrichten zu lassen. Stoltze seinerseits benutzte seine Stellung zu dem reichen Manne, um dessen Wohltätigkeit auch so manchem zu erschließen, der durch die Demagogenverfolgung in Not geraten war. Für solche Opfer der Bundestagspolitik ist Stoltze bis ans Lebensende ein treuer Anwalt beim Frankfurter Reichtum geblieben. Als der stets spekulative Bankier dem Dichter aber ein hübsches Jahresgehalt anbot für den Fall, daß er als Journalist in die Dienste des Hauses Rothschild trete, lehnte er die Verlockung ab, so schwer es war, dem Krösus klarzumachen, warum einem armen Teufel von Dichter ein solches Anerbieten gegen die Ehre gehe. Aber er hat über ihn geschrieben:

Schlösser nannt' er sein, Karossen,
Gärten, voll von Blütenbäumen,
Über ihm war ausgegossen
Was vom Glück die Menschen träumen...

Doch sein Glück, so unerhöret,
Seine Tonnen goldner Erze,
Hatten nicht sein Herz betöret,
Und verhärtet nicht sein Herze...
Zu dem Gotte seiner Väter
Hat er eiferig gebetet,
Ohne Haß, wenn andre Beter
Anders zu dem Herrn geredet.

Und mit Liebe auserlesen
Hing er an den Seinen allen,
Und er ist ein Sohn gewesen,
Jedermann ein Wohlgefallen;
Täglich konnte man ihn sehen,
Um der Mutter Hand zu fassen,
Nach dem kleinen Häuschen gehen
In der alten Judengassen...

Im Hochgefühl einer freien Seele konnte er neidlos dem Krösus diesen Nachruf widmen, der ihm so mancherlei Lebensgenüsse verschafft hatte, von denen er sich vorher nichts hatte träumen lassen. Der alte Rothschild war bei all seinem Reichtum nicht glücklich gewesen, und oft hatte er den jungen Dichter beneidet, der trotz seiner Armut so leicht glücklich zu sein verstand.

Unter den Teilnehmern an der erwähnten Abendunterhaltung im »Grünen Baum« befand sich Ernst Schalck. In ihm fand Stoltze eine kongeniale Natur, und der junge, zu allen »Deiwelsstreichen« stets aufgelegte Maler schloß sich ihm freundschaftlich an. Ernst Schalck, am 8. März 1827 in Frankfurt als Sohn des Miniaturmalers Franz Schalck geboren, besuchte im Städelschen Institut die Malschule Jakob Beckers. Aber schon war er mit seinem kecken Witz ein tonangebendes Mitglied jener lustigen Stammtischgesellschaft, die sich »das Wasserkolleg« nannte und der Stoltze die feuchtfröhliche »Kapuzinerpredigt« gewidmet hat:

Paulus, der schrieb den Ephesern:
Trinket nie aus leeren Gläsern!
Sintemal und alldieweil
Dieses ist dem Herrn ein Greul.

Den Galatern ließ er schreiben:
Laßt das Wassertrinken bleiben!
Weil das Wasser heilig ist,
Denn es tauft damit der Christ.

Wein, so schrieb er an die Römer,
Wein schmeckt auch viel angenehmer...

Die »Kapuzinerpredigt« ist später von Genée komponiert worden und in verschiedene Kommersbücher übergegangen.

Im Jahre 1847 hatte sich der Dichter auch in den Dienst der seit 1838 verbündeten Frankfurter Sängerschaft gestellt. Namentlich durch Heinrich Neeb war er zu diesem weiteren Kreis patriotisch gestimmter Männer in Beziehung gelangt. Als nun aus Mendelssohns Nachlaß im Jahre 1847 das Heft »Quartette« erschien, das Stoltzes »Lyoner Bundeslied« brachte, empfahl ihn dies den Sängern aufs Beste. 1844 war der begeisterte Verlauf des Gesangsfests in Altona zur Anregung geworden, ein »allgemeines deutsches Sängerfest« ins Werk zu setzen. Es fand in Würzburg statt, 1847 folgte ein zweites solches Fest in Lübeck. Zu diesen Festen wurden besondere Sängerhallen erbaut, nach Schweizer Beispiel fanden große Festzüge mit Fahnen und Standarten statt. Die herbeiziehenden Sängerscharen aus den Hauptstädten »brachten gedruckte poetische Festgrüße mit«. »Frankfurts Sängergruß an Lübeck« war von Stoltze gedichtet; er bezog sich auf das schwesterliche Verhältnis der beiden Städterepubliken.

Noch mächtigeren Schwung entfaltete die Hymne: »Triumph des deutschen Lieds«, die Ludwig Gellert, Dirigent der Frankfurter »Germania«, für das Frankfurter Sängerfest, das im Frühjahr 1848 stattfinden sollte, komponierte.

Einzug des Reichsverwesers Erzherzog Johann in Frankfurt a. M., Juli 1848.

11 Das Jahr Achtundvierzig

Viel großartiger aber als es der Dichter und sein Komponist erwarten konnten, feierte in diesem Frühjahr 1848 das deutsche Lied in Frankfurt einen Triumph. Zwar nicht die Sänger, aber die erwählten Sprecher der Nation zogen ein, die Abgeordneten für das erste Deutsche Parlament, die nun verwirklichen sollten, was schon so lange im Lied gepriesen und ersehnt worden war! Die Pariser Februarrevolution wurde zum Signal der deutschen Volkserhebung, die von den Führern der verfassungsmäßigen Bundesreform, von Welcker, Itzstein, Hecker, Bassermann, Mathy, Gagern, Römer, Tafel, Todt, Dieskau, Robert Blum, Heinrich Simon, Johann Jacoby und ihren Freunden auf den heimlichen Zusammenkünften in Hallgarten seit Jahren so gut vorbereitet war, daß fast gleichzeitig in jedem deutschen Staat auf friedlichem Wege das alte absolute Regiment zu Fall gebracht werden konnte. In Wien brach Metternichs stolze Herrschaft zusammen. Nur in Berlin kam es bei dem Umschwung infolge des Wankelmuts Friedrich Wilhelms IV. und der bekannten »Mißverständnisse« zu ernsthaften Straßenkämpfen. In allen deutschen Hauptstädten wurden die Forderungen des Volks durchgesetzt, Preßfreiheit, Versammlungsfreiheit, öffentliche Rechtsprechung, Amnestie für die politisch Verfolgten sowie Volksbewaffnung bewilligt, und zu den Forderungen gehörte überall die eine nationale: ein deutsches Parlament in Frankfurt! In Frankfurt war der Vorstand des »Montagskränzchens«, mit Hadermann und Textor sowie der Juchosche Kreis im Einverständnis mit Welcker und Itzstein gewesen.

Die Volkserhebung im März verlief in Frankfurt unblutig. Am 3. März hielt es der Senat angesichts der wachsenden Gärung für zweckmäßig, die

Unruhen am 31. März 1848 vor der Paulskirche in Frankfurt am Main, wo das Vorparlament zusammengetreten war.

Konstablerwache von der Bürgerwehr beziehen zu lassen. Am Nachmittag fand in der Reitbahn unter dem Vorsitz der Herren Jucho, Kugler, Mappes, Reinganum und G. Varrentrapp eine Volksversammlung statt, welche die von Reinganum verfaßte Petition mit den »Forderungen des Volks« annahm. Von zahlreichen Bürgern unterzeichnet, wurde sie durch eine Deputation, deren Sprecher Dr. Mappes war, im Römer dem Senat überreicht. Der ältere Bürgermeister Schöff v. Heyden erklärte, der Senat werde sobald als möglich alle acht Punkte gesetzmäßig erledigen. Preßfreiheit wurde sofort bewilligt. Doch kaum hatte Dr. Mappes die Antwort des Bürgermeisters der vor dem Römer harrenden Menschenmenge verkündet, begann auch schon, unter Führung des Dr. Haas von Alzey, ein Sturm auf die Kaisertreppe. Die Führer der Tumultuanten drangen bis ins Ratszimmer, wo sie die sofortige Bewilligung aller Forderungen verlangten. Als sie ergebnislos zurückkehrten, brach der Sturm erneut los. Da erschien die durch Generalmarsch zusammengerufene Stadtwehr auf dem Platze und sicherte das Rathaus. Freilich dauerte der Lärm auf dem Römerberg bis in die Nacht hinein fort. Verhaftungen fanden statt. Am anderen Morgen wurde im Römer die Amnestie verkündet, die Verhafteten wieder entlassen.

Die dienstpflichtigen Bürger aller Altersklassen wurden nun unter die Waffen gerufen, um in der Stadt die Ordnung aufrecht zu erhalten. Aus der »Lesegesellschaft« bildete sich eine freiwillige Wehr, die bewaffnet in der Umgebung der Stadt nachts patrouillierte. Da die Stadtwehr auf die Dauer dem Dienst nicht genügen konnte, wurden zu ihrer Unterstützung die gesetzlich nicht dienstpflichtigen Elemente der waffenfähigen Bürger- und Beisassenschaft notdürftig bewaffnet, organisiert und eingeübt; sie erhielten den Namen »Schutzwacht«.

Die Tage der Erregung tobten sich in Katzenmusiken vor den Häusern mißliebiger Personen aus. Dann folgte eine Zeit, in der sich alle Kreise der Bürgerschaft geeint fühlten in derselben Begeisterung für die »Märzerrungenschaften«. Der Bundestag selbst gab das Signal dazu: am 10. März flatterte auf dem Bundespalais die schwarzrotgoldene Fahne. Jetzt trugen alle Gesandten, alle Senatoren, alle Beamten in Frankfurt Kokarden in den so lange verpönten Farben.

Zum fünfundzwanzigjährigen Jubiläum der Märztage hat Stoltze diese Frankfurter Feststimmung in dem Rückblick »1848« in der »Frankfurter Latern« geschildert: »In manche Gasse hat merr buchstäblich den Himmel vor lauter Fahnele net mehr geseh. Es war als wenn Aa kolossal schwarzrothgoldern Zelt iwer die ganz Stadt ausgespannt wär! Awer net allaa ihr Häuser hatte die Frankforter so schwarzrothgoldern uffgebutzt, sonnern sich aach selwer.

Vom Greis bis uff des Kind erab,
Da war kaa Hut, da war kaa Kapp,
Kaa Angströhr war so abgenutzt,
Sie war mit Schwarzrothgold gebutzt.
Da war kaa Paltot net un Sack,
Kaa Kittel, Kamesol und Frack,
Kaa Wams so grob, kaa Rock so fei –
's war Schwarzrothgold im Knopploch drei.
Kravatteschlipp von Schwarzrothgold

Mer konnt se seh so viel merr wollt...
Da warn kaa Hauwe un kaa Hith,
Sie hawe schwarzrothgold geblieht,
Da war kaa Schlaaf, kaa Busenband,
Es trug de Farb vom Vatterland...

»Merr is awer in em sehr große Irrdhum, wann merr glaabt, die patriotisch Kundgebung der Frankforter wär nor so e äußerlich gewese. Wie ganz Deutschland, so ward aach Frankfort in jene unvergeßliche Märzdäg von ere diefe heilige Freiheitsbegeisterung ergriffe. Saße se doch hier an der Quell, am Bundesdag, von dem iwer e Verteljahrhunnert lang alle Schmach und alles Elend iwer Deutschland ausgegange war; an der Quell odder vielmehr an der Maschien. ... Die Begeisterung un der Juwel in der Stadt, als die Nachricht von de siegreiche Wiener Revolution un dem Storz Metternichs nach Frankfort kam! Uff der offene Gass fiele die Berjer enanner um den Hals, un im Aageblick hatt' sich aus dem freudige Zusammenlaaf aus alle Gass e groß mächtiger Zug gebildet, un zog mit Musik un schwarzrothgolderne Fahnele in der Stadt erum. Wo der Zug vorbeikam, ward aus alle Fenster von schönen Händen mit weiße Sackdicher herunnergewinkt. Ja selbst ganz owe unnerm Dauweschlag hat die Lisbeth ihr blau un roth gewerfelt Sacktichele zum Gruß flattern lasse. Un als nun gar die Nachricht von der Berliner Revolution nach Frankfort kam, und wie sich das Volk dort so todesmuthig geschlage hätt un zusammekartätscht ward – da ist aa zorniger Uffschrei un aa heilig Begeisterung dorch die ganze Stadt gange! Wo merr awer en Berliner habhaft wern konnt, ward er sogleich gedappt, uff die Schultern gehowe un erum getrage...

Frankfort wußt die Ehr zu schätze, die em dorch die Zusammekunft der deutsche Volksmänner in seine Mauern widerfahrn sollt. Schon zwaa Daag vor ihrer Aakunft stand's fix un fertig zum festlichen Empfang. Un endlich, endlich kame se! Wo e jauchzender Volkshaufe hingeströmt is, da konnt merr iwerzeigt sei, daß e gefeierter Volksmann aakam. Der Hekker un der Struwe wurde mit em ganz immense Juwel empfange. Alles hat sich an die Kutsch ebei gedrickt, jeder wollt en e Hand gewe. Dem alte Sylvester Jordan wollte se gar die Gäul ausspanne un en im Triumph in die Stadt ziehe; awer er hat's net zugewe un hat gesagt: Pferd ziehe, awer net Mensche! – E Gegestann allgemänner Uffmerksamkeit war der Herr von Gagern un e ganz besonner Zuneigung hatte se zum Uhland. Alle wurde bejuwelt und begrießt, der Welcker, der Wirth, der Mittermaier, der Tafel, der Becher, der Titus, der alte Vatter Jahn mit seim lange weiße Bart un seim klaane Käppche un seim braate Hemderkrage, – un wie se alle noch haaße.«

Am 10. Mai trat der »Bürgerverein« ins Leben. Er wurde auf Anregung Heinrich Hoffmanns gegründet, »um die in so vielen Klubs, Vereinen und Gesellschaften zersplitterten Bürger möglichst in einem großen Gesamtkolleg zu vereinigen und die verschiedenen Klassen und Stände einander näher zu bringen.« Wirklich vereinigte der Verein zunächst Monarchisten, die wie Dr. Hoffmann ihre Hoffnung auf die Erneuerung des deutschen Kaisertums durch Preußens König setzten, als auch Radikalere, die von der Gestaltung einer Republik Deutschland träumten. Schon die Einladung zur konstituierenden Versammlung war von Männern unterzeichnet worden, die beiden Lagern angehörten, von N. Hadermann, Jucho, Mappes einer-, und Dr. v. Guaita, Hermann Mumm, Dr. G. Varrentrapp andrerseits; letzterer war von 1848 bis 1850 Vorsteher. Einig waren alle Mitglieder im Stolz auf die Vaterstadt, die allgemein als die politische Hauptstadt Deutschlands anerkannt wurde und nun auch zur Stätte der verfassunggebenden Versammlung erkoren war. Mit den Hoffnungen, die man den Vertretern der Nation entgegenbrachte, war bei fast allen Frankfurtern die Vorstellung verknüpft: Wird das neue Reich in einem deutschen Kaiser sein Oberhaupt finden, so wird Frankfurt selbstverständlich die Krönungsstadt des neuen Kaisertum sein; wird aber Deutschland eine Republik, so wird selbstverständlich Frankfurt der Sitz des Direktoriums oder Präsidenten der »Vereinigten Staaten von Deutschland« werden!

Über seine eigene Teilnahme an der achtundvierziger Bewegung hat Stoltze nichts Zusammenhängendes geschrieben. Mit welchem Ernst er sich aber der Volkserhebung im März, die in ihrer Stärke auch ihm überraschend kam, angeschlossen hat, bezeugen seine Freiheitslieder, für die alle der Anfang des ersten, »Freiheit, du mein Losungswort!« als Motto dienen könnte.

Dies Lied fand sogleich in Neeb und in Schädel zwei Komponisten und wurde schon in den Märztagen viel gesungen. Noch mehr Anklang fand die »Deutsche Hymne« in der von Ludwig Gellert dazu komponierten Marschmusik.

Auf, Brüder, auf! das Schwert zur Hand!
Im Sturmschritt für das Vaterland!
Ein Volk! Ein Heer! Ein Wetterschlag!
Nun kommt der Freiheit großer Tag,
Nun Deutschland sollst du strahlen.
Kokarden auf! Standarten auf!
Aus Nacht durch Blut zum Licht hinauf!
O Glanz! o Sieg! o helle Ruhmesbahn!
Auf, Vaterland, voran!...

Auf Brüder, auf! und einig seid!
So kommt dem Volk die Herrlichkeit!
Ein Herz, Ein Sinn und Ein Panier!
In diesem Zeichen siegen wir!
Das macht den Feind zu Schanden!
Kokarden auf! Standarten auf!
Aus Nacht durch Blut zum Licht hinauf!
O Glanz! o Sieg! o helle Ruhmesbahn!
Auf Vaterland, voran!

Kapellmeister Guhr vertonte »Deutschlands Hurrah« und der Mainzer Kapellmeister Schneider nach Ludwig Gellert den »Triumph des deutschen Lieds«. Als die »Didaskalia« am 29. Juli 1848, kurz nach dem feierlichen Einzug des Erzherzogs Johann als Reichsverweser dieses Gedicht abdruckte, empfahl sie in einer Anmerkung die Komposition Ludwig Gellerts, der damals erst 21 Jahre alt war.

Während jener Tage des Triumphes politischer Ideale suchte in Stoltze der erwachende Übermut aber auch humoristischen Ausdruck. Bei der großen Illumination zur Begrüßung der Abgeordneten des Vorparlaments waren verschiedene Sprüche, die im hellen Licht der Transparente prangten, von ihm; ob der kräftige Sachsenhäuser Wunsch:

Wann odder norzt der Klowe hält,
Daß die Fahnel net erunner fällt,

wirklich von ihm stammt, ist fraglich.

Während der Kämpfe im Vorparlament unter Mittermaiers ausgleichendem Präsidium um die Frage der Permanenz der Versammlung prägte sich ihm das Bild Friedrich Heckers, des badischen Volkstribunen, als das eines echten Revolutionshelden ein. Sympathischer aber als dessen Auftreten war ihm die Haltung des »grundehrlichen« Robert Blum. Mit Bedauern erkannte er, daß die alten Führer der Volksbewegung, die Badner Welcker und Itzstein, die greisen Pioniere und Märtyrer der nationalen Bewegung, wie Arndt und Sylvester Jordan, dem großen Moment sich nicht gewachsen zeigten. Stoltze ahnte, daß man viel zu früh mit den erschütterten Regierungen ins diplomatische Verhandeln getreten sei, und er verurteilte wie Hecker und Blum den Übereifer, mit dem die Gruppe Heinrich von Gagerns und Dahlmanns für die »preußische Spitze« des neuzugründenden Reiches eintrat. »Dem Volke sei der Sieg gebracht, Und obenan sein Sitz!« Das war der Kern seiner patriotischen Zukunftsträume.

In diesen Worten läßt sich das ganz persönliche Empfinden des Dichters während der Zeit vor und nach dem Zusammentritt der Nationalversammlung erkennen. Seine Freiheitsbegeisterung teilte er mit Tausenden in Frankfurt, wozu nicht wenig seine Lieder beitrugen. In ihm aber erzeugte der »deutsche März« mit seinen Errungenschaften, das Schauspiel der feierlichen Einzüge und Empfänge, das Jubelgeläut vom Pfarrturm herab, als am 1. April die Männer des Vorparlaments, am 18. Mai die

Heinrich von Gagern (1799–1880), Präsident der Nationalversammlung in der Paulskirche von 1848.

Abgeordneten der Nationalversammlung zur Paulskirche zogen, einen ganz besonderen Seelenprozeß.

Die Erinnerungen an die Zeit der Demagogenheimlichkeit im »Rebstock«, die so unheimlich verwachsen waren mit seines Vaters Tod und dem Tod seiner Schwester, gewannen wieder Macht über sein Gemüt und verschmolzen sich unzertrennlich mit den Eindrücken des deutschen Völkerfrühlings. Alles, was er jetzt Erhebendes erlebte, wies auf die Schwester Annett zurück und verklärte diese zu einer Heldin. Und damit verloren diese Erinnerungen ihre Unheimlichkeit. Denn die jetzt so leicht errungenen Siege waren ja nur möglich geworden auf Grund der Erfahrungen von damals; sie warfen ihren Schein auf das Streben jener Demagogen, mit deren Geschick das Schicksal der Seinen sich so tragisch verflochten hatte. Die neue Zeit gab der Schwester und dem Vater Recht. Sie beide, so schien es ihm, waren als Märtyrer gestorben in dem Kampf, der jetzt endlich triumphierte.

Die Erinnerungen an die Demagogenzeit traten ihm gleichzeitig entgegen in Fleisch und Bein! Durch seine Verlobung mit der Tochter eines Bürgers der Altstadt (Mariens Mutter hatte nach dem Tode Meister Messenzehls den Steindeckermeister Hartung geheiratet und besaß ein altes Haus in der Münzgasse) war er wieder hineingewachsen in die altbürgerliche Welt seiner Eltern. Er trat manchen Freunden des Vaters wieder näher. Und viele, die um 1833 nach dem Attentat und den Befreiungsversuchen in Gefangenschaft gekommen oder ins Ausland geflohen waren, seit der Heimkehr aber kleinlaut unter dem Druck der Vergangenheit gelebt hatten, trugen wieder in Frankfurt das Haupt hoch. Jetzt war es ein Ruhm, in den dreißiger Jahren ein »Demagog« gewesen zu sein. Oft fand sich der Dichter nun angeredet als Sohn seines Vaters und konnte dessen Lob hören. Mitglieder vom »Vaterlandsverein« oder vom Brückenau-Kolleg, die in der Hinterstube des »Rebstocks« für Einheit und Freiheit geschwärmt und gelärmt hatten, traten nun gefeiert und geehrt ins politische Leben der Vaterstadt. Hadermann wurde Präsident der großen Volksversammlung in der Katharinenkirche, als Ende April die Abgeordnetenwahl für die Nationalversammlung vollzogen ward. Reinganum, Jucho und Friedrich Funck waren hier die Hauptredner neben Dr. Binding. Jucho wurde zum Abgeordneten Frankfurts gewählt.

Zu Ludwig Uhland fühlte sich Stoltze am meisten hingezogen. Als der

Die deutsche Nationalversammlung in der Frankfurter Paulskirche, 1848.

Erwählte Tübingens bei seinem Freunde Dr. Mappes in der Bleichstraße abgestiegen war, pflanzte eine Delegation der Altegaß ihm Tannenbäume vors Haus und brachte ihm ein Ständchen. Das Lied vom »Wirte wundermild«, dem »Apfelbaum«, brachte Uhland diese Ovation der Frankfurter Obstgärtner und Apfelweinzäpfer ein. Uhlands Haltung in der Paulskirche entsprach ganz dem Ideal Stoltzes von einem Volksmann im Parlament. Uhland stimmte von Anfang an mit der Linken, mit Robert Blum, H. und L. Simon, Karl Vogt, v. Trützschler, Wesendonck und Wilhelm Jordan. Uhland fühlte großdeutsch. Wohl hatte er bisher für die Erneuerung der deutschen Kaiserwürde geschwärmt. Aber vor die Frage der Kaiserwahl gestellt, war er sich klar, daß weder König Friedrich Wilhelm IV. von Preußen noch Kaiser Ferdinand von Österreich derjenige sei, den die

Nation zum neuen »Barbarossa« küren könne. Ganz so empfand Stoltze. Ihm waren die Worte des Schwabendichters aus der Seele gesprochen. »Eine mächtige Volkserhebung muß sich aus ihrem eigenen Geiste die ihr angemessene Form schaffen... Glauben Sie, es wird kein Haupt über Deutschland leuchten, das nicht mit einem vollen Tropfen demokratischen Öles gesalbt ist!« Und wie Uhland wollte es auch seinem jungen Frankfurter Anhänger nicht in den Sinn, daß die Einheit Deutschlands mit dem Ausschluß der acht Millionen Deutschösterreicher erkauft werden dürfe.

Stunden der Begeisterung schufen ihm die Höhepunkte der Debatten über die Feststellung der Grundrechte des deutschen Volkes. Wie tat es ihm wohl, aus dem Munde des Patrioten Jakob Grimm die vernichtende Kritik der Vorrechte des Feudaladels zu hören; wie schwoll ihm die Brust, wenn er die kühnsten Forderungen, die auf dem Hambacher Fest einst laut wurden, die Gestalt einer Magna Charta der Deutschen gewinnen sah! Gewährleisteten doch die Grundrechte ein allgemeines deutsches Staatsbürgerrecht mit Freizügigkeit und Gewerbefreiheit; Freiheit der Person und Sicherheit vor willkürlicher Verhaftung; Preßfreiheit, Glaubensfreiheit, Kultusfreiheit; Trennung der Kirche vom Staat; Zivilehe; Freiheit der Wissenschaft und ihrer Lehre; Unterrichtsfreiheit und allgemeine Volkserziehung unter Aufsicht und Mitwirkung des Staats, Petitionsrecht und Versammlungsrecht, Garantie des Eigentums, aber Aufhebung der Fideikommisse und Beschränkung der Liegenschaften der Toten Hand, Beseitigung aller noch bestehenden Reste des Feudalwesens, Gleichheit vorm Recht und Öffentlichkeit der Rechtsverfahren, Trennung der Verwaltung von der Justiz, freie Gemeindeverfassung, Aufhebung aller Standesvorrechte und Standesunterschiede, gleiche Wehrpflicht für alle und gleiches Recht aller Befähigten zu allen Staatsämtern.

Der Einzug des Erzherzogs Johann war für ganz Frankfurt ein laut bejubeltes Schauspiel. Eine Fülle von Eindrücken nährte in dieser Zeit Stoltzes Phantasie. Als glücklicher Bräutigam, knapp zweiunddreißig Jahre alt, nahm er die bunten wechselvollen Episoden in den Straßen und Hallen Frankfurts mit künstlerischen Sinnen in sich auf.

Aber sein Vertrauen in die Fähigkeiten des Parlaments geriet früh ins Schwanken. Wohl hatte er es freudig als Errungenschaft begrüßt, als der Bundestag förmlich aufgelöst und die von Gagern vorgeschlagene, vom

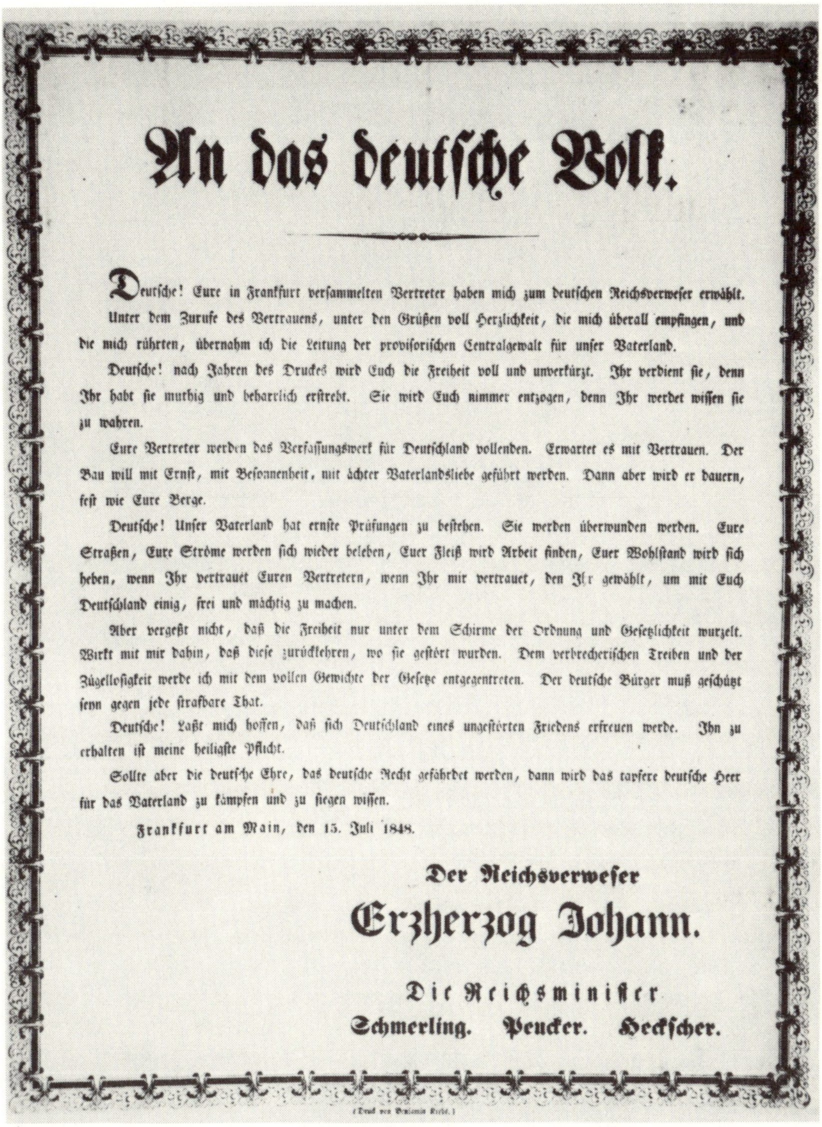

An das deutsche Volk.

Deutsche! Eure in Frankfurt versammelten Vertreter haben mich zum deutschen Reichsverweser erwählt. Unter dem Zurufe des Vertrauens, unter den Grüßen voll Herzlichkeit, die mich überall empfingen, und die mich rührten, übernahm ich die Leitung der provisorischen Centralgewalt für unser Vaterland.

Deutsche! nach Jahren des Druckes wird Euch die Freiheit voll und unverkürzt. Ihr verdient sie, denn Ihr habt sie muthig und beharrlich erstrebt. Sie wird Euch nimmer entzogen, denn Ihr werdet wissen sie zu wahren.

Eure Vertreter werden das Verfassungswerk für Deutschland vollenden. Erwartet es mit Vertrauen. Der Bau will mit Ernst, mit Besonnenheit, mit ächter Vaterlandsliebe geführt werden. Dann aber wird er dauern, fest wie Eure Berge.

Deutsche! Unser Vaterland hat ernste Prüfungen zu bestehen. Sie werden überwunden werden. Eure Straßen, Eure Ströme werden sich wieder beleben, Euer Fleiß wird Arbeit finden, Euer Wohlstand wird sich heben, wenn Ihr vertrauet Euren Vertretern, wenn Ihr mir vertrauet, den Ihr gewählt, um mit Euch Deutschland einig, frei und mächtig zu machen.

Aber vergeßt nicht, daß die Freiheit nur unter dem Schirme der Ordnung und Gesetzlichkeit wurzelt. Wirkt mit mir dahin, daß diese zurückkehren, wo sie gestört wurden. Dem verbrecherischen Treiben und der Zügellosigkeit werde ich mit dem vollen Gewichte der Gesetze entgegentreten. Der deutsche Bürger muß geschützt seyn gegen jede strafbare That.

Deutsche! Laßt mich hoffen, daß sich Deutschland eines ungestörten Friedens erfreuen werde. Ihn zu erhalten ist meine heiligste Pflicht.

Sollte aber die deutsche Ehre, das deutsche Recht gefährdet werden, dann wird das tapfere deutsche Heer für das Vaterland zu kämpfen und zu siegen wissen.

Frankfurt am Main, den 15. Juli 1848.

Der Reichsverweser

Erzherzog Johann.

Die Reichsminister

Schmerling. Peucker. Heckscher.

Aufruf des Reichsverwesers Erzherzog Johann vom 15. Juli 1848.

Parlament angenommene »provisorische Zentralgewalt« auch von den Regierungen der Einzelstaaten anerkannt wurde. Aber weder zu dem Erzherzog Johann noch zu Schmerling, dem Präsidenten des ersten Reichsministeriums, konnte Stoltze rechtes Zutrauen fassen. In der Zustimmung des Parlaments zu dem Waffenstillstand von Malmö, mit welchem Preußen den Kampf für die Elbherzogtümer im Namen des Reiches aufgab, erkannte auch er den Anfang vom Ende. Und als es am 18. September wegen der Aufregung über den Parlamentsbeschluß zu dem Straßenkampf in Frankfurt kam, der von dem Mainzer Germain Metternich, einem kassierten Leutnant, organisiert worden war, als im Kampf gegen die aus Mainz und Darmstadt herbeigerufenen Reichstruppen auch mancher brave Altfrankfurter fiel, empfand er diesen Kampf und seinen Ausgang als den Bankrott des im März so glorreich begonnenen Werkes.

Er war überzeugt: hätte das Volk wie im März jetzt zusammengehalten, wäre es nicht zu diesem blutigen Barrikadenkampf gekommen, der zur Folge hatte, daß die fremden Truppen in Frankfurt blieben, während die Frankfurter Stadtwehr außer Dienst gestellt wurde. Sie hatte sich in den stürmischen Tagen nach der Ansicht Schmerlings als unzuverlässig erwiesen. Seit 1816 zum ersten Male fiel am 18. Oktober 1848 die herkömmliche Vaterlands- und Verfassungsfeier mitsamt dem üblichen großen Aufzug der Stadtwehr vor dem Römer aus.

Die Stadtwehr in Glacés, rasiret gar glatt,
Die schützte bei Tage die Ordnung der Stadt;
Die Schutzwach', gar grimmig von Bart und von Blick,
Beschirmte die Nächte vor Katzenmusik!
Und dann im Oktober? Na, Gott steh' mir bei!
Sie werden erlauben: Das war Schwärmerei!...

Die Ermordung der Abgeordneten v. Auerswald und v. Lichnowsky am 18. September vor dem Friedberger Tor empfand unser Dichter als Schmach für Frankfurt; wie einen ganz persönlichen Verlust aber betrauerte er den Tod Robert Blums, der als Abgesandter des Parlaments in die Strudel der Wiener Oktoberrevolution geraten und auf Befehl des Fürsten Windischgrätz standrechtlich erschossen worden war.

Beim Ausbruch des Barrikadenkampfs war Stoltze krank gewesen; aber das Geknatter der Flintenschüsse und der dazwischen dröhnende Kanonendonner trieben ihn bald vom Lager in das Gewühl der Straßen.

Wie sehr sich auch jetzt sein Humor zwischen den Extremen des Erhabenen und Lächerlichen bewegte, beweist der folgende Zug aus Stoltzes achtundvierziger Erlebnissen, den er 1885 in der Jubiläums-Nummer seiner »Frankfurter Latern« erzählt hat. »Am 19. September 1848 wurden der Komponist Heinrich Neeb und der Poet Friedrich Stoltze auf ihre zwei verdächtigen Turnerhüte hin an der Konstablerwache von einem der vier daselbst auf- und abschreitenden Wachtposten verhaftet und ins Wachlokal hineingeschafft. Heinrich Neeb war es ein großer Trost, in dem Wachlokal den Rottmeister Kripp anwesend zu finden und bat diesen, ihm zu bezeugen, daß er keiner Derjenigen sei, welche. Der Herr Rottmeister kenne ihn ja. – ›Ja, lieber Herr Neeb, hie hörn all Bekanntschafte uff. Ins Herz kann ich Ihne net gucke, awer in de Sack misse Se sich gucke lasse. Sie misse sich visidire lasse, – alle Zwaa; Sie un der Herr Stoltze.‹

– Das geschah denn auch. Bei Neeb wurde nichts weiter Kompromittierendes vorgefunden als eine kleine schwarzrotgoldene Kokarde, die er vom Hute abgenommen und in die Westentasche gesteckt hatte. Die deutschen Farben bei sich zu führen, sagte Neeb zu dem wachthabenden Offizier, wird wohl noch erlaubt sein: Sie tragen ja selbst eine schwarzrotgoldne Kokarde am Helm. Dagegen war nichts einzuwenden. Bei der Durchsuchung Stoltzes aber fand man in dessen Brusttasche eine kleine Pistole. Sie war noch scharf geladen und zwar mit einer Erbse. Er hatte diese Pistole, für den möglichen Fall einer Durchsuchung, eigens bei einem Sechskreuzerstand in der Mainmesse gekauft. Die Gesichter, welche sowohl der Offizier als auch der Herr Rottmeister Kripp machten, als das hölzerne Pistölchen zum Vorschein kam, sind uns unvergeßlich. »Sie können beide wieder gehen«, sagte der Offizier und übergab Stoltze mit einem sehr schmalen Lächeln die Pistole wieder. Rottmeister Kripp ging mit uns hinaus und sagte leise und wohlmeinend zu Stoltze: ›Deß is noch gut abgeloffe mit Ihrm Meßpistölche; uhze Se sich net mit große Leut, dann deß kann Ihne emal iwel uffstoße.‹

Die Prophezeiung sollte in der Folgezeit nur zu oft ihre Bestätigung finden. Das »Sich mit große Leut uhzen« war aber bei Stoltze ein unwiderstehlicher Hang.

Als gegen Schluß des Jahres die Nationalversammlung die Grundrechte festgestellt hatte, war der Geist der Freiheitsbewegung noch so mächtig in Frankfurt, daß der Senat sich beeilte, sie einzuführen. Schon vorher hatte er sich zu einer Reform der gesamten Verfassung von 1816 bereit erklärt, und als sich der »Bürgerverein« und das »Montagskränzchen« dahin verständigten, gemeinsam die Einsetzung einer »Verfassunggebenden Versammlung« von 120 Mitgliedern zu beantragen, fand auch dies die Zustimmung des Senats. Bei der Wahl, zu der alle volljährigen Staatsangehörigen berechtigt waren, ergab sich eine demokratische Mehrheit. Die »Konstituante« ging denn auch unter der Führung von Nikolaus Hadermann frisch ans Werk. In kurzer Zeit legte sie die Gesetzentwürfe zur bürgerlichen und staatsbürgerlichen Gleichheit aller Staatsangehörigen, des öffentlichen und mündlichen Justizverfahrens und der persönlichen Sicherheit des Bürgers dem Senat vor, und dieser brachte sie ebenso rasch zur Annahme. Wohl vertiefte die Agitation für das preußische Erbkaisertum und die Wahl Friedrich Wilhelms IV. zum Kaiser der Deutschen die

Gegensätze zwischen den kleindeutschen Liberalen und den großdeutschen Demokraten in der Bürgerschaft. Als es aber zur Kaiserwahl im Parlament gekommen und die Kaiserdeputation, von Simson geführt, nach Berlin abgereist war, gewann die Vorstellung der preußischen Spitze an Volkstümlichkeit in Frankfurt. Man sah schon die Kaiserkrönung vor sich, die nach altem Brauch im Kaiserdom stattfinden müsse. Als Friedrich Wilhelm jedoch am 3. April die Wahl ablehnte, sahen die Skeptiker schadenfreudig auf die Enttäuschung der Erbkaiserlichen. Für dieses humoristische Element in der Volksstimmung fand Stoltze später den zündenden Ausdruck in der Schauerballade vom Scheitern Gagerns Kaiseridee. Er stimmte darin vom demokratischen Standpunkt aus in den satirischen Ton ein, den einige konservative Abgeordnete in Karikaturen der Gegner aufgebracht hatten, vor allem des Hannoveraners Detmold: »Thaten und Meinungen des Abgeordneten Piepmeyer« mit den vorzüglichen Zeichnungen Adolf Schrödters. Auch Schalck nahm als Zeichner von politischen Flugblättern teil an dieser »Wühlhuber- und Heulmayer-Literatur«, zu der in München die »Fliegenden Blätter« und in Berlin der »Kladderadatsch« viel beisteuerten. In Altfrankfurter Mundart ließ 1849 F. W. v. Hoven (anonym) die Lokalposse: »Ein politisches Abentheuer des Herrn Hampelmann, Mitglied des Bürgervereins, des Patriotischen Vereins, mehrerer Heulerklubbs etc.« erscheinen. Im Januar 1850 gab der Frankfurter Verlagsbuchhändler Carl Jügel als Manuskript für Freunde, mit Zeichnungen von Burger, Dielmann, Gerh. Malß und Notenbeilagen von Wilhelm Speyer die Schrift »Hanswurstius redivivus. Das ist die wiedererstandene Porzenelle. Ein groß Fassnacht Pupfenspiel« heraus; es enthielt einen Abdruck des Altfrankfurter Fastnachtliedes »Hawwele, Hawwele lone« in treuer Wiedergabe der Mundart.

In Frankfurt kam die Heulmeierei nur langsam zum Siege. In dem Gefühl der Niedergeschlagenheit, das die Frankfurter Erbkaiserlichen nach dem Mißerfolg in Berlin beherrschte, waren dieselben erst recht geneigt, im Einklang mit ihren demokratischen Mitbürgern die Errungenschaft der Reichsverfassung der Vaterstadt zu eigen zu machen. Ihr Sprecher in der »Konstituante« war Dr. Binding. Der »Bürgerverein« und das »Montagskränzchen« bewirkten zusammen die Einberufung einer großen Volksversammlung in der Katharinenkirche auf den 12. April 1849. Unter allgemeiner Begeisterung fand hier nach den Reden von Mittermaier,

Ludwig Simon, Mappes und Reinganum eine Erklärung Annahme, welche der Reichsverfassung bedingungslos zustimmte; der Senat machte gleich darauf den Beschluß zu dem seinen. Es herrschte wieder einmal eine Stimmung in Frankfurt, die mit der Lieblingsparole Stoltzes »Vivat aanig« sich deckte.

Zwei Tage vor der Versammlung war in derselben Kirche Friedrich Stoltze mit seiner Marie von Pfarrer Meisinger getraut worden. Es war Ostern. Das Festgeläute der Glocken schien den Jubel der ganzen Nation über das Ostergeschenk der endlich errungenen Einheit auszuströmen. Stoltze war am 15. November 1848 Frankfurter Bürger geworden; stolz fühlte er sich jetzt als Bürger des neuen Reichs, dessen Morgenröte er von der Sonne der Freiheit durchstrahlt sah. Die geliebte Frau teilte seine Freiheitsbegeisterung durchaus. Das junge Paar fand seine erste Wohnung in der Großen Bockenheimergasse, nächst dem Bockenheimer Tor, und begann das gemeinsame Leben in voller Seligkeit.

Aber den unter so verheißungsvollen Auspizien an den eigenen Herd getretenen Dichter traf nur zu bald Enttäuschung auf Enttäuschung. Der Zusammenbruch der Hoffnungen, die sich für die deutschen Patrioten an die Reichsverfassung knüpften, brachte auch viele persönliche Hoffnungen Stoltzes zu Fall. Er war als Kaufmann, auf Grund seines Lehrzeugnisses Bürger geworden, eingedenk eines Versprechens, das ihm sein Vater auf dem Sterbebette abverlangt hatte. Zugleich aber wollte er eine Zeitschrift gründen. Zunächst sollte die stattlich angewachsene Sammlung seiner Gedichte herausgegeben werden. Er durfte gerade jetzt auf Erfolg hoffen, wenn er mit dieser Lyrik vor ein Volk trat, dessen Kämpfe um Freiheit und Einheit sich so treu in ihr spiegelten. Wären diese Gedichte eines Frankfurters rechtzeitig noch erschienen, als fast in allen Einzelstaaten die gleiche Begeisterung für die in Frankfurt verkündigte Reichsverfassung herrschte, hätten sie eine Teilnahme finden können, die Stoltzes Namen in ganz Deutschland fast ebenso populär gemacht haben würde wie den Freiligraths. Aber es sollte anders kommen.

Noch ehe es in Frankfurt zur Wahl des preußischen Königs zum Kaiser gekommen war, hatte sich Österreich gegen die Konsequenzen verwahrt. Als die Kaiserwahl in Frankfurt erfolgte, wurden die Abgeordneten Österreichs aus Frankfurt abberufen. Das Verhalten Friedrich Wilhelms IV. in dieser Zeit hingegen bestätigte seine Unfähigkeit, das ersehnte einige deutsche Reich zu gründen und zu regieren. Sein Wankelmut hatte schon im Jahre 1848 den Anhängern der »preußischen Spitze« in der Paulskirche die bittersten Stunden bereitet. Im April 1849 brachte seine an das Parlament gerichtete Drohung, im Falle es sich nicht füge, würden die Regierungen eine Verfassung nach ihrem Belieben oktroieren, in allen deutschen Ländern jene Erregung hervor, die in Sachsen, in der bayrischen Pfalz, in Baden und der Rheinprovinz zum bewaffneten Volksaufstand führte. Am 4. Mai erließ das Parlament die feierliche Aufforderung an die gesamte Nation, Volk und Regierungen, die beschlossene und rechtsgültige Verfassung des Deutschen Reiches unverzüglich zur Geltung zu bringen. Das Frankfurter Parlament betrat damit selber den Weg der Revolution. Sein Rechtsboden kam ins Wanken. Am 14. Mai rief die preußische Regierung, am 21. die sächsische, am 23. Mai die hannoversche ihre Abgeordneten ab, und gleichzeitig erklärten die Reste der erbkaiserlichen Partei, mit Gagern an der Spitze, ihren Austritt.

Das Rumpfparlament, durch Uhlands, Heinrich Simons und Löwe-Calwes Autorität noch zusammengehalten, ging nach Stuttgart, wo es bis zum 18. Juni sein Scheinleben weiterführte. Aber um dieselbe Zeit vereinbarten Gagern, Mathy, Bassermann und andere Führer der Erbkaiserpartei in Falkenstein im Taunus den neuen Zusammenschluß, der noch im gleichen Monat in Gotha stattfand, und mit den »Gothaern« brachten die nunmehr verbündeten Regierungen der drei Königreiche Preußen, Sachsen und Hannover im Frühjahr 1850 das Erfurter Parlament zustande, um trotz alledem die Reichsverfassung, wenn auch in etwas veränderter Form, für ein größeres Ländergebiet zur Geltung zu bringen. Sie wollten vom Werke der »Paulskirche« noch retten, was zu retten wäre; vergebens! Die in Erfurt vertretenen Mächte waren der Reaktion schon verfallen. Bayern und Württemberg drängten mit Österreich zur Wiederherstellung des Deutschen Bundes. Am 30. September 1849 unterzeichneten Fürst Schwarzenberg und der preußische Gesandte Graf Bernstorff in Wien den Vertrag, durch den Preußen und Österreich die Wiederherstellung des Bundestages übernahmen.

In Frankfurt war es im Mai 1849 zu keinem Aufstand gekommen. Noch waren Senat und Bürgerschaft in ihrer Mehrheit gewillt, daß die längst angenommene Reichsverfassung die Grundlage der Verfassungsreform im eigenen Freistaat bleiben müsse. Aber die Revolution, der sich damals voll Begeisterung Künstler und Dichter wie Richard Wagner, Gottfried Semper, Ferdinand Freiligrath, Gottfried Kinkel anschlossen, hatte auch am Sitz der Nationalversammlung naturgemäß einen Stützpunkt, und mit verschiedenen Mitgliedern der »Linken«, wie dem Sachsen Adolph v. Trützschler, folgten auch Frankfurter Bürger voll froher Siegeszuversicht dem Hilferuf der Aufständischen in Baden und der bayrischen Pfalz.

Auch Stoltze, dessen Deutsche Hymne »Auf, Brüder, auf! das Schwert zur Hand!« wieder auf den Straßen erklang und jetzt als »deutsche Marseillaise« ein Lieblingslied der Freisoldaten wurde, fühlte sich zur Teilnahme an dem Kampf gedrängt. Längst traute er den redesüchtigen Männern des Parlaments und der Reichsministerien die Kraft nicht zu, das

»Biwak in Kaiserslautern.« Lithographie aus den »Skizzen aus der Pfalz« von Ernst Schalck, 1849.

große Werk der deutschen Verfassungseinheit zu Ende zu führen. Beim Ausbruch des Aufstands in der Pfalz war der junge Maler Ernst Schalck nach Kaiserslautern aufgebrochen und in das Freisoldatenheer Fenner v. Fennerbergs eingetreten. Am 23. Mai schrieb er von dort an Stoltze einen Brief voll Humor und Begeisterung. Er schimpfte über die Lässigkeit der Führung, über die Schattenseiten seines militärischen Landstreicherlebens. »Aber«, so fuhr er fort, »abgesehen vom Einzelnen, so ist hier eine so würdige Haltung, eine so feurige Begeisterung für die Sache, daß nichts fehlt, als die Gelegenheit, sie tatkräftig an den Tag zu legen, ob sie wohl kommt? Durch dieses lange Umherziehen ohne Zweck werden die, die nicht aus Eigennutz kamen, lau und abgestumpft. Diesen Abend vergesse ich nie, wo es hieß, wir ziehen gegen Landau, eine begeisternde Kampfes-

»Bau von Befestigungen in Ludwigshafen«. Lithographie aus den »Skizzen aus der Pfalz« von Ernst Schalck, 1849.

lust war auf jedem Gesicht zu lesen und Einer zündete den Andern. Doch es war eine nutzlose, es kam zu nichts.«

Die Mitteilungen Schalcks waren eine mächtige Lockung für Stoltze. Aber durfte er, der sein Leben erst vor wenigen Wochen der Gattin angelobt hatte, sie jetzt im Stich lassen, um im Kampf für die Freiheit das Leben zu wagen? Sicher ist dennoch, daß Stoltze die Lieder, die dann als Text zu Schalck's »Skizzen aus der Pfalz« im Verlag von Karl Knatz erschienen, als Zelt- und Fahrtgenosse ihm befreundeter Freisoldaten auf dem Kriegsschauplatz in der Pfalz gedichtet hat. Zum Leitgedicht »Kirchheimbolanden« in der »Latern« 1872 findet sich als Fußnote der Hinweis: »Vom Freischärler Stoltze im Juni 1849 im Schloßgarten zu Kirchheimbolanden gedichtet.«

Die Kunstmappe »Skizzen aus der Pfalz« von Ernst Schalck war ein Pendant zu dem Bilderwerk »Auch ein Totentanz« von Alfred Rethel, das fast gleichzeitig, mit begleitenden Versen von Robert Reinick, in Dresden erschien. Wandte sich dies Werk gegen den Terrorismus des Straßenkampfs, so boten Schalck und Stoltze eine Verherrlichung der Volkskämpfer, die zwischen den Rebenbergen der Pfalz die Romantik des Freisoldatenkampfes eine Weile genossen hatten.

In dieser unruhigen Zeit hatte sich Frankfurt zu Goethes hundertjährigem Geburtstag vorzubereiten. Auch Stoltze dichtete für die Feier einen poetischen Beitrag. Während im »Wolfseck« die Honoratioren tafelten, trug er in einem demokratischen Verein seine Lyrik zum Lobpreis Goethes vor. Eine so unbedingte Verehrung Goethes war in Frankfurt damals noch keineswegs heimisch. Die wissenschaftliche Goetheforschung, die Theodor Creizenach vertrat, hatte erst eine kleine Gemeinde. Noch wirkte in den Kreisen der Demokratie Börnes Vorurteil nach, das sich an manche Handlung des »Ministers« Goethe zur Zeit der Karlsbader Beschlüsse geheftet hatte; noch hatte man es in »Römer«-Kreisen nicht ganz verwunden, daß Goethe auf sein Frankfurter Bürgerrecht und die ihm angebotene Ratsstelle im Römer hatte verzichten können. Die Errichtung des Goethedenkmals hatte daran wenig geändert, aber die achtundvierziger Bewegung in den niederen Ständen des Volks einen regen Bildungsdrang wachgerüttelt, und an diesen wandte sich Stoltze.

Überall in Deutschland war eine der ersten Handlungen der Reaktion die Unterdrückung des politischen Vereinslebens. Jetzt kam die Blütezeit der »Volksbildungsvereine«. In Frankfurt trat der Arzt Dr. Alexander Friedleben mit Hadermann und Stoltze an die Spitze des Sachsenhäuser Bürgervereins, der im September 1848 als ein Bollwerk des Freisinns gegründet worden war. Die Frankfurter Altstadt und das kernige Sachsenhäuser Bürgertum waren in diesem Verein gleich stark vertreten. Infames Spitzeltum, von Bundestagsgesandschaften in Frankfurt zur Blüte gebracht, hatte sich während des Parlaments stärker in die Bürgerschaft eingeschlichen, aber unter die Sachsenhäuser sich nicht gewagt. Beim »Stöffche« ließen sich keine politischen Konventikel vermuten.

Seine Existenz wurde aber doch bald genug den städtischen Behörden bekannt. Als die Reaktion im Römer siegte, wurde er, gleich dem Montagskränzchen, der Turngemeinde, dem Arbeiterverein und anderen politischen Vereinen unterdrückt; doch im geheimen bestand er fort in der Form eines der Pflege von Kunst und Wissenschaft gewidmeten Kränzchens. Auch in diesem Verein wirkte Stoltze dafür, daß der unerschöpfliche Bildungsschatz in Goethes Werken fruchtbar werde. Doch Einseitigkeit war ihm fremd. Schillers Idealismus zu popularisieren erschien ihm ebenso wichtig. Als ein Agitator seines poetischen Idealismus und seines Glaubens an die menschenbeglückende Macht der Freiheit, wie sie so glanzvoll schon Friedrich Schiller verkündet hat, ist damals Stoltze als Vorleser und Rezitator eigener Gedichte noch in anderen Vereinen, unter Sängern und Turnern aufgetreten.

Doch die Poesie, die am politischen Aufschwung der Nation bis in den Mai 1848 einen so wirksamen Anteil gehabt hatte, war der Reaktion gegenüber zur Ohnmacht verurteilt. Für Frankfurt kam mit der Erneuerung des Bundestags nach den vielen Aufregungen während der Parlamentszeit eine Ära der Restauration alter Gewalten.

Am 12. Mai 1851 erfolgte die Wiedereröffnung des Bundestages, und es dauerte nun nicht mehr lange, daß auch in Frankfurt die Reaktion zum vollen Sieg gelangte. Am 12. August 1853 beschloß die Bundesversammlung, daß die Gesetze vom 19. Oktober 1848 und 20. Februar 1849, welche die politische Gleichstellung aller Staatsangehörigen in Frankfurt aussprachen und regelten, nicht als zu Recht bestehend zu erachten seien. Am 23. August erfolgte die Aufhebung der »Grundrechte«. Der Frankfurter Senat zog die neue Verfassung zurück, und bald mußte er sich darein finden, daß auch die alte Verfassung durch die Bundesbeschlüsse wieder beschränkt und durchlöchert wurde. Nur die »Zivilehe« blieb von den Errungenschaften bestehen.

In dieser Zeit war Stoltze ein eifriger Mitarbeiter an Hadermanns »Volksblatt«, und sein lebhaftes Eintreten für die »Grundrechte« verwikkelte ihn zum ersten Male in einen Rechtshandel. Als erster Staatsdiener israelitischen Glaubens in der Freien Stadt Frankfurt war am 30. Oktober 1849 der Arzt Dr. Alex. Crailsheim zum Stadtphysikus ernannt worden. Als die Reaktion in Gang kam, erschien dann im »Wochenblättchen« eine Anfrage an den Senat, wie er es mit seinem christlichen Gewissen vereinigen können, einen Juden mit einem so wichtigen Amt zu betrauen. Diese Anfrage nahm Stoltze aufs Korn, was den Buchbinder Stephanus, ein besonders reaktionäres Mitglied des »Patriotischen Vereins«, so sehr erhitzte, daß er sich zu anonymen Schimpfereien über Stoltze im »Straßen-Anzeiger« hinreißen ließ. Das Polizeigericht stellte die Urheberschaft fest, und Stephanus wurde »verknaßt«.

Ernst Schalcks künstlerischer Beitrag zu Stoltzes Hochzeit 1849. (Aquarell im Historischem Museum.)

12 Politischer Karneval

Stoltze hatte begonnen, sich aus den Elementen des Altfrankfurter Volkshumors neue Waffen für den Kampf zu schmieden, den es jetzt gegen die Übermacht der Reaktion zu führen galt. Überaus bezeichnend für diesen Entpuppungsprozeß seines Humors ist das jetzt ziemlich vergessene Phantasiestück »Aus einer Walpurgisnacht«, das zwar hochdeutsch geschrieben, aber ganz altfrankfurterisch gedacht und empfunden ist. Vermutlich trat das 1871 im dritten Teil der »Sämtlichen Gedichte« abgedruckte politisch-satirische Märchen zuerst in dem »Frankfurter Sonntagsblatt« ans Licht, das Stoltze gegen Ende 1850 mit dem Verleger Karl Knatz vorbereitete, von dem jedoch nur eine einzige Nummer (am 1. Januar 1851) erschienen ist.

Wie schon in den dreißiger Jahren war auch jetzt wieder für unsern Dichter das warmherzige Eintreten für die Märtyrer des deutschen Einheits- und Freiheitskampfes, für die Flüchtlinge und deren Familien eine Herzensangelegenheit. Sein Humor war unerschöpflich im Ersinnen von Veranstaltungen zum Besten der Flüchtlinge und mit seinen engeren Freunden im »Neuen Bürgerverein«, und im »Sachsenhäuser Bürgerverein« rief er die »Flüchtlings-Maskenbälle« ins Leben, die in der Karnevalszeit der nächsten Jahre im »Wolfseck« stattfanden; er war der anonyme Verfasser der humoritischen Ankündigungszettel in riesigem Plakatformat. Auf diesen »Maskenzetteln« fanden sich drastische Aufforderungen zum Besuche des Balles sowie übermütige Tanz- und Fastnachtslieder mit satirischen Einfällen. Diese Texte zu karnevalistischen Bildern waren teils im Dialekt, teils hochdeutsch verfaßt. In einem Rückblick auf die Geschichte der Fastnachtsfeier in Frankfurt hat Stoltze später in seiner »Latern« berichtet: »Der großartigst Maskeball, der in Frankfort jemals stattgefunne hat, un vom echte Faschingsgeist beseelt war, war der sogenannt ehrschte »Flüchtlingsball« im Wolfseck 1850. Er ward zum Beste der deitsche Flichtling, die in der Schweiz un in England in der Verbannung lebte, veraastalt. Da sichs in ehrschter Linje drum gehannelt hat, for die Flichtling so viel Geld als erjend meglich ebei zu schaffe, so hat's des Comité mit de Raumverhältnisse vom Wolfsecksaal net ganz genau genomme. Der Absatz von Kaarte war e ganz enormer, des heeßt, die Frankforter haute finance und die wohlhabende Berjerschaft bekam die Kaarte so, was mer segt, oktrojiert, je nachdem der Mann, von zehe bis – hunnert Stick. Daderbei war des Comité im gute Glaabe, die so reichlich Bedachte dhäte gar kaan odder doch nor en geringe Gebrauch von ihrer Kaarte mache. Darin hatt sich awer des Comité schwer gedeischt. Die Herrn Bankiers un so weiter verschenkte net etwa aanige, sonnern sämtliche Kaarte an ihr Contorpersonal un deren Freinde un Bekannte. Es warn vom Comité in Allem nor acht-un-zwan-zig-Hunnert Kaarte vor den Flichtlingsmaskebaal im Wolfsecksaal ausgewe worn, der hechstens achthunnert Persone gefaßt hat. Der Maskezettel zu diesem ehrschte Flichtlings-Maskebaal war von Friedrich Stoltze verfaßt, von Carl Adelmann gedruckt und hatt die Größ von ere Stuwedhir. Dorch alle megliche un unmegliche Versprechunge in gereimter un ungereimter Sprach, dorch die Ankindigung von alle denkbare un undenkbare Schauer-, Trauer-, Lust-, Wunner- und Zauberspiel benebst der agierende Persone, die dieses aißerst lügenhafte Programm enthielt, ward die löblich Borjer- un Einwohnerschaft dieser damalige Freie Reichs- un Widder-Bundesstadt so in Neuschier versetzt, daß am Abend von besagtem Flichtlingsbaal aus alle Gasse un Gässerche der Stadt sich e wahr Völkerwannerung nach dem Wolfseck in Bewegung gesetzt hat. Schon um halwer Siewe hat der jetzige Schiller- und damalige Baradeplatz un die Zeil un die Eschemergass von Maske gewimmelt. Vom Wolfseck bis an die Stiftstraß un von Aafang der Eschemergass bis an den Eschemer Thorn, hielt Kutsch hinner Kutsch. Wie ich mit meiner Fraa, meiner Settche, von der Haasegass in die Zeil eneigeboge bin, haw ich mein Mohrnkopp aus dem Kutschefenster enausgesteckt un sah grad, wie sechs lange Rollwäge hinner enanner, un alle sechs uff baade Seite dicht mit Hansworschte besetzt, der Zeil ennunner gefahre sin, dem Wolfseck zu. Um siewe 'n Uhr war der Wolfsecksaal schon so gestoppte voll, daß mer nor noch mit Mih zu zwett Blatz uff aam Stuhl kriehe konnte, des heeßt: merr hatte uns uff den enuff reteriert um unne im Saal nett erdrickt zu wern. Un da stanne meer dann zu zwett un hawe uns an enanner gehalte, daß merr net erunnergefalle sind, da stanne merr uff dem Stuhl nor von Siwe bis dreivertel uff Zwelf. Da von Danze gar kaa Redd sei konnt, so hawe sich die cerka dausend Maske, – soviel hatte sich eneigequetscht, – daderrmit begnigt, zum Schall der Danzmusik in die Höh zu hippe, was bei der Buntheit der Maske, unner dene sich wahrhaft Unicas von Humor befunne hawe, von unserm Stuhl aus en Aablick gewährt hat, daß merr uns gern vor Lache gewälzt hätte, wenn nor Blatz daderrzu uff unserm Stuhl gewese wär. Um zwelf Uhr ehrscht gab's e bissi Luft zum Danze un jetzt konnt sich endlich aach die Faschingslust entfalte.«

So half sich der Frankfurter Humor über die politischen und wirtschaftlichen Krisen jener Tage, über die bitteren Enttäuschungen nach den Aufregungen der Parlamentszeit hinweg, indem er dessen wechselvolle Geschichte karnevalistisch spiegelte. Das Waldfest zum Besten der Flüchtlinge am 6. Juli 1851 im Stadtwald verfuhr mit dem wiederhergestellten Deutschen Bund nicht gelinder. Auch für dieses an das Vorbild des Wäldchetags sich anlehnende Fest verfaßte Stoltze ein Riesenprogramm mit poetisch-humoristischem Text, von dem es in einem amtlichen Berichte heißt: »Die Ankündigungen waren in jeder Weise, am Sonnabend auch noch durch riesenhafte Anschlagezettel vervielfältigt worden.« Der Dichter gab in dem »Festprogramm« den lustigen Einfällen literarische Form, die in heiteren Sitzungen des Sachsenhäuser Bürgervereins ausgeheckt worden waren. Auch diesmal galt es, »durch alle megliche und unmegliche Versprechunge« die löbliche Borjer- und Einwohnerschaft in die höchste Neugier zu versetzen.

Das Fest in sehr gehobener Stimmung hatte freilich einen ernsteren Hintergrund, als mancher Besucher es ahnte. Es handelte sich dabei nicht nur um Aufbringung von Geldmitteln zur Unterstützung der Flüchtlinge und ihrer Familien, sondern auch um eine Demonstration, die den reaktionären Mächten zeigen sollte, wie stark noch in Frankfurt und Umgebung der Anhang der Demokratie sei.

All diese Symptome eines lebendigen Nachhalls der großen Volksbewegung, die der neue Bundestag vollends zu ersticken strebte, entgingen dem scharfen Auge des preußischen Diplomaten nicht, der am 4. Mai 1851 als Geheimer Legationsrat nach Frankfurt gekommen war, um bald darauf als Nachfolger des Generals von Rochow das Amt des Bundestagsgesandten seiner Regierung zu übernehmen. Noch schien Otto von Bismarck nichts anderes sein zu wollen als ein entschlossener Vollstrecker der Reaktion, wie sie in Olmütz zwischen den deutschen Großmächten und dem Zaren Nikolaus vereinbart worden war; noch schien ihm die konsequente Vernichtung aller Errungenschaften des ersten deutschen Parlaments der Hauptzweck seines politischen Wirkens zu sein. Erst 34 Jahre alt, war er bereits der erklärte Vertrauensmann seines Königs und seines Chefs, des Ministerpräsidenten Otto von Manteuffel.

Die Beobachtung und Bekämpfung der in Frankfurt und in Süddeutschland noch vorhandenen Symptome der revolutionären Bewegung gehörte zu seiner besonderen Aufgabe. Es fiel ihm, dem überzeugten Royalisten, schwer, sich in der Frankfurter Welt zurechtzufinden, deren republikanische Verfassung das Bekennen zur Demokratie zu einer legitimen Sache machte; in seinem zweiten amtlichen Bericht nach Berlin hob er mit Entrüstung hervor, daß der Polizei-Senator Hessenberg das Verlangen, gegen politische Anzeigen und Zumutungen einzuschreiten, mit den Worten ablehne: »Lassen Sie mich in Ruh', ich bin selbst Demokrat.«

Das Waldfest vom 6. Juli gab ihm die erste Gelegenheit, tatkräftig vorzugehen. Trotz der humoristischen Harmlosigkeit des Programms erkannte er den demonstrativen Charakter des Unternehmens. Er veranlaßte den preußischen Stadtkommandanten, beim Polizeisenator die Zusage zu erwirken, daß innerhalb der Stadt weder geschossen werden noch Aufzüge stattfinden dürften. Der Stadtkommandant hatte auch den Leiter des Festes, Nikolaus Hadermann, persönlich rufen lassen und das entschiedenste militärische Einschreiten angedroht, wenn man sich eine Übertretung jener Bestimmungen erlauben werde.

Im Schutze der Preßfreiheit konnte Hadermann 1853 noch an die Gründung der dreimal wöchentlich erscheinenden Zeitschrift »Volksfreund für das mittlere Deutschland« gehen. Im Schutze derselben Preßfreiheit konnte andererseits Stoltze das humoristische Unternehmen weiter entwickeln, das er in der Fastnachtszeit 1852, nach dem Flüchtlings-Waldfest und vor dem Verbot des »Frankfurter Volksblatts« begonnen hatte: seine »Krebbel- und Warme Brödercher-Zeitung«. Die

Das Bataillon der Löschanstalt. Stoltze war Angehöriger der Pompiers, was ihn nicht daran hinderte, den dort herrschenden Uniformen- und Militärfimmel zu verspotten.

Androhung des Stadtkommandanten Deetz, die Bundesgarnison würde jede Ausschreitung des Waldfests gewaltsam unterdrücken, hatte in den beteiligten Bürgerkreisen die Unzufriedenheit mit den militärischen Verhältnissen der Vaterstadt gesteigert. Die Frage der Wiederherstellung der Stadtwehr in zeitgemäßer Form ward allenthalben erwogen. Die bayrischen, österreichischen, preußischen Truppen in der Stadt feierten die Geburtstage ihrer Landesfürsten unter Kanonendonner mit stolzem Gepränge; der Bürgerschaft hatte man die patriotische Jahresfeier des 18. Oktober genommen.

Aus dieser Stimmungswelt heraus schrieb Stoltze 1851 das erste größere Dialektgedicht zur Verherrlichung des Altfrankfurtertums; als es in der ersten Nummer der »Krebbel-Zeitung« erschien, wirkte schon der Titel »Gefühle einer Stadtwehr-Uniform« zündend. Mit der Trauer um all die »Borjerfraad«, die mit den Einrichtungen der alten Stadtwehr verknüpft war, beseelt der Humor des Dichters eine außer Dienst geratene Stadtwehr-Uniform, die nun schon seit drei Jahren »im Boddemeck« »bei alte Lappe« dahinsiecht.

Es war eine fröhliche Verherrlichung der alten schmucken Stadtwehr, eingeflochten in ein Klagelied auf ihren Untergang, ein lebensechtes Altfrankfurter Genrebild, bereits mit all der volksmäßigen Festlust und liebevollen Kleinmalerei ausgeführt, die Stoltzes beste Schildereien dieser Art auszeichnen. Das Ganze von einer leisen Ironie beseelt, die das Unzulängliche dieser Art von Waffendienst eingestand.

In der zweiten Nummer der Krebbelzeitung erzählte in ähnlicher Form ein Bürger, der 1848 in der »Schutzwacht« gedient hatte, seine Heldentaten. Sowohl dies Gedicht wie die »Gefühle einer Stadtwehruniform« waren vorher schon als Flugblätter erschienen, jedoch ohne die rechte Beachtung zu finden. Im Carneval 1853 schilderte das Gedicht »Feuer am Allerhelljen-Maa« die neueste Tat des Löschbataillons. Da hieß es:

O Borjertrummel, sißer Klang!
Sei merr gerihrt willkomme!
Ich hab derr dich so lang! So lang!
So lange nicht vernomme.

So wurde Stoltze, der großdeutsche Freiheitsdichter Frankfurts im Jahre 1848, als die Reaktion sich gegen die Selbständigkeit der »Freistadt« richtete, der poetische Verteidiger ihrer altherkömmlichen Eigentümlichkeiten, der Humorist, dessen poetische Satire berufen war, die Vaterstadt über die politische Stagnation der kommenden Jahren hinwegzutrösten. Während der vielfältigen und innigen Berührung mit den frischesten Elementen des Altfrankfurter und Sachsenhäuser Bürgertums, das die altheimische Mundart noch in naiver Unbefangenheit redete, war er zum Meister der Dialektdichtung herangereift.

13 Die Krebbelzeitung

In der Fastnachtszeit des Jahres 1852, am 3. Februar erschien die erste Nummer der größtenteils im Dialekt geschriebenen »Frankfurter Krebbel- und Warme Brödercher-Zeitung« mit dem Untertitel »Orkan der Narrheitregieruns« und dem Schlußvermerk »Unverantwortlicher Redakteur: F. Stoltze. Druck von C. Adelmann.«

Vielerlei hatte, auch abgesehen von den eben geschilderten Einflüssen, zusammengewirkt, Stoltze auf das originelle Unternehmen zu bringen. Am 31. März 1847 war der einst so fröhliche Dichter der Frankfurter Demagogenzeit, Wilhelm Sauerwein, der Verfasser der Dialektstücke vom »Gräff«, nach langem Leiden gestorben. Am 3. Juni 1848 hatte auch Malß, der Dichter des »Bürger-Capitain« und der Hampelmanniaden, seine einst so lustig und dann so trüb ins Leben blickenden Augen für immer geschlossen. Wenn auch das Frankfurter Stadttheater, zu dessen Direktoren Malß gehört hatte, die Gelegenheit vorübergehen ließ, die Stücke des Verstorbenen neuzubeleben und statt dessen Wiener Possen bevorzugte, so wurde sein Tod dennoch zum Anlaß, daß man sich seines Werts als Dichter in weiteren Kreisen bewußt ward. Bisher waren die Lustspiele ohne Nennung seines Namens erschienen. 1849 kamen unter dem Titel »Carl Malß' Volkstheater in Frankfurter Mundart« die sämtlichen Werke des liebenswürdigen Humoristen im Sauerländerschen Verlage heraus, und die erste Auflage des Buchs fand so schnell Absatz, daß noch im gleichen Jahr eine zweite nötig wurde. Der »Bürger-Capitain« war darin mit dem gereimten Prolog abgedruckt, den Malß immer bei den Aufführungen des Stücks vom Darsteller des »Millerche« hatte sprechen lassen; in diesem kam die Entschuldigung vor, daß er sich leider auf das Versema-

Carl Balthasar Malß, der Dichter des »Bürger-Capitain«.

chen nicht wie der »Goethe« verstehe, und daran war die Bemerkung geknüpft:

Verscht wärn bei uns ziemlich viel jetzt gemacht
Un mit Reime sich Dag un Nacht geplagt,
Es geht awwer Noth, mer steckt an die Lichter,
Ze suche in dene Verscht die Dichter.

Aus Malß' literarischem Nachlaß brachte der Band unter anderem die »Briefmuster aus den unteren Regionen der Gesellschaft«, die er den erfundenen Künsteleien des Humoristen Lichtenberg gegenüber als der Wirklichkeit entnommen bezeichnet hatte. Es befand sich darunter der »Brief eines Spezereihandlungshausknechts an seine Geliebte«. Diese Anregungen wirkten befruchtend auf Stoltze, der nie ganz aufgehört hatte, den Dialekt der Vaterstadt für humoristische Zwecke poetisch zu verwerten. In der Zeit seines jungen Eheglücks hatte er versucht, die das Rauhe mit dem Zarten so hübsch verschmelzende Mundart sogar den höchsten lyrischen Aufgaben anzupassen. Das duftige »Frihlingslied« von dem Engel, der säend über die Erde schreitet, hält zweifellos den Vergleich mit den zartesten Stellen in Hebels »Alemannischen Gedichten« aus.

Un wo der Engel zieht die Straß,
Da regents Blithefisselcher,
Un iwwerall in's grine Gras
Da streut err Himmelsschlisselcher.

Komm, Schätzi, komm, merr schleiche 'm nach,
So still als wie die Mäusercher, –
Doch, was ich derr im voraus sag:
Plick uff der Wis kaa Sträußercher!

Un laß merr ja beileiwe steh
Die Himmelsschlisselblimmercher!
Was Himmel! – Is die Welt net schee
Un voller Engelsstimmercher?

Un Du bist mei! Die Welt is mei,
Die mit em Kranz umwunne is;
Un kann's im Himmel scheener sei
Wie's jetz bei uns hier hunne is?

Die Malßchen »Musterbriefe« wurden ihm zum Anlaß, auch einmal in Versen, auf die er sich ja wirklich besser als Malß verstand, zwei solche Briefe »aus den unteren Regionen der Gesellschaft« zu drechseln; noch im Jahre 1849 erschien als »fliegendes Blatt«, etwas später als der »Schutzwächter«, in dem altbeliebten Buchladen für Meßliteratur auf dem Markt von J. Rieck unter dem Titel »Das Käthche und der Fridderich«, der urkomisch gereimte Liebesbrief eines Frankfurter Hausknechts, der seiner Geliebten für den Fall, daß sie ihn nicht erhören werde, zum Uhz mit Selbstmord droht, und die Antwort der braven Köchin:

...Ach, Fridderich, halt doch dein Schnawel!
Dei Wort geht wie e Ofegawel
Un wie e stumber Besenstiel
Merr dorch mei weibliches Gefiel!...

Das Scherzgedicht fand in dem Laden reißenden Absatz; die »Echtheit« wirkte so drastisch wie die Übertreibung, und jede Marktbesucherin aus der Umgegend nahm sich das Blättchen mit heim. Das Honorar für die wiederholten Auflagen war die erste größere Einnahme des Dichters nach seiner Hochzeit. Frau Mary hatte daher ganz recht, wenn sie den Gatten unter dem Druck der bald genug aufsteigenden Wirtschaftssorgen mahnte, sich nach diesem Fingerzeig des Schicksals zu richten. Der Erfolg der Flüchtlings-Maskenballzettel und des Waldfestprogramms bestärkte sie darin. Der Mißerfolg des »Sonntagsblatts« schreckte sie nicht ab. Am Rhein, als Gast der Tante in Koblenz, hatte sie so mancherlei Formen gedruckter Karnevalsbelustigung kennengelernt. So kam sie auf die Idee zur »Krebbel-Zeitung«. In einer späteren Nummer derselben hat Stoltze dann in heiterem Übermut gebeichtet:

Jetzt eine »Krebbelzeitung« schreiben,
O, ist das nicht zu viel begehrt?
Im Freien mich herumzutreiben,
Ich möcht's so lang der Frühling währt.
Möcht' liegen unter grünen Bäumen
Und sehen, wie die Wolke zieht;
Von Lenz und Jugend möcht' ich träumen
Und sinnen auf ein Liebeslied!

Allein des Hauses Prinzipalin,
Die eine andre Ansicht hat,
Die liebe praktische Gemahlin,
Die wünscht durchaus ein Zeitungsblatt.
Nach Liebesliedern und Gedichten,
Sonetten und dergleichen mehr,
Als überwundenen Geschichten,
Hat sie jetzt kein Verlangen sehr.

Sie sagt: »Viel edler wohl als Schwänke
Ist so ein sinniges Gedicht,
Allein, mein lieber Mann, bedenke!
Davon raucht unser Schornstein nicht.
Die Schätze, die auf deinen Wegen
Du durch die Lyrik heimgetan,
Kannst du getrost daneben legen,
Und es vergreift sich niemand d'ran.

Von seiner Frau hat Stoltze oft dankbaren Gemüts in Vers und Prosa gerühmt, sie habe erst Zweck und Ordnung in sein Leben gebracht, sei immer ganz aufopfernde Liebe für ihn gewesen. Sie lehrte ihn jetzt in der Tat, sich als Dichter eine regelmäßige Einnahmequelle zu erschließen. Als Stoltze sich über die Form des Unternehmens als eines von ihm ausschließlich abzufassenden Organs des Frankfurter Humors im Klaren war – die Nummern sollten alljährlich während der Karnevalszeit in zwangloser Form erscheinen – da übernahm Frau Mary den »Selbstverlag« und richtete die Sache so gut ein, daß gleich am Tage des Erscheinens der ersten Nummer 10000 Exemplare von dieser verkauft wurden. Von eigent-

Gallerie berühmter Frankfurter.

Der jährliche halb- und vierteljährliche Abonnements-Preis beträgt gar Nichts, und ist nur eine Stempelgebühr von 12kr. zu entrichten.

Man abonnirt bei allen zunächst gelegenen Tollhäusern; in Frankfurt am Main, große Eschenheimergasse Nr. 25.

Frankfurter
Krebbel- und Warme-Brödercher-Zeitung.
Orkan der Narrheitregieruns.

Montag den 61. Februar 1582.

Titel der ersten Nummer von Stoltzes Fastnachtszeitung vom 3. Februar 1582.

lichen Abonnenten wurde ganz abgesehen; die Nummern, 12 Kreuzer das Stück, wurden wie Fastnachtskrebbel und Fastenbretzeln in den Straßen verkauft und gingen ab wie »warme Brödercher«.

Natürlich hätte das Blatt nicht so unmittelbar gezündet, wenn der Dichter nicht den rechten Zündstoff geboten hätte. Daß die Satire in der Krebbelzeitung nicht zu kurz kommen sollte, ließ schon der hübsch gezeichnete Titelkopf erkennen, das Brustbild eines lachenden Harlekins mit Schellenkappe und Pritsche; das machte sogleich auch das Leitgedicht, die »Alt-Republikanische Fastnachtshymne«, den Lesern klar:

Vivat! unsre Republik!
Puderquast und Schwanzperück!
Bi – Ba – Bettelvögte,
Halseise, Stöckerknechte,
Moresmache, Kammerjude,

Friedrich Stoltze
Redakteur der Krebbelzeitung

Spi – Spa – Spießruthe!
Vivat! unser Republik!
Puderquast und Schwanzperück!

Neben dem Gedicht war ein Narr mit einer Mauerkrone auf dem Kopf und einer Binde um den Leib zu sehen, auf der gedruckt stand: »Ach, wer bringt mir eine Stunde Jener holden Zeit zurück, Einsam nähr' ich meine Wunde«. Ein satirisches Märchen, das die Abenteuer eines Fulder Stiefelbrüderpaares, eines Staubbesenchens und eines Stiefelknechts behandelte, war als »Torf- und Steinkohlengeschichte« bezeichnet. Im Inseratenteil fanden sich allerlei lustige Anzüglichkeiten auf das karnevalistische Vereinsleben der Stadt, insbesondere auf die Maskenball-Veranstaltungen des Wirtes der »Harmonie« in der Großen Bockenheimer Gasse, Eduard Fay, bei dessen Vater im »Wolfseck« am Paradeplatz die großen Flüchtlings-Maskenbälle stattfanden. Schon Stoltzes Vater war mit Eduard Fays Vater befreundet gewesen; der Wolfseck-Saal hatte im Jahre 1848 eine große Rolle als politischer Versammlungsort gespielt; das Gasthaus »zur Harmonie«, früher »König von Preußen« und von 1848 bis 1850 »Deutscher Hof« geheißen, war im erstern Jahr das Hauptquartier des Klubs der Linken gewesen. (Später ging das Haus an die Firma Schulz und Wagner über und beherbergte die Weinwirtschaft »Zum Prinzen von Arkadien«; es wurde 1904 niedergelegt, um einem Neubau Platz zu machen.)

In der »Harmonie« hatte jetzt das »Wasserkolleg« seinen Stammtisch, dem zur Belustigung die 2. Nummer der Krebbelzeitung die »Kapuzinerpredigt« neben dem größeren Dialektgedicht »Der Schutzwächter« abdruckte. Auch die Nummerierung der Blätter war humoristisch. Das erste trug die Bezeichnung Nr. 0 und das Datum: Dienstag, den 3. Februar 1582! Es folgten Nr. 00, Montag, den 61. Februar 1582, und Nr. 000, Dienstag, den 42. Februar 5182. In letzterer wirkte als Hauptstück die kleine dramatische Szene »Die beiden Hampelmänner«. Auch sie war illustriert und verspottete den politischen Gesinnungswechsel, der sich seit 1849 in weiten Kreisen der Bürgerschaft vollzogen hatte. Rechts am Kopf der ersten Nummer stand die Ankündigung: »Der jährliche, halb- und vierteljährliche Abonnements-Preis beträgt gar nichts, es ist nur eine Stempelgebühr von 12 Kreuzern zu entrichten.« Der vorgebliche Zeitungsstempel war gleich darunter gedruckt. Das war ein Stich auf die Zeitungsstempelgebühr, die damals von jedem fremden Zeitungsblatt erhoben wurde.

Durch die phantastische Nummerierung war dem Unternehmen der Charakter einer wirklichen Zeitung genommen. Später wurde der Preis der Nummer auf 6 Kreuzer herabgesetzt. Den Druck übernahmen außer Adelmann im Laufe der Jahre R. Baist, J. G. Müller, Wilh. Küchler, die J. A. G. Textorsche Druckerei, Th. Wentz, F. Körber, G. Lauckert, G. F. Wörner.

Der Gesamteindruck der ersten Nummern war so harmlos-humoristisch, daß der Verleger von Heinrich Hoffmanns »Struwwelpeter«, J. Rütten, sich veranlaßt sah, Stoltze um den Text für ein humoristisches Knaben-Bilderbuch zu bitten, das unter dem Titel »Kaspers lustige Streiche« dann auch zu Weihnacht 1852 erschien.

Im nächsten Jahr nahm Stoltze direkt den Ton auf, den er in »Das Käthche und der Fridderich« so lustig angeschlagen hatte. Das derbe Genrebildchen »Hurrah die Gäul!«, wo »unser Mahd, die Lisbeth« sich für den Fuhrmannsball so köstlich ausstaffiert, eröffnete die Reihe. »Der Tambour un die Bäckermahd« und »Die Kechin und der Schornsteinfeger« enthielten schon mehr anekdotische Handlung. Immer mehr verstand es der Dichter, derbkomische Ausdrücke der besonderen Welt geschilderter Personen zu entnehmen und sie so gleichzeitig zur Charakterisierung von beiden zu benutzen.

E Kechin, wie die Berwel wor,
Is aus der Welt verschwunne!
Da hat kaa Mensch enn Butzel Hoor
In seiner Supp gefunne!
Un rein un keusch als wie ihr Herz
War wochelang ihr Kichescherz!
Ihr Lumpe uff dem Benkel
Fraat noch die speetste Enkel.

Ihr Kich, es war e wahrer Spaß –
Deß Propre allerwege!
Merr hätt derr selbst deß Kehrschelfaß
Entzickt umaarme mege!
Die Dreckschipp stann der in der Eck,
Doch an ihr kaa Idee von Dreck!
Un newer ihr zwaa Besen
Als wie zwaa höh're Wesen!

»Eß will kaa Dag weern« und »Der feuerspeiende Zappjunge« gehörten zu den ersten von den vielen gereimten Erzählungen Stoltzes, die die besten komischen Anekdoten, die man sich jeweils an den Stammtischen

Frankfurts erzählte, oder die ihm als »selbsterlebt« von Freunden mitgeteilt wurden, humoristisch gestalteten. Er tat dies, bald in Versen, bald in Prosa, mit einer so meisterhaften Charakter- und Situationskomik, mit so herzbezwingender Laune, mit so wirksamer Hervorkehrung des reichen komischen Elements der verschiedenen Nüancen der Frankfurter Mundart, daß viele dieser Stücke in ihrer Gattung geradezu klassischen Wert haben. »Dreißig Gulde«, »Kaa Kinner«, »Der Möwelwagen«, »Das Ständche in der Säubütt«, »Heuerat die Lisbeth!« »Die Kapp«, »Gute alte Zeit«, »Die Kanarienvögel«, »Der Barricke-Pächter«, »Wie der Sichel danze lernt«, »Brendelche Schnud«. Daneben liefen die zahlreichen Schilderungen alter Volksbräuche und festlicher Aufzüge. Es folgten »Jeremiade eines Schlittenstuhlverleihers«, »Der Maa is zu«, »Der Wäldchesdag«, »E Neujahr wie's friher war«, »Der Maa is uff«, »Deß Sachsehäuser Waidmannskrenzi«, »Die Einweihung der Verbindungsbahn«.

Es lag im Wesen dieser »Fastnachts-Zeitung«, daß Stoltze als ihr Verfasser im Schutze der Narrenfreiheit und in der Maske eines Fastnachtsnarren Possen trieb. Wie tief der Hang zum »Necken« im Wesen des Altfrankfurter Humors begründet ist, zeigt schon der große Reichtum des Dialekts an komisch gemeinten Schimpfwörtern und Derbheiten. So gab es im alten Frankfurt auch immer sogenannte »Stadtnarren«, Leute, die sich durch auffälliges Benehmen, durch harmlos-halbverrücktes Wesen den Spott der Straßenjugend zuzogen, und der Sinn für das Komische dieser »Schoden« wurde von vielen Erwachsenen geteilt. Die Übernahmen mancher Stadtnarren, »der Kannix«, »die narrisch Tante«, haben diese harmlosen Trottel im Volksmund überlebt. Gleich eine der ersten Krebbel-Zeitungen hatte Stoltze mit dem Motto begonnen: »Laßt die alte Narrn in Ruh! / Laßt se ruhn die Dodte! / Wendet euch dem Leben zu / Und de neue Schode!« Es wurde eine Spezialität der Krebbelzeitung, die Galerie der alten »Stadtnarren« um neue Prachtexemplare zu vermehren. Rücksichtsvoll nannte der Schalk die Betroffenen nicht beim wirklichen Namen. Aber er stellte sie erkennbar genug an den Pranger. Und immer geißelte Stoltze in den Personen und Vorkommnissen, die er dem öffentlichen Spotte preisgab, Eigenschaften und Zustände, gegen die anzukämpfen verdienstlich war.

Auf Klatsch- und Schmutzgeschichten ließ sich Stoltze aber nicht ein, sooft auch diese Zumutung an ihn herantrat. So antwortete er einmal im

Frau Marie Stoltze.

Briefkasten des Blattes einem Einsender: »Was geht mich aa der viele Dreck? Ich fahr' en kannen Fall eweck! Mei Blatt, deß loß derr sage, deß is kaa Kehrschelwaage!« Und ein anderes Mal: »Unds duht dann aach die Haaptsach fehle: Merr kann's mit Aastann net verzehle.« Die Unanständigkeit mußte schon ein öffentliches Ärgernis sein, wenn der Dichter ausnahmsweise, wie im »Margaretentag auf dem Sandweg«, sie anzugreifen unternahm.

In der Krebbelzeitung traten diese Schwänke als Vorträge der Fassenachtsnarren ans Licht, dessen Kopf bis zum Jahre 1857 den Titel schmückte. Indem Stoltze sie als solche niederschrieb, wahrte er sich die Unbefangenheit, mit der er seine Stoffe je nach Laune dem Anekdotenschatze des »Worschtquartiers« und der Sachsenhäuser, oder dem der Kaufmannschaft und der Börse, oder dem der städtischen Beamten im Römer oder dem der alten Judengasse entnahm. Es ist interessant zu beobachten, wie Stoltze immer wieder auf die alten volkstümlichen Formen der Schauerballade und der Monologe des Kasperletheaters zurückgriff. So liebte er es, seinen derbkomischen Prosageschichten ein paar Koupletverse voranzusenden, die mit wenigen Strichen die gegebene Situation oder die sonderbare Voraussetzung der lustigen Begebenheiten zeichneten. Auf die einfachste Weise wurde so der Leser in die Illusion versetzt, daß die nachfolgende Erzählung der Vortrag eines Komikers sei. So beginnt »Brendelche Schnud«:

Brendel Schnudche war e Fraa,
Ach, so gibt derrsch gar kaa zwaa!
Dhet derrsch gewe noch e zwett;
Wär jetzt all der Ärjer net.

Dhat derr Aans kaa Lust verspiern,
Selwer sich zu alterirn,
Sprach merr nor des Schnudche aa,
Un die hat's for aam gedhaa;

Hat derrsch iwwernomme gleich,
Dann deß war ihr Nahrungszweig;
Hätt geärjert sich for dich
For sechs Batze ferchterlich.

Un daderum hat aach der Gedallje Hatterschheim zu seiner Fraa gesagt...« So setzt nunmehr in Prosa die eigentliche Geschichte ein, lebhaft auf die Verwicklung lossteuernd.

Wenn nach alledem klar ist, daß Stoltzes Dialektdichtung, wie sie 1852 zur Blüte kam, ein echt Frankfurter Gewächs ist, dürfen wir doch nicht außer acht lassen, daß unser Dichter auch Anregungen von auswärts erhielt, die dieses Erblühen förderten. Bezeichnend war es, daß die Geister, die 1848 für ein einiges deutsches Vaterland geschwärmt hatten, sich zu den Verhältnissen der engeren Heimat zurückwendeten und damals fast gleichzeitig in den verschiedensten deutschen Ländern ein frisches Aufblühen der Dialektdichtung erfolgte. Dem Streben ins Allgemeine folgte als Rückschlag auf die Enttäuschung eine Wendung zum Besonderen. Die Erkenntnis brach in den Einzelstaaten durch, daß im eigenen Hause noch vieles nicht fertig sei, um es dem Bau des ersehnten Reiches organisch einzupassen, und die Freiheit einer Nation im Gemeindeleben wurzeln müsse. Im Gegensatz zu der idealgestimmten Rhetorik der politischen Lyrik gelangte in der Literatur der Sinn für die besondere Realität, für das Örtliche in Landschaft und Volkstum zur Herrschaft. Eine reiche Dorf- und Stadtgeschichten-Literatur, wuchs heran. Gustav Freytag schilderte in »Soll und Haben« Breslau und Schlesien, Joseph Scheffel schuf im »Trompeter von Säckingen« Typen des Schwarzwälder Volksschlags der Hauensteiner, der Schweizer Gottfried Keller spiegelte seine Züricher in den »Leuten von Seldwyla«, Otto Ludwig in der »Heitherethei« seine Thüringer Heimat, Schücking nach Immermanns Vorbild Westfalen, der junge Theodor Storm eroberte als poetisches Neuland »Schleswig-Holstein meerumschlungen« der Novelle. Und gleichzeitig kam in Nord und Süd eine reiche Dialektdichtung auf. 1847 erschien in Frankfurt a. M. Nadlers »Fröhlich Pfalz, Gott erhalt's«, 1849 das erste Heft von Anton Sommers »Bilder und Klänge aus Rudolstadt«, 1852 Reuters »Läuschen und Riemels«.

Sowohl Nadlers wie auch Sommers heitere Gaben wurden Stoltze bald bekannt. Sommer war damals Leiter einer Töchterschule in Rudolstadt, wo Stoltze noch so manchen guten Bekannten hatte. Aber er hätte dieser Anregungen nicht bedurft. Seine Dialektdichtung wirkt im Unterschied zu der Nadlers und Sommers ganz eigenartig durch ihr inniges Verwachsensein mit dem historischen Wesen der alten Freien Reichs- und Kaiserstadt und nicht minder durch einen Zug, der dem innersten Wesen Stoltzes entsprach: er spottete nicht über das Volk, dessen Eigenart er humoristisch zeichnete, er spottete mit ihm in heiterer Selbstironie über Schäden und Irrtümer, die man zusammen erkannt hatte. Er fühlte sich als Mit-Bürger, als Mit-Sänger, als Mit-Turner, als Mit-Schütze Altfrankfurts, wenn er dichtete, als Mitkämpfer, wo es Volksinteressen gegen Bundestag und Senat zu behaupten galt.

Er war wirklich »Pompier«, also Feuerwehrmann, in dem damals reorganisierten Löschbataillon der Stadtwehr, als er sich 1854 mit der großen dramatischen Szene »Die Spritzentheorie zu Großkrähwinkel oder: Theorie und Praxis« seinen ersten Prozeß zuzog. Man war ärgerlich über so manche Neuerung, die sich wenig günstig abhob von den früheren einfacheren, aber praktischen Verhältnissen. Der jetzige Höchstkommandierende hatte nach militärischem Muster eine Instruktionsstunde eingeführt. Die Fragen, die an die Pompiers gestellt wurden, forderten Stoltzes Spott heraus. Und so ließ er denn in der »Spritzentheorie« den »General der reitenden Wasserartillerie Hannibal Fedderbusch« beginnen:

Also dran denn ohne Rasten!
Merken Sie sich alles gut:
Eine Spritze ist ein Kasten,
Welcher auf vier Rädern ruht.
Dies zu wissen ist uns nütze
Und vergessen Sie es nie!
Also, was ist eine Spritze?
Bombje Braunschweig! reden Sie!

Pompier Braunschweig:
Was geht's mir aa? wann's brennt, bumb' ich.

Beim Stadtwehr-Disziplinargericht wegen Verhöhnung seines Vorgesetzten verklagt, wurde der Dichter zu drei Tagen Arrest verurteilt. Doch die Appellation erwirkte ein freisprechendes Urteil, was er mit einem fröhlichen »Vivat hoch!« in der nächsten Nummer den Lesern mitteilte.

Bald war das Erscheinen einer neuen Nummer der »Krebbel-Zeitung« für Frankfurt ein Ereignis. Meist wurden 20000 und mehr Exemplare in wenigen Stunden verkauft. Ihre Kolporteure hatten überall Zutritt, auf allen Kontoren und Banken und auf allen Ämtern im Römer, bis ins Allerheiligste hinein, in die Ratstube. Selbst unter den Bundestagsgesandten hatte das originelle Blatt, von dem übrigens auch außerhalb der Fastnachtszeit unter anderem Titel, wie Wonnemonat-, Sonnestich-, Nikelose-Zeitung, gelegentlich Nummern herauskamen, seine regelmäßigen Abnehmer. Einzelne Nummern erreichten eine Auflage von 35 000 Exemplaren.

Eigentliche Politik trieb Stoltze in der Krebbel-Zeitung bis zum Jahre 1857 nicht. Aber an den öffentlichen Angelegenheiten der Stadt nahm seine Satire schon vorher lebhaften Anteil, und jede reaktionäre Anwandlung des Senats bekämpfte er auf diese Weise höchst wirksam. Besonders scharf nahm er das in der einst so fröhlichen Stadt aufkommende Mukkertum aufs Korn. Die »Grundrechte«, die volle drei Jahre hindurch in Frankfurt in Geltung gewesen waren, hatten die Trennung der Kirche vom Staat bedingt; jetzt war in ganz Deutschland die Kräftigung der kirchlichen Autoritäten als Stützen des Staates im Zuge. Im Jahre 1854 fand in Frankfurt der »Kirchentag« in der Paulskirche statt, und Stoltze schrieb:

Die Paulskerch werd mit jedem Jahr
E immer greßer Wunner!
Beim Parlament wird offenbar
Geschwätzt schon vieler Zunner...
Doch's beste deß kimmt hinne nach,
Als wie die Makerone:
O Kerchedag! o Kerchedag!
Du bist un bleibst die Krone!

Mit dem Pietismus kam damals auch der Spiritismus wieder einmal auf. Unter anderen Wundermännern, die hier gegen Geld allerlei hypnotischen Hokuspokus betrieben, erregte besonders der »Professor des Magnetismus« Ant. Regazzoni aus Bergamo Aufsehen, der seine erste Soirée am 19. September 1854 im Saale der Loge Sokrates gab. Dieser Scharlatan wurde während einer Séance in seiner Wohnung am 23. Oktober durch die Mediziner Dr. A. Friedleben und Dr. M. Schiff als Schwindler entlarvt. Mit beiden Ärzten befreundet, widmete Stoltze dem Vorfall im Dezember eine »Nikelose-Zeitung«, die den Untertitel »Intelligenz-Blatt für Schädelleere und paralisierte Gesundheits-Apostel« erhielt. Damals erzählte Schiff, der später Professor der Physiologie in Florenz und in Genf wurde, dem Dichter jenen Jugendstreich, der in dem Prosaschwank »Die Kapp« verarbeitet wurde.

Über strenge Behandlung von seiten der Frankfurter Behörden hat sich Stoltze weder damals noch bis zum Jahre 1866 zu beklagen gehabt, wie er oft dankbar anerkannt hat. Sowohl der schon genannte »Selbstdemokrat« und Polizeisenator Hessenberg wie der originelle und populäre Polizeirat Beer waren dem Dichter persönlich gewogen. Die Frankfurter Polizei gewährte der Krebbel-Zeitung auch nach dem Erlaß des neuen Preßgesetzes »zur Verhinderung des Mißbrauchs der Preßfreiheit« als einem Fastnachtsunternehmen die beanspruchte Narrenfreiheit.

Für ein Pompier-Corps

zur Löschung brennender europäischer Fragen

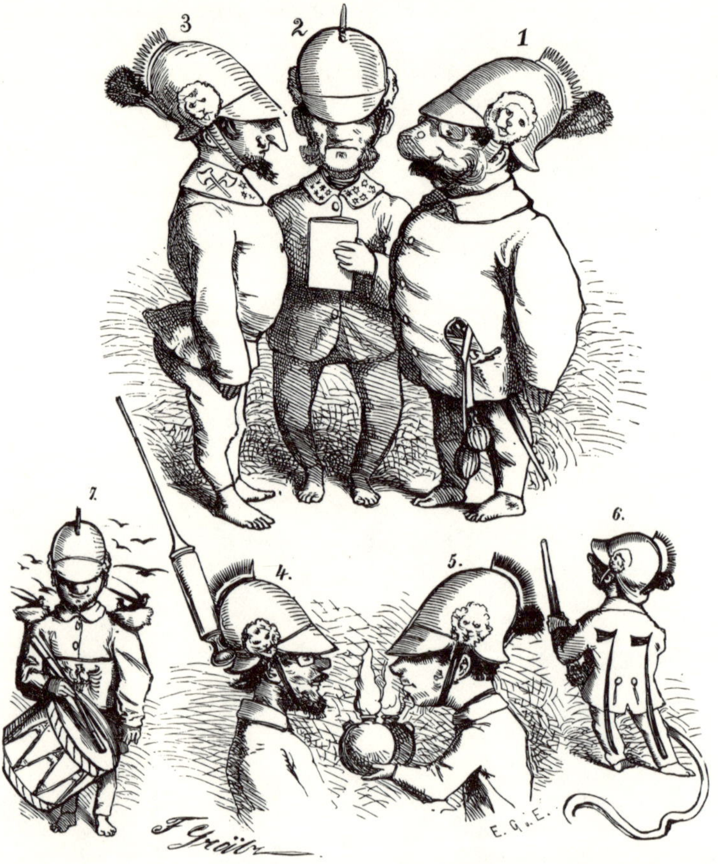

erlauben wir uns, die Uniformirung und Bewaffnung der Feuerwehr zu Frankfurt a. M., vorzuschlagen. 1) der Major: Schwarz lackirter 7½" hoher preußischer Filzhelm, mattvergoldete Vor-Decoration, ¾" hoher Kamm, an beiden Seiten vergoldete Löwenköpfe, 23 Linien breite Goldborte, nach östreichischem Muster, um den Kragen. Uniformsrock russisch grün. 2) der Hauptmann hat drei, resp. sechs mattvergoldete sechszackige Metallsterne. 3) Offizier der Einreißer-Compagnie (wenn er nicht ausreißt) hat noch außerdem zu beiden Seiten des Rockkragens hinter den Streifen zwei gekreuzte vergoldete Beilchen. (6 Stern und 4 Beilchen macht 10 Stück.) 4) der Staabsarzt: Filzhelm mit Kamm und Klystirspritzfederbusch, blauer Kragen und blaue Brille; 5) „Freiwilliger mit Granaten." 6) Rohrführer: Helm mit starkem ⅛" hohen Messingkamm; als Decoration eine möglichst große messingene Compagnie-Nummer. 7) Trommler: Waffenrock wie bei Unteroffizier, nur auf den Schultern grünrothe Schwalbennester. — Schuhe oder Stiefel sind nicht vorgeschrieben.

Verantw. Redacteur: Friedrich Stoltze. — Verlag von Fr. Stoltze. – Büreau u. Expedition, gr. Eschenheimerstr. 43. — Druck von C. Adelmann.

In Sachen der Pompiers war Stoltze sachkundig. Der bei den Feuerlöschtrupps herrschende Militär- und Uniformfimmel reizte ihn zum Spott. (Frankfurter Latern vom 16. Oktober 1865)

14 »Ist sofort zu verhaften!«

Wenn doch sogar schon vorher eine Verurteilung wegen Preßvergehens ziemlich rauh in das Leben des Frankfurter Humoristen eingriff, so hatte er dies seiner freundschaftlichen Beziehung zu Nikolaus Hadermann zu danken. Dieser hatte sich an der Gründung des »Volksblatts für Rhein und Main« in Darmstadt beteiligt, bald darauf aber daneben in Frankfurt den »Volksfreund für das mittlere Deutschland« als eigenes Unternehmen ins Leben gerufen. Das Organ des hessischen Freisinns zog sich einen Preßprozeß nach dem andern zu; der »rote Becker«, der Abgeordnete von Gießen im hessischen Landtag, der das Blatt redigierte, sah sich veranlaßt, nach Schluß der Session vor der ihm drohenden Verhaftung nach Amerika zu fliehen, und als das »Volksblatt« nun in Offenbach bei dem Buchdrukker Krähe erschien, wurde das Blatt wirklich für ganz Hessen verboten. Nun sorgte Hadermann, der in Frankfurt schon seinen »Volksfreund« redigierte, auch für das Weitererscheinen des Rhein-Main-Volksblatts in Frankfurt. »Aber« – so hat später Stoltze selbst den verwickelten Fall in seiner Erzählung »Die Flucht von Königstein« geschildert, »awer zwaa demokratische Blätter uff aamal zu verantworte ohne en Preßprozess zu kriehe, des wär zu viel verlangt gewese; un darum hat aach Nicolaus Hadermann, um die Götter zu versöhne, gleich mit em e »volksfreundliche« Preßprozess die »volksblätterig« Redaktion angetrete; des heeßt: er war wege dem »Volksfreund« schon bereits zu drei Monat Gefängnis verortheilt. Mitte im kaum begonnene segensreiche Wirke am »Volksblatt für Rhein und Main« sollt er nu sei Straf uff der »Mehlwaag« absitze. Jetzt war Holland in Not. – Da awer zum Glück erinnerte merr sich des hoffnungsvolle Redakteurs der »Krebbel-Zeitung« – Friedrich Stoltze.«

Er wohnte jetzt in der alten Klostergaß hoch oben im dritten Stock, wo auch die erste Krebbelzeitung geschrieben worden ist. Hadermanns Bitte, statt seiner das »Volksblatt« als Redakteur zu zeichnen, konnte er nicht abschlagen. Es handelte sich nur um wenige Nummern, für welche das nötige Manuskript schon vorhanden war. Diese Vertretung hat ihm auch an sich keinen Schaden gebracht, aber sie lenkte die Aufmerksamkeit des Offenbacher Landgerichts auf ihn, und der bereits verhaftete Offenbacher Buchdrucker Krähe, der keine Auskunft über die Autoren der ihm eingesandten Manuskripte geben konnte, lenkte den Verdacht auf Stoltze. Trotz der Aufklärung, die dieser auf dem Frankfurter Polizeigericht gab, kam es in Offenbach zu einem Verhaftbefehl gegen ihn, und der Kreisrat Willich daselbst erließ einen Steckbrief: »Der unten näher signalisierte Friedrich Stoltze von Frankfurt a. M. ist im Betretungsfalle sofort zu verhaften und nach Offenbach abzuliefern.«

In der »Flucht von Königstein« hat der Dichter erzählt, unter welch drolligen Abenteuern er von diesem im Offenbacher »Woche-, Amts- und Kreisblatt« erlassenen Steckbrief Kenntnis erhielt, als er gerade auf der Vilbeler Höhe hinter der Friedberger Warte mit seinem Freund Aloys Henninger, dem Taunussagen-Dichter, im Begriff war, ins Hessische hineinzuwandern.

»Als ich nach Haus kam un mit lachendem Mund ›meiner Mary‹ mei ausgestannene Awendheier verzählt hab, hat se sich ganz verfärbt un is uffgestanne un mit scheinbar sehr dief bewegtem Gemieth der Stuwwedhir enausgegange. Ich habb merr schon Vorwerf driwwer gemacht, daß ich meiner junge Fraa so ohne jed Vorbereidung dieses gefahrvolle Awendheier mitgedhält hätt, als se schon widder ganz freindlich in die Stubb ereikomme is. – »Gelt? Du bist recht erschrocke über meine Erzehlung, arme Mary? Na, sei nur zufrieden! Mich kriegen die Offenbacher nicht! Das Frankfurter Gebiet ist, Gott Lob und Dank, noch groß genug, um drin – spazieren gehen zu können. Passe mal uff, wohin wir all' noch können: Nach Norden zu bis nach Bornheim; nach Westen bis an die Bockenheimer Warte zum Fritz; südöstlich bis nach Niederrad, auf das Forsthaus und in den Frankfurter Wald bis weit über die Unterschweinsteige.« – »Da bleibe aber auf der Chaussee! Denn im Wald verschlingen sich die Frankfurter Pfade mit den hessischen und nassau'schen oft gar wunderbar.« – »Südlich können wir bis aufs Isenburger Chausseehaus zum Rind, östlich auf der linken Mainseite bis Oberrad, ja sogar bis dicht vor Offenbach.« – »Da bleib weg!« – »Und auf der rechten Mainseite bis über die Röderhöfe hinaus!« – »Armer Fritz! Dein Vaterland könnt größer sein.« – »Dhut nichts!« – »Aber Du bist unvorsichtig und ich werde Dich deshalb nicht mehr allein gehen lassen und Dich begleiten.« – »Desto lieber«, sprach ich, un wollt ewe ›meiner Mary‹ e Galanterie sage, als die Stuwwedhir uffgange is un des Dienstmädche ebbes in Zeidungsbabbier Eingeschlagenes ereibracht. Ich nahm's err ab, un was war's? ›Ravensteins Karte der Umgegend von Frankfurt‹ die mei Fraa aus der nahe Jägersche Buch-, Papier- und Landkartenhandlung hat hole lasse. »Du bist doch ein vorsorglich Gemüth!« haw ich ganz gerihrt zu err gesacht.

»Jetzt beganne scheene Spaziergäng' à deux in der frankfurter Umgegend, awwer nie ohne Ravenstein's Kaart. Gewissenhafter sin noch niemals Grenzpähl un Markstaa, Furche, Gräwe un Seitepad studiert worn als von meiner Fraa...

»Wer den Schadde hat, braucht for den Spott net zu sorje. Wie's emal in Frankfort ruchbar ward – un es ward sehr schnell ruchbar, – daß die Lieb zu meim engere Vatterland so groß bei merr war, daß ich net en Fuß iwwer die Grenz setze konnt, ohne sogleich vom diefste Heimweh ergriffe zu wern, war aach die Dheilnahm der Berjerschaft ewe so allgemaa als rihrend. Es hat sich schon friher zwischen de Frankforter un mir e gewisses so zu sage kordiales Verhältnis erausgebildt; e Wohlwolle von ihrer Seit un e höchst nadirlich Aahänglichkeit von meiner. Die Frankforter wußte ganz genau, wie se mit meine Gesinnunge gegen sie draa warn und daß ich bis uff den letzten Mann mit eh steh un falle dhet, un ließe merr deshalb aach viele poetische und unpoetische Unarte hingeh wie kaam annern...« »Diese rihrende Dhaalnahm war besonners stark an scheene Sonndäg, wo die halb Republick zu Fuß un zu Wage in die verbotte Umgegend enausgefloge is. – Wo ich mich da, streng im Frankforter Territorium, uff ere Landstraß, odder an eme Eisebahn-Iwwergang mit meiner Fraa hab blicke lasse, is merr aus alle Kutsche, von alle Laaterwäge, aus alle Waggon e nor zu herzlich Gelächter un Zurufe verbunne mit Dicherschwenke un Kußhändzuwerfe, entgegegetönt: »Stoltze! Solle merr derr en Brief mitnemme?« »Stoltze! Solle merr derr ebbes ausrichte?« »Geh in die Katharinekerch un bet vor uns heut!« »Solle merr derr e Dutt Ofebacher Pefferniß mitbrenge?«

»Grüßt merr den Kreisrath von Ofebach un sagt em, ich käm nach!« rief ich en zu, awwer net halb so lustig...« »Daß ich, dorch all den Spott zu meim Schadde, von Dag zu Dag immer ingrimmiger uff den Kreisrath Willich in Ofebach als den eigentliche Urhewer ward, läßt sich denke. Un wie der Gerechte viel leide muß, so gibt's awwer aach e ewige Vergeldung iwwer un unner de Gesterne. In demselwe Sommer noch hat den feindliche Kreisrath von Ofebach die Nemesis in Gestalt von eme sommerliche Schneemann, ere »Hyän« un ere »Große Unbekannte« erreicht. Nachdem nämlich, wahrscheinlich dorch e Verwechselung der gedruckte Sommer- un Winterformular, im Ofebacher Amtsblatt vom August 1853 die dortig Einwohnerschaft uffgefordert ward, des Eis un den Schnee aus de Gasse fortschaffe zu lasse, ward korz druff hart an der Ofebacher Grenz im Frankforter Wald e Hyän entdeckt und dem Herr Kreisrath zu Anzeig gebracht; un gleich darnach kam an em scheene Dag die »Große Unbekannte« als e weiblicher Kaspar Hauser nach Ofebach. Deß alles awwer war nadirlich, um en Frankforter Ausdruck zu gebrauche, e Fresse vor meim Vatter sein Soh. »He? Kreisrath, haw' ich dich?« So lang is merr noch nie die Zeit worn bis zur nächste Krebbelzeidungs-Saison. Endlich kam der Janewar, die Fassenachtszeit, un friher und pinktlicher als sonst gewehnlich kam die ehrscht Nummer von der »Krebbelzeitung« un in dere »Die große Unbekannte...« Frankfort, Offebach, Hanau un Mainz, die ganz Umgegend uff acht Stunn im Umkreis gerieth in e ganz ungemaa Heiterkeit, un der Kreisrath von Ofebach ward sehr verstimmt. Wo er sich blicke ließ, zog Jedermann sei »Krebbelzeitung« aus dem Sack un fing zu lese aa.«

Hatte somit Stoltze damals sein Mütchen an dem Kreisrat in Offenbach hinlänglich gekühlt, so hat er dafür volle sechs Jahre lang keinen Schritt über das Frankfurter Gebiet hinaus tun können, denn zwischen dem Großherzogtum Hessen-Darmstadt, dem Herzogtum Nassau und dem Kurfürstentum Hessen-Kassel bestanden Auslieferungsverträge. Wenn aber Hadermann an diesem Schicksal einige Mitschuld trug, so hat er es vorzüglich verstanden, es nach besten Kräften zu mildern. Er besaß mit seiner Familie ein einfaches, aber herrlich gelegenes Gartenhaus auf dem Röderberg. Er vermietete es an Stoltze zu billigem Preis, und dieser konnte mit Frau und Kindern aus der düsteren Klostergasse ins Freie ziehen.

Röderberg, Gewann II, Nr. 14, das Haus, in dem Friedrich Stoltze in den fünfziger Jahren mit seiner Familie wohnte. (Aquarell im Historischem Museum.)

»E urgemüthlicher Häusi, nach Norde zu in hohe dunkle Danne, nach Ost un West in Obstbaam versteckt un nach Sonn un Süde zu weit enaus offe, kann gar net gedacht wern. Vom owere Gaarte aus, der mit lauter Prachtexemplar von Mirabelle-, Quetsche- und Rinclaubääm, mit Jasmin-, Rose- und Nägelchesbüsch beplanzt, mit grine sonnige Rasesticke, schattige Buchsgäng un Gaisblatt-Lauwe un bunte Blumebeete geschmickt war, sah merr iwer die Wipfel vom unnern Gaarte eweck, iwer Kornfelder un Wisse. Aus der Landschaft eraus sah merr awer den vatterlännische Strom blitze; dann weiter die Sachsenhäuser un Owerräder Gärtnerei, den Mühlberg mit seine prächtige Gaartehäuser, unn derrhinner die Obstwälder un Wingerte vom Sachsehäuserberg und noch weiter enuff den Frankforter Wald. Nach Weste zu sah merr e Stick von Sachsehause und nach Oste zu lage die Röderhöf mit ihre rothe Zicheldächer, und des Röder-Dannewäldche odder Dohlewäldche, wies die Frankforter nenne, hob sich malerisch aus de grine Saatfelder eraus. Ebbes seitwärts zoge sich die Berger Höhe hin un owe druff lag iwweraus malerisch das Städtche Bergen. Weiter nach Oste enaus sah merr iwer Felder und Wälder, Dörfer un Weiler bis nach Hanau, un weit derrhinner howe sich die lange blaue Gebirgszüg vom Odewald un Spessart. Unserm trauliche Häusi beinah gegeiwer lag am jenseitige Ufer vom Maa die Gerwermihl un der Wasserhof in hohe grine Pappele, un dahinner Owerrad. Un e Bissi weiter enuff – des verbottene Ofebach; nor zu deutlich un klar, um mich alle Däg un jeden Morjend beim ehrschte Blick aus meine Fenster an meine Sinde zu erinnern. Leider war die Gegend zu paradiesisch, um Gedanke an's wohlverdiente Fegfeuer in merr uffkomme zu lasse. – Der ganze Röderberg war in e aanzig Blithe- und Duftwolk gehillt, als ich, poetischer Weis, grad an dem ehrschte Mai mit »meiner Fraa Mary« uff den Röderberg zog, aus der Prosa in die Idylle. – Un wie lauschig still war's hier owe! merr hätt die Schmetterling flattern hörn könne. Sogar unser Kinnercher krische net mehr, sonnern spielte ganz geschickt mit ihre Schippercher im Sand, odder saße im Gras wie die Häsercher, odder sie brockte for die Libelle, die aus dem nahe Mexterbruch scharnweis zu uns eruff gegaukelt kame un die se wege ihre silwerne Flichelcher ganz besonnersch in ihr Herz geschlosse hatte, Milch un Zwieback in die Tulipane.«

Dort draußen auf dem Röderberg hat Stoltze bis in den November 1859 gehaust und eine Reihe seiner glücklichsten Jahre verbracht. Hier konnte er sich mit Behagen der Erfolge seiner Krebbelzeitung erfreuen und dabei seine allmählich sehr verzweigten geselligen Beziehungen nach Bedarf einschränken; an seinen Stammtischen im »Neuen Bürgerverein«, im »Wasserkolleg«, im »Sachsenhäuser Bürgerverein« durfte er sich freilich nicht allzulange vermissen lassen! Stoltze war ein leidenschaftlicher Naturfreund; jetzt wurde er Blumenzüchter und zugleich bildete sich in ihm jene Vorliebe für das Halten schöner und seltener Tauben aus, die er bis an sein Ende behielt. Sein Sohn Adolf, der weiter bei der in die Breitegasse gezogenen Großmutter wohnte, aber oft hinaus zu seinen kleinen Stiefgeschwistern auf den Röderberg kam, hat in seinen »Erinnerunge« erzählt: »De Dauwe konnt er stunnelang zugucke, wann se sich in der Luft getummelt hawwe, un aaner der glicklichste Däg seines Lewens war, wie em e greßer Zahl Edeldauwe, dorch em Zichter in Hanau testamentarisch zugefalle sin. Leider hat das Vergniege net lang gewährt, denn e Marder, der vom Dach aus in den Schlag eingebroche war, hat se jämmerlich abgemorkst.« An Besuch fehlte es dem liebenswürdigen, für Spaß so verständnisvollen Krebbelzeitungsmann nie. Adolf Stoltze erzählt: »Schon frieh morjens erschien Nikolaus Hadermann, um nach de Maulbeerplandage, die er for sei Seiderauwezucht aagelegt hat, ze gucke, un dann meim Vatter enn Berschteabzug vom nächste »Volksfreund« vorzulese, odder enn in e Gesprech iwwer lokale un politische Aagelegenheite zu verstricke. Der Nachmiddag bracht immer Gäst. Da kam mindestens jed Woch emal der Herr Rosenthal, der speter an der Grindung der Frankforter Zeitung beteiligt war, Franz Fabricius, der unerschepfliche Anekdodeverzehler, Heinrich Neeb, der alle Aageblick e anner kinstlerisch Aaliege gehatt hat, Eduard Fay, der Wertt vom Wasserkolleg, in dem nie Wasser getrunke is warn, Aloys Henninger, der Taunide, Ernst Schalck, der spätere Illustrator der Latern, Doktor Simon Maas, der Verteidiger vor dem ehrschte Frankforter Schwurgericht, Georg Listmann, der Herausgewwer des Frankforter Sagebuchs, der Weinhennler Peter Schmölder un noch e Meng annern Leut, vor allem awwer der alte Baron Mayer Amschel v. Rothschild.«

Dieser letztere richtete gern seine kurzen Spazierfahrten in die Gegend des Röderbergs. Die Aussicht von der Gartenterrasse des Dichterheims fand er über die Maßen schön. Oft setzte er sich dorthin und machte seine Späße mit dem Dichter. »Ihr wohnt werklich im e Paradies, Stoltze – glicklich, wer das so hawwe kann.« – »No«, erwiderte der Dichter, »Sie kenne doch das alles hawwe.« – »Sin Se merr still von alles, in mei Jahre! Soll ich hier e Park aalege, in der ich nicht mehr spaziere kann? Nei, Stoltze, da genieß ich besser bei Sie derr Landschaft.« – »Dhun Se's nur recht oft un noch recht lang.« – »Ich will's probirn«, gab gutgelaunt der Baron zurück, »awwer mei Ehrewort kann ich nicht drauf gewwe.« Beim Abschied, so erzählt uns Stoltzes Sohn, reichte er dem Vater die Hand und sagte: »Stoltze, der Gaarte muß euer wern, ich will nicht so oft umsunst hier gesesse hawwe. Wann Se zu merr uff der Zeil komme, redde merr driwwer, awwer fange Sie davo aa, ich vergeß es in meim Alter.« Doch der Dichter stellte sich nicht im Bureau auf der Zeil ein. Am 6. Dezember 1855 starb der menschenfreundliche Krösus. Zu seinen Neffen und Erben Mayer Karl und Willy trat Stoltze in keine Beziehung.

Daß damals in Frankfurt sich Bismarck zu dem großen Staatsmann entwickelte, der den gordischen Knoten der deutschen Zwietracht lösen sollte, konnte Stoltze nicht ahnen. Er mußte weiter in ihm den geschwornen Feind seiner eigenen politischen Ideale sehen; hätte er ahnen können, wie sehr sich der Liebling des Prinzen von Preußen in seinem Denken über Legitimität usw. den liberalen Anschauungen näherte, hätte er lesen können, wie liebevoll der »pommersche Junker« über die Reize des Frankfurter Stadtwalds und die Lage seiner Villa in der Bockenheimer Landstraße von seinen diplomatischen Reisen aus schrieb, hätte er das gemütliche Familienleben kennen gelernt, das sich am innigsten mit dem des gut »borjerlichen« Malers Jakob Becker verflocht, sein Urteil würde sich gewiß gemildert haben. Daß dem scharfen Auge Bismarcks die Beliebtheit der »Krebbelzeitung« nicht entging und sich sein starker Sinn für Humor auch diesem Frankforterischen Genre gelegentlich erschlossen haben wird, ist ebenfalls anzunehmen. Stoltze hielt sich vom Leben und Treiben der Bundestagsgesandten dauernd fern. Ebenso pflegte er keine Beziehung zu der eigentlichen literarischen Welt Frankfurts, aus der sich damals die Wochenschrift »Das Frankfurter Museum« unter der Leitung von Th. Creizenach und Otto Müller Achtung gebietend erhob.

Schopenhauer und sein Pudel »Anima«. Der seit 1831 in Frankfurt lebende Philosoph bezog von Stoltze eine Lektion über Feinheiten des Sachsenhäuser Ausdrucks.

Ganz unliterarisch war auch die Beziehung, in die Friedrich Stoltze auf seinem Tuskulum zu dem Philosophen Arthur Schopenhauer geriet, dem seit dem Cholerajahr 1832 Frankfurt zur zweiten Heimat geworden war. Der menschenfeindliche Pessimist, dessen Philosophie gerade damals nach dem Erscheinen der geistreichen »Parerga« viel in den Zeitungen von sich reden zu machen begann, pflegte bei schönem Wetter den regelmäßigen Verdauungsspaziergang »um die Tore« über den Röderberg auszudehnen. Der Pudel »Mensch« begleitete ihn stets, sobald er seine Wohnung an der »Schönen Aussicht« verließ, und dieser sehr verzogene Pudel bezeugte auch eine besondere Vorliebe für den Garten Stoltzes. Für ihn wirkte der Hund des Dichters »Porculus« als Magnet, und infolgedessen hatte Stoltze wiederholt Gelegenheit, die Grobheit des grimmen Weltverächters persönlich kennen zu lernen; er hat das in seinen »Erinnerungen an Arthur Schopenhauer« erzählt. Dort ist zu lesen, wie er den größten Schimpfvirtuosen unter den Philosophen darüber aufklären konnte, was die Sachsenhäuser unter einem »Siebensortenflegel« verstehen.

Die Einführung des neuen Preßgesetzes gab ihm in jener Zeit Veranlassung, sich in der Krebbelzeitung über das Schicksal der Frankfurter auszulassen, denen die »gidig Natur e boddemlos Fundgrub von beesardige Redensarten zu Gebote gestellt hat«. Das humoristische Zusammentreffen, daß das neue Preßgesetz gerade in Kraft trat, als endlich das Denkmal für die Erfindung der Buchdruckerkunst auf dem Roßmarkt seiner Enthüllung entgegenging, gab ihm den Anlaß dazu. Er erklärte damals scherzhaft, warum die drei erzenen Männer Gutenberg, Fust und Schöffer sämtlich ihre Augen auf den »Englischen Hof« gegenüber dem Denkmal gerichtet hielten. Sie »denke dabei allerhand / Und wünsche sich drei Pässe / Nach dir, du freies Engelland / Mit deiner freien Presse.«

Freilich nicht immer entsprach der Humor, den Stoltze in den Krebbelzeitungen jener Jahre erstrahlen ließ, der Stimmung seines Herzens. Im Winter 1854 erkrankte ihm sein kleiner Sohn Christian, und weder die Kunst des Hausarztes Dr. Schwarzschild, noch die des ersten Kinderarztes der Stadt, des Hofrats Stiebel, vermochten ihn zu retten. Wie ihn dieser Schlag ans Herz griff, hat der Dichter mit rührenden Worten in der »Flucht von Königstein« selbst erzählt. »Grad uff den Weihnachtsawend starb unser Bübche. Es lag im Sarg, un im Newestibbche stannen sei Brüderche und Schwesterche betriebt an ihrm Christbäämche. Am zweite Feierdagmorjend bin ich im diefe Schnee hinner der schwarze Leichekutsch enaus uff den Friedhof gedaumelt. Mei alter Jugendfreund dorch Glück un Leid, mei Freund Fabricius, hat mich fest am Aarm gehat. – Ach, es war nötig.«

Stoltze war aber auch selbst oft von Krankheit heimgesucht. Sein Herzleiden, das ihm der Typhus zurückließ, hatte er nie ganz verwunden; unter der Sorge, die er immer davor haben mußte, aus Unbedacht in die Hände darm- oder kurhessischer Gendarmen zu geraten, hatte eine neurasthenische Verstimmung sich zur sogenannten »Platzscheu« entwickelt, so daß er ohne Begleitung es nicht über sich vermochte, einen Platz zu überschreiten. Jetzt mußte der Arzt eine ernstliche Herzerweiterung konstatieren. Der Sohn des Hofrat Stiebel, Dr. Fritz Stiebel, verstand es zum Glück ausgezeichnet, die sich gleichzeitig einstellende Hypochondrie zu bekämpfen. Er war selbst Humorist und hatte für das »Frankforterische« in Stoltzes Humor das feinste Verständnis. Da er als Stellvertreter und Helfer des Vaters in allen Bevölkerungskreisen herumkam, wußte er dem Patienten stets viel zu erzählen, und so mancher »gute Stoff« ist dem Dichter auf diese Weise von seinem neuen Hausarzt zugetragen worden. Übrigens wechselten in Stoltzes Befinden die melancholischen Stimmungen mit solchen der Gehobenheit, und in diesen konnte sein Humor immer wieder ein Lebensbehagen ausströmen, als sei der Dichter gesünder als alle Gesunden.

Reichlich kam der Sachsenhäuser Humor in den damaligen Krebbelzeitungen zur Geltung. Der »Offene Brief an Herrn Petsch, Äpfelweinhändler in Berlin« erschien 1856, der andere an den türkischen Sultan über die Verwandtschaft des »Derkischen« mit dem Sachsenhäuserischen und die beste Art, den Äppelwei zu trinken, 1857. Wie eng im Wesen des Sachsenhäusers die Gutherzigkeit mit der Grobheit verschwistert ist, bezeugte die Anekdote: »Gestolpert«. Da wird erzählt,

»wie Aaner von Frankfort in der Sachsehäuser Gärdnerei spatziern gange is. Un wie err die Quetschebaam in stiller Naturbegeisterung betrachtet hat, is er iwwern Krautdarschte gestolwert un weer derr beinah hingefalle. Un wie err so gestolpert is, heert err uff amol Aan hinner sich sage: No, dumm Oos! Un wie err sich erumgedreht hat, hat Aaner met Hemsärmel un ere Butt uffem Buckel vor em gestanne. Aar hett sich schie weh dau kenne! – Odder, zem Deiwel zu, wann ich merr aach weh gedahn hätt, so hätt ich merr mir weh gedah, verstehn Se mich? Sie! – Guck e mol aa! No wann Aar nor hingefalle weer un hätt e Baa gebroche, wer hätt en dann haame trage misse als ich?«

Lustige Harmlosigkeiten dieser Art machten die Krebbelzeitung immer mehr auch in jenen Kreisen beliebt, wo man sich nach den Enttäuschungen des Jahres 1848 von der Politik mehr oder weniger zurückhielt. Eine solche Dichtung, »Das Gänsi«, war es, die dem Dr. Heinrich Hoffmann zu Weihnachten 1856 die Idee zu einer liebenswürdigen Aussprache seiner Sympathie für den Dichter eingab, dem er nun schon so viel heitere Stunden zu danken hatte. »Das Gänsi« schildert die lustige Spitzbüberei eines armen Schelms, der sein mageres Gänschen seinem wohlhabenden Nachbar, einem Schneider, zulaufen läßt, es aber, als es schön fett herangemästet ist, von diesem als sein Eigentum reklamiert. Dr. Hoffmann, der Gründer des »alten Bürgervereins«, war in gewissem Sinn ein politischer Gegner Stoltzes, ein »Gothaer«. Das focht ihn aber nicht an, und er fand unter seinen näheren Bekannten schnell dreißig, die sich an der geplanten Übersendung eines fetten »Gänsi« mit einem Dutzend Flaschen Hochheimer Auslese samt dem von Hoffmann verfaßten Scherzgedicht beteiligten. Das Gedicht trug die Überschrift »Dem borjerlichen Dichter und Nikelose- und Krebbelzeitungsschreiber, Herrn Friedrich Stoltze«. Der Anfang war eine ebenso humorvolle wie rückhaltlose Huldigung:

Es wechst in Frankforts Gärtnerei
Kaan Lorbeer, dich ze schmicke;
Unn uff 'm Roßmarkt steh'n schon drei;
Ihr deht eich owe dricke.

Mit Dichterkranz un Monement
Is, gucks de, nix ze mache;
Unn vor'n Lewend'ge sinn am End
Des aach kaan rechte Sache.

Du giebst de annern Leit ihr Fett,
Un henkst en an e Schwänzi;
Jetzt kriehst des aach; do wern mer wett:
Mer schicke dir e Gänsi.

Mer hätte's in Loschi un Mast
Gern gewwe erscht dem Schneider,
Doch hawwe mer die Zeit verbaßt,
So geht's uns, Deitsche, leider!...

Der Schluß lautete:

Dicht' weiter! Sag' wos recht un wohr!
Sei lustig, unn sei fleißig!
Mer rufe der noch: Prost Neijohr!
Mer sein er Unser dreißig

ergebenste
Nikelose- unn Krebbel-Zeitungs-Abonnente.

Stoltze nahm die Gabe auf, wie sie geboten war. Die nächste Krebbelzeitung brachte das Gedicht der »dreißig unbekannten Wohltäter« mit einem poetischen Dank, der für jeden Witz der Spender eine schelmische Antwort hatte. Es blieb ihm wohl nicht unbekannt, wer der Anstifter der Überraschung war und daß die Gabe aus den Kreisen des »alten Bürgervereins«, also der »Gothaer«, stammte. Stoltzes Freunde im »Neuen Bürgerverein« wollten sich aber nicht ausstechen lassen. Und als die nächste Fastnacht herankam, sandten sie ihm einen Waschkorb voll Krebbel mit dem dazugehörigen Sekt. Das humoristische Begleitgedicht war hochdeutsch und neckte den Dichter, daß er als Familienvater im Produzieren fleißiger denn als Schriftsteller sei. Der Verfasser war Albrecht Vogtherr, der spätere Generaldirektor der »Providentia«, damals noch Direktor der Frankfurter Aktiengesellschaft für Rhein- und Mainschiffahrt. Neben Hadermann und Reinganum gehörte er mit Julius Friedleben, Siegmund Müller, Friedrich Textor und Ludwig Supf zu den Führern der neuerstarkten demokratischen Partei, die im Herbst 1956 zum ersten Mal wieder seit der gewaltsamen Auflösung der »Konstituante« an den Wahlen zum Gesetzgebenden Körper teilnahm und zwar auf Grund eines Wahlbündnisses mit den »Gothaern«. Den Anlaß dazu bildete die Verfassungsreform, welche die Trennung der Justiz von der Verwaltung in der Freien Stadt Frankfurt durchführte.

Die Herrschaft des »schwarzen Körpers«, der als gefügiges Werkzeug des Bundestags die liberalen Gesetze aus dem Jahr 1848 unterdrückt hatte, war nicht von Dauer gewesen. Seit 1853 herrschte im Gesetzgebenden Körper die »gothaische« Partei, deren Führer im Bundestag die Protektion Bismarcks genossen, obgleich die Gothaer in Preußen selbst noch unterdrückt und verfolgt wurden. Während die Frankfurter Demokraten den durch die Reaktion im Römer geschaffenen Zustand als ungesetzlich erklärten und jede Kapitulation versagten, betrieben die Gothaer eine Kompromißpolitik, die zwischen liberalen Vorstößen und reaktionären Zugeständnissen wechselte.

Das Wahrzeichen der Stadt: »Frankfort am Pathorn, soll merr sage bloß, Der Maa, deß is e hergeloffe Oos!« (Die photographische Aufnahme des Doms von der Paulskirche her machte C. F. Mylius 1864.)

Durch das Gesetz vom 16. September 1856 wurde die gesamte Justizpflege auf eigene Füße gestellt. Das Appellationsgericht und das Stadtgericht, bis zum Schluß des Jahres 1856 mit Rechtsgelehrten der 1. und 2. Ratsbank beschickt, wurde mit Räten besetzt, die, lediglich im Richteramt stehend, aus der Wahl des Senats und des Gesetzgebenden Körpers hervorgegangen waren. Bei der Wahl zum Gesetzgebenden Körper im Oktober 1856 erlangten die Gothaer die bisherige Majorität wieder; als schwerer Fehler erwies es sich aber, daß sie bei der nunmehr erfolgenden Besetzung der neuen Richterstellen sehr einseitig die Mitglieder ihrer Partei bevorzugten. Die Aufbesserung der Senatorengehälter, der Beschluß, das städtische Mainufer umzubauen, weckten gleichfalls vielen Widerspruch. So geschah es, daß im Jahre 1857 der »gothaische Körper« völlig abwirtschaftete. Die Neuwahlen brachten in der Gesetzgebenden Versammlung die Demokraten wieder ans Ruder.

Am Wahlkampf von 1857 hatte sich Stoltze in einer Extrabeilage zum »Volksfreund« beteiligt, die den Titel »Der Frankfurter Addler auf der Mehlwag« führte. »Guckt derr«, redete er darin die »Gothaer« an, »ihr meegt ganz liewe und charmante Leute sei, merr hawe nix dergege, odder ihr seid uns zu dheier, viel zu dheier!« Eine Wiederwahl der »Gothaer«, spottete er, würde den Frankforter Addler noch auf die »Mehlwag«, das Schuldgefängnis, bringen. Damals erschien am Kopfe der »Krebbelzeitung« an Stelle des Harlekins mit der Pritsche der Frankfurter Adler, der den Kopf kräftig aus der Hülle einer Narrenkappe erhebt. Der Inhalt des Blattes nahm hinfort lebhaft an den politischen Angelegenheiten Frankfurts Teil. Die »Verbindungsbahn«, vom Volksmund »Wasserrattenbahn« genannt, war ein sehr ergiebiges Thema. Stoltze gewann ihm aber auch eines seiner schönsten lyrischen Dialektgedichte ab; denn der Umbau des Mainufers, den die 1858 eröffnete Verbindungsbahn nötig machte, bewirkte die Beseitigung des sogenannten Kleinen Mains und hatte die Herstellung der schönen Kaianlagen durch die Gärtner Rinz und Weber zur Folge, die Stoltzes Gedicht »Der kleine Main« verherrlicht.

Kaa Kindche is so schee begrawe,
So lieb als wie der klaane Maa,
Kaa Ferschtesoh, kaa Edelknawe,
Un wär ihr Grab von Marmelstaa.

Der edelst Rase dhut en decke,
Der zärtst un duftigst Roseflor,
Des feinst Gehölz, die grienste Hecke,
Des schlankste, schwankste Blumerohr...

Des steile Ufer, dem sei Ränder
So oft bespielt der klaane Maa,
Es blieht bis owe an's Geländer,
Un Rose wachse aus de Staa.

Un wo merr mit der Angel saße
Als Bub im Nache manchen Dag,
Da laafe jetzt uff grinem Rase
De Schmetterling die Kinner nach.

Sie spiele uff deselwe Stelle
Im Sand, un wo ihr Händche wihlt,
Da hawwe in de grine Welle
Emal die Fischercher gespielt.

Un wo aanst Schiff an Schiff gelege,
Im Winterhalt e Mastewald,
Fahr'n jetzt der Eisebah ihr Wäge
Un is e Sommeruffenthalt.

Bei so em Sommerdag, em schwile,
Wie dhut aam hie e Schatte gut!
Doch Niemand denkt, daß da im Kihle
Dem Vatter Maa sei Söhnche ruht...

Im Jahre 1858 stellte der Dichter den Hauptinhalt der bisherigen Nummern seines Blattes in dem Lieferungswerk »Gedichte un Geschichte eines Frankfurters« (Verlag der Kreppelzeitung) zusammen.

So kam das Schillerjahr 1859 heran, das im Anfang für ganz Deutschland ein Jahr des Kriegs zu werden drohte. Österreich, jetzt mit Rußland in Folge des Krimkriegs verfeindet, mußte zu den Waffen greifen, um dem feindseligen Bündnis von Louis Napoleon und Victor Emanuel gegenüber seine italienischen Provinzen zu verteidigen. Vergeblich bemühte es sich in Frankfurt und Berlin, das übrige Deutschland sofort auf seine Seite zu bringen. Mit Erfolg vertrat Bismarck als Ratgeber des Prinzen Wilhelm, der jetzt an Stelle des erkrankten Bruders in Preußen die Regentschaft führte, seine Überzeugung, daß Österreichs auswärtiger Besitz keine deutsche Angelegenheit sei. Schon hatte er den diplomatischen Krieg mit Österreich begonnen, der den verderblichen Ansprüchen des Erzhauses auf die Hegemonie in Deutschland ein Ende machen sollte, aber zugleich sich durch sein scheinbares Fraternisieren mit Frankreich um das Vertrauen fast aller nationalgesinnten Deutschen gebracht! Das liberale Deutschland wollte, Preußen solle am Rhein die Interessen Österreichs am Po verteidigen helfen; daß sich der Prinzregent nur zögernd zum Rüsten verstand, weckte in Süddeutschland lauten Widerspruch. Damals fand Stoltze als Erster jenen volkstümlichen Ton für die Abwehr der Anmaßungen Napoleons, der später in der Kriegslyrik von 1870 so starke Erfolge erzielte. Noch im April, kurz nach der Abberufung Bismarcks, der als Gesandter nach St. Petersburg ging, brachte die Krebbelzeitung die trutzigen Strophen »An den Moniteur«:

Der Musje Moniteer
Meent Wunner was er weer!
Der meent, der gallisch Gickel,
Kräht der en Drohartikel,
So zittert Land und Meer.
Oho! Herr Moniteer!

Am End da glaabst de, gelt?
La France, deß weer die Welt?
Un alle annern Lumpe?
Die kennt meer nur so stumpe,
Wie's dem Musje gefällt?
Deß glaabst de, Berschi, gelt?

Deß glaabst de, Berschi, gelt?
La France, deß weer die Welt?
Komm' nor zu uns eriwwer,
Merr weern dich uffklärn driwwer,
Wie sich die Sach' verhält!
Aach mir sein uff der Welt!

Aach mir sein uff der Welt!
Vom Rhein bis an de Belt!
Vom Sund bis an die Alwe!
O Deitschland allenthalwe
E aanig Volk gesellt!
Aach mir sein uff der Welt!

»Enaus mit Österreich!«
Gew' Acht, es laaft derr gleich!
Un läßt sich annerscht daafe,
Un mir, mir helfem laafe,

Merr helfem laafe feig!
Schwätz so kaa olwern Zeig!

»Zur Lombardei enaus!«
Da, Freindche, werd nix draus!
Schaff' du vor alle Dinge
Borgund und Lotheringe
Und's Elsaß uns eraus!
Sonst werd der ja nix draus!

Hie Östreich! Deitschland hie!
Merr haltem die Barthie;
Un weer dersch unser Klaaner
Der Greiz-Schleitz-Lowenstaaner,
Des Dippelche vom i,
Merr haltem die Barthie!

Un unser scheener Rhei,
Der leucht derr aach wohl ei?
Laß derr dei Stiwwel sohle
Un komm un duh derrn hole!
Merr weern zugege sei
An unserm scheene Rhei...

Wohl war der Prinzregent von Preußen entschlossen, sobald deutsches Bundesgebiet verletzt würde, einzuschreiten, aber er beanspruchte die Führung am Rhein. Doch Österreich schloß lieber den Frieden von Villafranca unter Preisgabe der Lombardei, als daß es dies zugegeben hätte, und Kaiser Franz Joseph verkündigte in einem Manifest, er habe Frieden schließen müssen, weil Preußen ihn im Stiche ließ.

Im Jahre 1857 war Bismarck in geheimer Gesandtschaft in Paris am Hofe Napoleons gewesen. Seit jenen Verhandlungen, in denen Bismarck zwar Bündnisverträge von Napoleon empfing, aber zurückwies, hatte sich in Deutschland aus der diplomatischen Welt in immer weitere Kreise das Mißtrauen verbreitet, es bestehe ein solches Bündnis, und dies Mißtrauen steigerte sich nun. Man sprach und munkelte von Gebietsabtretungen und Annexionen, die sich Frankreich und Preußen gegenseitig garantiert hätten. Es war übermütiger Hohn auf diese fälschlich angenommene Politik, wenn Stoltze in der gleichen Krebbelzeitung vom April 1859 das folgende humoristische Inserat brachte:

»Vorläufige Anzeige.

In de nächste Däg wird erscheine un in alle solide Buchhannelunge zu hawwe sein:

Die Zukunftskaart von Eiroba im Jahr 1860, vom Standpunkt der Krebbelzeitung aus.

Ein Folioblatt mit Frankfortischem Text. Preis 6 kr.

Da jetz bereits e franzeesch un e deitsch Zukunftskaart von Eiroba erschiene is, so is e dritt im Bund dringend nothwendig worn. Diesem Iwwelstand soll odder dorch e Zukunftskaart der Krebbelzeitung grindlich abgeholfe weern. Es duht merr odder schon im Voraus uffrichdig for'sch Großherzogduhm Hesse laad, dann weil merr da net hinderfe, so hawwe merrsch ewens ohne weitersch Frankfortisch mache misse. Daderdorch wird odder aach Nidderorschel hibb der Bach un Nidderorschel dribb der Bach widder e aanig deitsch Vatterland weern. Ofebach, Darmstadt un Meenz wärn for Vorstädt von Frankfort erklaart un ums Ganze vom Stadtgärtner Rinz e groß Promenad gezoge, wodorch sehr viele neie Bauplätz entsteh dehte un der Spekelation e groß Feld geeffnet weern deht. Daderdorch käm aach zugleich Darmstadt an Maa zu leihe un Frankfort an Rhei, was en Baade zu gunne wär. Bei Enkheim un Seckbach wird Kurhesse an Frankfort des link un recht Mexterbruch-Ufer abtrete misse, wodurch der Mexterbruch, wenn aach kaa ganz reiner odder doch e ganz frankfortischer Fluß weern deht. Daderrfor muß odder Kurhesse entschäddigt weern. Merr weern em Sardinje gewwe...«

In diesem Tone ging es fort. Paris sollte homburgisch werden, Preußen Bronzell bekommen.

Als um dieselbe Zeit der »Kladderadatsch« den »Franzosentoast« verhöhnte, den Bismarck vor seiner Abreise von Frankfurt in einer Gesellschaft bei Bethmanns gehalten haben sollte, schrieb dieser aus St. Petersburg an seine noch in Berlin weilende Frau: »Ich brachte die Gesundheit von Marie Bethmann aus. Ist es nicht eine Schändlichkeit gegen die, daß man sie mit einer preußisch-französischen Allianz für gleichbedeutend hält.« Etwas später schrieb er an einen vertrauten Freund das bekannte Wort: »Wenn ich einem Teufel verschrieben bin, so ist es ein teutonischer und kein gallischer.« Der Kaiser Franz Joseph aber gab nunmehr seinem Minister des Auswärtigen, v. Rechberg, freie Hand, um im friedlichen Wettkampf mit Preußen in Deutschland »moralische Eroberungen« zu machen. Rechbergs Politik ging darauf aus, eine gesamtdeutsche Union, das Siebzigmillionenreich in Zentraleuropa, herzustellen, unter dualistischer Spitze mit Gleichberechtigung Preußens und Österreichs. Jetzt durfte das schwarzrotgoldne Banner wieder frei sich in Frankfurt entfalten. In preußischen und österreichischen Preßorganen war wieder ungestraft von Bundesreform, Zentralgewalt und Nationalvertretung die Rede.

In der bayrischen Kammer gab Völk dem Verlangen die Form eines Antrags. Im Juli und August tagten die Gothaer in Eisenach, und sie beriefen zur Gründung eines »Deutschen Nationalvereins« eine Versammlung patriotischer Männer auf den 15. September nach Frankfurt a. M. Man einigte sich hier über die Notwendigkeit eines neuen Parlaments leicht; das Verlangen der Gothaer nach der preußischen Hegemonie fand den Widerspruch der Süddeutschen. Die Frage wurde deshalb bei der Gründung des Nationalvereins offen gelassen.

In dieser Völkerfrühlingsstimmung wurde die Feier von Schillers hundertstem Geburtstag zum politischen Ereignis. In allen deutschen Städten wurde Schiller als der Dichter der Freiheit und der opferwilligen Hingabe ans Vaterland gefeiert, und zahlreiche Denker und Dichter, die 1848 die Zierde des ersten deutschen Parlaments gewesen waren, wie die großen Idealisten der Revolution, traten wieder hervor an die Öffentlichkeit und wurden zu begeisterten Mahnern des deutschen Volkes.

Im Gedenken daran, daß auch Schiller das Märtyrerleid der politisch Verfolgten getragen, schrieb Stoltze für die Schiller-Nummer seiner Krebbelzeitung das schöne Gedicht, das zu seinen bedeutendsten lyrischen Schöpfungen in Frankfurter Mundart zählt. Der junge Schiller hatte einst auf der Flucht vor dem Zorn seines Herzogs aus Schwaben in Sachsenhausen im Gasthof »Zu den drei Rindern« Einkehr gehalten. Auf der Wanderung von Darmstadt nach Frankfurt war er im Wald ermattet zusammengesunken. Von dieser Lokalerinnerung ausgehend, gestaltete Stoltze eine Huldigung, die sich aus der Sphäre echt volkstümlichen Humors zur reinsten Stimmung poetischer Andacht erhob. An der Vorbereitung des Festzugs, der sich in Frankfurt zu einer so glänzenden Kundgebung des deutschen Idealismus gestaltete, war Stoltze im Wetteifer mit Schalck hervorragend beteiligt. Als aber der Tag herankam, steigerte sich sein Herzleiden derart, daß er kaum die Kraft hatte, Zeuge der Festlichkeiten zu werden, deren Höhepunkt die Festrede Reinganums vor dem Modell eines Schillerdenkmals war, das I. Dielmann hergestellt hatte.

Schon 1860 war Friedrich Stoltze in Frankfurt allgemein bekannt. Die von Carl Hummel herausgebrachte »Hummels-Zeitung« trug auf ihrer ersten Seite für ihn ein Widmungsgedicht. ▷

An das verehrliche Publikum!

Hier schick ich Euch mei Blatt enaus
Ich hoff' Ihr schaffts Euch All in's Haus,
Is mancher Versch aach holbrich d'rei
Sollt Ihr net mit ze fridde sei,
So denkt sechs Kreuzer wieht kaa Pund
Der Wille kam aus Herzensgrund.
Is aag net Alles grad drei wahr
Werd' Manchem doch sei Standpunkt klar,
E bissi lije muß merr doch
Dorgs lije steht so Mancher hoch,
Die Wahrheit hert Ihr doch net gern
Drum bleib' die Lij Euch niemals fern.
Mei Freund der aach in Baden war
Dem sagt ich jingst die Wahrheit klar,
Drauf sah er mich verwunnert an
Und sagt zu mir du dummer Mann.
Mit Wahrheit kommst de net sehr weit
Sei mit der Lije stets bereit,
Sagst du ner Wahrheit, so klingt's grob,
Ich dreh' derr ganze Welt e Zopp.

Nachruf an das Schillerfest
vom 10. November 1859.

Der Himmel war mit Sonnenschein,
Der Hammel nickte fröhlich drein,
Der Hummel ging mit frohem Muth,
So waren alle Drei mir gut.
Wenn's Regen gab an jenem Tag,
O Himmel welche große Plag,
Der Hammel stand am guten Ort,
Der Hummel bracht die Fahn nicht for..
Der Hummel ging mit seiner Fahn
Dem Hammel würdig stolz voran,
Der Himmel gab sein Segen her,
Ein solches Fest sehn wir nicht mehr.
Der Herr, der hat uns wohl gewollt,
Der Himmel war uns Alle hold,
Der Hummel hat sich nicht erkält,
Der Hammel wurd in Stall gestellt.
Nun sind wir All' gut aufgehoben,
Ihr müßt im Stillen ur*
Wir halten bestens uns
Beim nächsten Fest könnt

HUMMELS-ZEITUNG

verfaßt und redigirt von eme

VI

Danzprofesser der grad so haaßt.

Erster Jahrgang.

Frankfurt Juni

Dem Herrn
FRIEDRICH STOLTZE

gewidmet mit Erinnerungen an meine Jugendjahre.

Du Ferscht der deitsche Humoriste
E ganz gemithlich Männche bist de,
Des Dichte aag, des host de los
Dei Kreppelzeitung is famos.

Wie scheen is doch Dei Schillerlied,
Was leid do trei dorr e Gemith,
In jeder Zeil, in jedem Wort
Sitzt Witz un Geist am rechte Ort.

Du host's so scheen dohin geschriwe,
Dei Geist is net zerickgebliwe,
Host Herz un Witz so scheen verzint,
Ich hab' gelacht un hab' geweint.

Wer mir so e Talent gegewe,
Ich geb e Jahr aus meinem Lewe,
Was wollt ich Euch vorr' Verscher mache,
Das Herz im Leib mißt Euch stets lache.

An mir is Hopp' un Malz verlorn
Weil ich in Offebach geborn,
In meiner Vatterstadt am Main
War einst die Wissenschaft sehr klein.

Bin zwanzig Jahr schier alt gewese
Konnt net recht schreiwe net recht lese,
Die Schulen, ach daß Gott erbarm,
Die warn vor verzig Jahr sehr arm.

Der Haupt-Professer war der Stock,
Den fihlt ich schwer durch Wams un Rock,

Die Schul des war die greßte Plag,
Dann Schmiß hots gewe jeden Dag.

Der gesunfte Esel ging ze Grund,
Doch ich blieb immer kerngesund,
Ich liebte stets die frei Natur,
Von Wissenschaft hat ich kaa Spur.

Wann ich als Bub vergnigt wollt sein,
Da ging ich schleife uff den Main,
So gingen nun die Jahre hin,
Für Wissenschaft hat ich kaan Sinn.

Doch speter haw ichs fihle misse,
Wie wurd ich in die Welt geschmisse.
Ging hungrig schlafe manche Nacht,
Das Schicksal hat mich klug gemacht.

So ganz verlasse war ich nie,
Ich hatte stets e froh Genie,
Mei heit'rer Sinn der macht mich reich,
Stellt mich dem Ferscht un Kenig gleich.

Wann ich mein frohen Sinn verlier
Dr wehr ich ärmer als e Tier,
Dann uff der Welt Danzmaster sein
Des is wahrlich die greßte Pein.

Zumal wann mersch so lang schund treibt
Un owe drei so stark beleibt,
Un acht, neun Stunne gibt de Dag
Des is waas Gott die greßte Plag.

Drum hats der Herr recht gut gen
Hat mich so reichlich hier bedacht,
Er schenkte mir en frohen Sinn,
Den will ich halten immerhin.

Der ist das Einz'ge was ich hab',
Den will ich nehmen mit ins Grab
Drum leb' ich froh uff dieser Welt
Bin Millionär aach ohne Geld.

Hätt' ich in Gulde die Millione,
Dich würd' ich keniglich belohne,
Vorr mich allan nor mißte schreiwe,
Mißt mir damit die Zeit vertreiwe.

Doch kennts am End die Leut verdi
Weil se Dich net mer genieße,
Die Stadt hätt' dann e groß Malh
Die Krebbelzeitung kreem net mehr.

Drum denk ich halt es bleibt beim
Die Stadt soll Dich noch lang beha
Sie hätte ja nix mer ze lache,
Waun ich zum reiche Mann Dich m

Ihr gebt mir all wohl recht, net wa
Schreib Krebbelzeitung zwelf im Jah
Bring uns recht bald e neues Blatt,
Es fraat sich druff die ganze Stadt.

15 Die Flucht von Königstein

Statt am Festzug teilzunehmen, konnte ihn sich Stoltze nur bei Freunden von einem Fenster in der Neuen Kräme aus ansehen. Schalck, der sich kurz vorher mit der Vorsteherin eines Töchterinstituts verheiratet hatte, lud ihn so dringend ein, am Nachmittag einer Aufführung in dem Institut beizuwohnen, daß er es nicht abschlagen konnte. Hier aber kam die Krisis zum Ausbruch. In der folgenden Nacht verfiel er in ein schweres Fieber mit quälenden Anfällen, die seine Mary in Verzweiflung versetzten. Das Fieber dauerte an, und kaum konnte der Patient wieder aufstehen, so verlangte es ihn in die Stadt, um näher den Ärzten zu sein.

Er zog in die Gr. Bockenheimer Gasse, in die Nähe der »Harmonie«. Ein Freund, der Kaufmann Peter Schölles, riet zu einer Wasserkur und empfahl, den »Wasserdoktor« in Bad Königstein, den Medizinalrat Dr. Pingler, zuzuziehen. Dieser kam und riet, trotz des Winters sofort mit einer energischen Wasserkur in Königstein zu beginnen. Die Stoltze-Kinder wurden bei Verwandten untergebracht. Es lag tiefer Schnee, als der Kranke von Schölles und seiner Mary begleitet, mit der Post in das Taunusstädtchen hinausfuhr. Im »Löwen« der Gebrüder Pfaff stiegen sie ab. Durch kalte Abreibungen, Halbbäder und das Tragen eines Neptungürtels sowie durch anhaltendes Gehen und Steigen in der verschneiten Bergwelt kam Stoltze wirklich wieder zu gesundem Schlaf; aber die Genesung dauerte lange.

Welche heroischen Liebesdienste ihm damals die geliebte Frau, die gerade wieder der Geburt eines Kindes entgegensah, opferfreudig geleistet hat, hat der Dichter in Vers und Prosa bis an sein Ende gepriesen. Tapfer zog sie ihm auf den verschneiten Bergpfaden voran. »Was se iwerdeß unnerwegs und iwerhaapt von ihrm Mann hat ertrage, der dem dollste Hypochonder verfallen war, des will ich aus Bescheidenheit gege mich selbst verschweihe.«

»Die Kur war hart, aber sie hat geholfen. – Ich konnt widder schlafe, freilich aafänglich nor e korz Zeit; – es kam aach emal widder e ganz schlaflos Nacht derzwische, – daderrfor schlief ich awer aach manchmal sechs bis acht Stunn ununnerbroche. Mit dem Schlaf kam aach allmählich das Vertraue in mich selbst widder. Am Weihnachtsawend kam mei Döchterche Lyda nach Königstaa un bracht merr e brennend Christbaamche. Die Passagier im Postwage hatte ihr, korz vorm Aussteihe am Pfaffsche Hotel, die Lichtercher aagesteckt. – Wenigstens aans von meine Kinnercher bei merr zu hawe, hat mich ganz glicklich gemacht. – Awer es stanne aach allerneiste Vatterfreude bevor, un dessentwege mußte mer uns nach ere Privatwohnung umseh. Mer fande aa, grad unserm Gasthof gegeniwer. – Mer ließe unser Möwel aus Frankfort vom Röderberg nach Königstaa komme, un bald warn aach all unser Kinnercher widder bei uns un merr warn widder beisamme. – Am 17. Januar 1860 beschenkte mich »mei Mary« widder emal mit em junge Sohn (des gehört alles zu ere Kalt-Wasserkur), dem merr, aus uffrichtiger Dankbarkeit den Name Simon Hermann beilegte, ohne de Pathe selbst« (Simon Maas und Hermann Steger) »etwas zu sage, un der in des Königstaaner Geburts-Register als »Frankforter Stadtkind« feierlich eigetrage ward. Die Fraa Göbel vom Röderberg hat en iwer die Daaf gehalte un er hat bedeitend gekrische... Die Frankforter, die uns iwerhaupt e Dhaalnahm an unserm Schicksal bewisse hawe, die uns im dankbare Gedächtnis bleiwe wird, hat des Stadtkind e groß Fraad gemacht; un die Fassnachtsgesellschaft »Die Bittern« hawe bei ihrer Kappefahrt des Stadtkind in Gestalt von ere große Bobb im Triumph mit sich gefiehrt. Die Königstaaner awer hawe nem zu Ehre e groß Schlittenfahrt nach Kroneberg gemacht. – E riesiger Schmiedmeister hat daderrbei die Säugamm dorchaus lustig vorgestellt. – Des alles kam nadirlich in die Zeitungen, un der Herr Kreisrath Willich von Ofebach scheint's aach gelese zu hawe.«

Und nun schürzte sich die Katastrophe. Am 26. Februar 1860 erhielt der herzoglich nassauische Amtmann v. Langen in Königstein spät am Abend aus Wiesbaden den Befehl, Stoltze auf Requisition des Offenbacher Landgerichts sogleich verhaften und über Mainz nach Darmstadt

Prießnitzbad, das »Kaltwasserbad« in Königstein.

abliefern zu lassen, und am andern Morgen in der Früh erschien ein Gendarm bei Stoltzes und überreichte dem Patienten, der eben von einer anstrengenden Schneewaterei heimkehrte, den Verhaftsbefehl. Gleich darauf erschien auch der Herr Amtmann, nicht ohne Verlegenheit, denn er hatte noch am Abend vorher mit Stoltze am Whisttisch gesessen. »Schämt sich Ihre Regierung nicht«, rief ihm außer sich Frau Mary entgegen, »einen kranken Mann ohne Urteil und Recht durch Winter, Nacht und Wetter zehn Stunden weit ins Gefängnis zu schleppen und der Bosheit und Privatrache eines hessischen Kreisrats auszuliefern? Bei dem Zustand meines Mannes ist Gefängnis und Tod gleichbedeutend. Sie wissen das so gut als wie ich! Wir sind hierher nach Königstein gekommen im Vertrauen auf die Humanität der nassau'schen Regierung!«

»An Staatsverträgen kann ich nichts ändern«, entgegnete kleinlaut der Amtmann; »ich habe nur dem Befehl meiner Regierung zu gehorchen.«

»Herr Amtmann!« rief aber da auch der Medizinalrat Pingler, der inzwischen eingetreten war, »ich protestiere hiermit als Arzt auf das entschiedenste gegen jede Gewalttat an meinem Patienten! Ein Transport nach Mainz und Darmstadt und gar eine Einkerkerung würden ihn töten oder wahnsinnig machen! Das ist unmenschlich über die Maßen.«

Der Amtmann verstand sich nach manchem Bedenken dazu, auf die Gefahr eines schweren Verweises hin, einen Tag zu warten. Ein Expresser sollte nach Wiesbaden ein Schreiben bringen, das die Regierung über die Sachlage aufklären würde. »Besteht aber die Regierung auf der Auslieferung, dann muß ich Herrn Stoltze unter allen Umständen an Hessen abliefern. Vor der Hand bleibt der Gendarm zur Bewachung des Verhafteten hier.«

Und nun erlebte Stoltze einen Triumph seiner Beliebtheit in Frankfurt, die sich auch auf die Bevölkerung in Königstein längst übertragen hatte. Der Bürgermeister Fischer machte sich trotz des herrschenden Schneegestöbers auf, um in Wiesbaden beim Herzog Adolf von Nassau zugunsten Stoltzes vorstellig zu werden. Fritz Pfaff entwarf sogleich einen Plan, den Gefangenen in der nächsten Nacht heimlich nach Frankfurt zu schaffen, und machte des weiteren nach dem Rezept »ein Drittel Wein und zwei Drittel Cognac« einen Schlaftrunk für den Gendarmen zurecht. Frau Mary setzte sich hin und schrieb einen Brief, der die Adresse erhielt: »An Herrn Dr. Reinganum oder Herrn Dr. Textor oder an das erste beste Mitglied des Neuen Bürgervereins.« Er enthielt einen kurzen Bericht über das Geschehene, über Pfaffs Hilfsbereitschaft und die Bitte um Hilfe. Diesen Brief brachte Fritz Pfaff noch am Abend persönlich in den Neuen Bürgerverein, nachdem er zuvor in der »Harmonie« seinen Freund Eduard Fay abgeholt hatte. Im Neuen Bürgerverein ließen sie sich Stoltzes alten Freund, den Schützenmeister Franz Fabricius, herausrufen, und zu dritt gingen sie nun zum Dr. Textor, der die wackeren drei in ihrer Absicht bestärkte, noch in der Nacht den bedrohten Freund aus Königstein nach Frankfurt zu schaffen. Das Nähere über die vom Glück gekrönte Rettung und Flucht, welcher die Aufgeregtheit des kranken Dichters und der Umstand manche Beschwernis schuf, daß der wirklich in Schlaf verfallene Gendarm Stoltzes Kleider in Verwahrung hatte, müssen die Leser in seiner eigenen Schilderung nachlesen. Stoltze mußte in einem Nachtjoppel seiner Frau, in Unterhosen und Straminpantoffeln, aus der Schlafkammer in die kalte Schneenacht hinausklettern. Halberfroren kam er im Pfaffschen Hotel an, wo ihn die Freunde mit warmen Kleidern versahen. Den beiden Rettern Fay und Fabricius widmete er zwei Jahre später die nunmehr erscheinende Sammlung seiner hochdeutschen Gedichte. Die Widmung beginnt:

In wilder Nacht, voll grauser Dunkelheit,
Gepeitscht vom Schneesturm, auf verwehtem Pfade,
Stiegt ihr herauf vom fernen Maingestade
Und habt den armen kranken Freund befreit.

Wir floh'n durch Felsgeklüft, Gebirg' und Haid',
Am Abgrund hin auf eisbedecktem Pfade,
Und daß der Frost nicht dem Halbnackten schade,
Der grimme Frost, gabt ihr mir euer Kleid.

Doch nun galts auch noch die vom Kreisrat Willich immer weiter drohende Gefahr ein für allemal aus der Welt zu schaffen. Beim Herzog von Nassau in Wiesbaden wurde der Bürgermeister Fischer von Königstein, der einen Brief Pinglers mitbrachte, noch am Tag der Flucht vorstellig. Diese Fürbitten wirkten so günstig, daß der Herzog dem bald darauf um eine Audienz bittenden Amtmann v. Langen lachend zurief: er solle froh sein, daß er den Stoltze los sei. Der nassauische Ministerialrat beschloß, den Verfolgten bis zur Beendigung seiner Kur auf freien Fuß zu lassen. Am darmstädtischen Hofe, wohin sich Frau Mary persönlich auf Anraten des Hofrats Stiebel mit einem Empfehlungsschreiben des älteren Bürgermeisters Dr. Samuel Gottlieb Müller an den Minister v. Lindlof begab, verlief die Aktion nicht minder günstig. Der Großherzog ließ auf den Vortrag des Ministers hin die Untersuchung gegen Stoltze niederschlagen. Der großherzogliche Resident in Frankfurt, Dr. v. Leonhardi, gab dem Dichter eine Bescheinigung darüber. Und so konnte dieser im Frühjahr zur Beendigung seiner Kur wieder nach Königstein ziehen, wo er bis in den Oktober hinein mit Frau und Kindern blieb und wieder frisch und gesund ward.

Nicht wenig hatte zu seiner Genesung die Freude über das glückliche Gelingen seiner Flucht und den schließlichen Triumph über den schlimmen Kreisrat in Offenbach beigetragen. In dieser gehobenen Stimmung schrieb er das köstliche Altfrankfurter Charakterbild: »Von Frankfurts Macht und Größe«. Wie klein die Republik Frankfurt a. M., die geliebte Heimat, war, das hatte er während der sechs Jahre seiner Absperrung wahrlich wie kein Zweiter auszukosten gehabt, aber trotz dieser Kleinheit hatte ihm die Macht des kleinen Freistaats sicheren Schutz vor seinen Verfolgern gewährt. Es drängte ihn, dies auszusprechen. Oft hatte er auf seinen Spaziergängen in dem enggezogenen Grenzrevier an den guten seligen Großvater Rottmann denken müssen, der ihn zuerst aus dem Rebstöcker Hof hinaus auf die Höhe des Sachsenhäuser Wartturms geführt hatte, damit er allen Ernstes mit ihm die Größe der vaterstädtischen Herrschaft bewundere: »Des geheert all Frankfort, des is alles mitenanner nor Frankfortisch.« Jetzt schilderte er dieses Erlebnis, daß jedem alten Frankfurter beim Lesen dieser Erinnerung aus der Kinderzeit das Herz warm werden mußte. »Daher kimmt's aach her«, fügte er bei, »daß ich so e gelunge Frankforter Kind worn bin, un Leib un Lewe uff mei Vatterstadt halt.«

16 Frankfurter Latern

In jener Zeit der Genesung kam Stoltzes Humor zum höchsten Flor. Die nächsten Krebbelzeitungen brachten eine Reihe seiner besten Sachen. Auch die Gründung des wöchentlich erscheinenden Witzblatts »Frankfurter Latern« war ein Ergebnis dieser gehobenen Stimmung.

Eine lustige Notiz über Stoltzes Entkommen war im März durch die gesamte liberale Presse Deutschlands gegangen. Im »Kladderadatsch« hatte sogar ein Bild gestanden, das den Redakteur Stoltze zeigte, wie er in eine Mausefalle hinein- und glücklich wieder herauskroch. Das Bild hatte der Frau Stoltze nicht wenig Spaß gemacht; sie betrachtete oft mit Vergnügen jene Nummer des Berliner Witzblattes, in dem seit 1848 Ernst Dohm, David Kalisch und Rudolf Löwenstein in lustigem Wetteifer ihr Licht leuchten ließen, und eines Tages sagte Frau Mary zu ihrem Mann: Ein ähnliches Witzblatt, das alle Wochen erscheint, könntest Du eigentlich auf gut Frankforterisch herausgeben.

Die Idee reizte den Dichter, nur schreckte ihn anfangs der Zwang, den das regelmäßige Erscheinen des Blattes ihm zumuten würde. Der Maler Ernst Schalck aber, dem schon die Krebbel-Zeitung ihre wirksamsten komischen Bilder zu danken hatte, war gleich Feuer und Flamme für das Unternehmen. Dies war nicht unwichtig für den Erfolg, denn Schalck, eine fröhliche Künstlernatur, war ein vorzüglicher Karikaturenzeichner, der seinen Geschmack an dem Vorbild des genialen Gavarni geschult hatte. Eine berühmt gewordene Schöpfung Schalcks, die köstliche Karikatur einer »gemischten Patrouille« der Frankfurter Bundes-Garnison, erschien schon in einer der ersten Nummern und kam dann noch öfter zum Abdruck. »Gemischt« waren diese Patrouillen, weil jede aus Öster-

Ein Bild deutscher Einheit – Patrouille der Bundes-Garnison in Frankfurt am Main.
(Aus der Frankfurter Latern vom 22. November 1860)

reichern, Bayern, Preußen und Soldaten vom Frankfurter Linienbataillon in den verschiedensten Uniformen zusammengesetzt war. Stoltze gab der urkomischen Zeichnung die Überschrift: »Ein Bild deutscher Einheit.« Dies Kabinettstück politischer Satire wirkte so drastisch, daß die gemischten Patrouillen bald danach abgeschafft wurden.

Auch die Figur des »Hampelmann«, wie Schalck sie für die erste Nummer zeichnete und wie sie in tausendfacher Vervielfältigung in der »Latern« bis zum Tode Stoltzes zum Abdruck gelangte, ist weithin bekannt geworden. Der Herr »Hampelmann«, in verschiedenen Malßschen Volkspossen als »wollener und baumwollener Warenhändler« der Typus eines Frankfurter Kleinbürgers, war den Frankfurtern von dorther eine vertraute komische Figur. Die Hampelmanniaden »Herr Hampelmann im Eilwagen«, »Herr Hampelmann sucht ein Logis«, »Die Landpartie nach Königstein«, die der theaterkundige Malß nach dem Vorbild beliebter Pariser Volkspossen gestaltet hatte, waren noch sehr geschätzt, und der ausgezeichnete Komiker des Frankfurter Stadttheaters, Sam. Friedr. Hassel, wußte die Rolle des vergnüglichen Philisters mit dem weltstädtischen Schliff so ungemein lebensvoll zu verkörpern, daß er in ihr auf allen anderen größeren deutschen Bühnen als Gast stets willkommen war.

Als Stoltze und Schalck die Gründung der »Latern« vereinbart hatten, wählten sie den »Hampelmann« und außerdem den »Berjerkapitän« und das »Millerche« aus Malß' »borjerlich-heroischem« Lustspiel zu typischen Figuren, die etwa den »Müller und Schultze« und dem »Zwikkauer« des »Kladderadatsch« entsprechen sollten: Berjerkapitän und Millerche für satirische Zwiegespräche über lokale und auswärtige Angelegenheiten, den Hampelmann für Selbstgespräche und Solovorträge jeder Art, auch über Fragen der Politik. Die Zeichnungen des Berjerkapitän und des Millerche für die »Latern« sind aber nicht von Schalck geliefert worden. Der lebenslustige Künstler sah sich gleich im Anfang des Unternehmens durch gesellige Abhaltungen verhindert, mit seinen Arbeiten die verabredeten Termine einzuhalten, zumal er schon damals unter den Vorboten der Krankheit litt, der er vier Jahre später erlag. Ein anderer junger Frankfurter Künstler, Albert Hendschel, damals noch Schüler von Jakob Becker im »Städel«, sprang für ihn ein; er zeichnete nicht nur die beiden Charaktertypen, sondern auch den Titelkopf der »Latern«, so daß also bei der Gründung das Frankfurter Witzblatt in künstlerischer Beziehung von demjenigen Frankfurter Künstler seinen Charakter erhielt, der später als Zeichner dem Frankfurter Volkshumor die weiteste Geltung verschafft hat. Auch der junge W. A. Beer, dem die Kunst später die lebensvollen Gemälde aus dem russischen Volksleben verdanken sollte, wurde öfter von Stoltze zu Hilfe gerufen, wenn Schalck versagte. Eine besondere Leistung der genialen Kunst Ernst Schalcks war auch der große Prospekt »Frankfurter Laternenzug«, dessen humoristisches Motiv dem Laternenzug vom Jahre 1831 entnommen war. An diesen Zug wurde wohl auch gedacht, als der Titel »Frankfurter Latern« vereinbart wurde. Der Gedanke an die »Reichslaterne«, die seit 1849 sich auf dem »Pfarrturm« befand, mag bei der Wahl mit hineingespielt haben.

Über die satirische Meinung des Titels hat Stoltze sich oft, am treffendsten wohl in den Strophen der Probenummer »Es werde Licht!« ausgesprochen:

Samuel Friedrich Hassel (1798–1876), Komiker am Frankfurter Stadttheater, als Bürgerkapitän. »Berihmt gemacht hat err in aller Welt die Capedeene un die Hampelmänner.«

Man soll sein Lichtlein ohne Not
Nicht untern Scheffel setzen,
Das ist ein biblisches Gebot,
Das wissen wir zu schätzen;
Doch weil in dieser Zeit voll Wind
Stets in Gefahr die Lichter sind,
So stecken wir als kluge Herrn,
Das uns'rige in die Latern...

Und wer im Dunkeln wird erwischt,
Ob Armer oder Reicher,

Miller, Capitain und Eppelmeier: herausragende Figuren des Frankfurter Volkstheaters eines Carl Malß. Sie wurden von Friedrich Stoltze auch für seine Krebbel-Zeitung in Anspruch genommen.

Und wer jetzt noch im Trüben fischt,
Die Mucker und die Schleicher;
Wo Heuchelei des Pudels Kern,
Und die im Dunkeln munkeln gern –
Kurzum, wer Schlechtes nur bezweckt,
Dem wird ein Lichtlein aufgesteckt...

Im Oktober 1860 kehrten Stoltzes aus Königstein zurück, von wo aus die Vorbereitungen für das Unternehmen betrieben worden waren. Sie bezogen ein schön und heiter gelegenes Quartier am Schaumainquai in Sachsenhausen. Am 3. November kam die erste Nummer heraus. Die nähere Bezeichnung lautete: »Illustrirtes-satirisches, humoristisch-lyrisches, kritisch-räsonnirendes, ästhetisch-annoncirendes Wochenblatt, wo die Woch' zehn Tag hat.« Der Preis des Jahrgangs war auf 1 Gulden 12 Kreuzer festgesetzt. Die einzelne Nummer kostete 9 Kreuzer.

Die Titelfigur der »Frankfurter Latern«, 1860.

Für Format und Einrichtung war der »Kladderadatsch« das Muster. Der Titelkopf zeigte in der Mitte eine weithin strahlende Laterne, in deren Lichtkreis allerhand aufgescheuchtes Nachtgetier, Eulen, Fledermäuse, Hexen und Teufelchen flatterten. Neben der Laterne stand der Laternenmann auf Wache, und vor diesem defilierte eine Reihe typischer Gestalten, auf die es die Satire und Kritik des Blattes von vornherein abgesehen hatte. Am Schluß der Nummer standen folgende Angaben: »Verantwortliche Redaktion: Stoltze und Schalck. – Bureau und Expedition: gr. Eschenheimergasse 43. – Druck von C. Adelmann.«

Das Leitgedicht der ersten Nummer richtete seine Spitze gegen Louis Napoleon. Herr Hampelmann hatte sich über neue Polizeivorschriften zur Beschränkung der letzten Frankfurter »Herbstdäg« zu beklagen. Millerche und Berjerkapitän scherzten über die »steinerne Gerechtigkeit uffem Römerberg«. Mit noch harmlosem Spott wurde über den damaligen Jagdsport der Fürsten geulkt. Schalcks Hauptbilder zeigten auf dem »Welttheater« den Kaiser Napoleon dem Papst Pio Nono den Pantoffel küssen, »hinter den Koulissen« aber die beiden Figuren aufeinander losschlagen, während im Hintergrund Viktor Emanuel lauert. Das zweite Leitgedicht bot ein Programm: »Unser Wunsch«

Auf Preußen klopft der Münchner Punsch,
Der Kladd'radatsch auf Bayern,
Wir haben einen bessern Wunsch,
Wir haben einen treuern:
Daß Nord und Süd, daß Ost und West
Zusammenhalt' in Liebe fest!
Ein Herz und Mann, ein Schild und Speer,
Ein Schutz und Trutz, ein Volk und Heer.

Wir haben alle Einen Feind
Und mehr als Einen falschen Freund.
Die Liebe, die uns Frankreich schenkt,
Was England von uns Treues denkt,
Und was der Russe uns bewahrt,
Ist Alles gleicher falscher Art.

Und Feinde hier und Feinde dort,
Drum steh' zusammen Süd und Nord!
Und fort mit all dem kleinen Neid!
Daß rings die falschen Katzen
An unsrer deutschen Einigkeit
Vor Ärger mögen platzen!

Welt-Theater.

Auf der Bühne.

Hinter den Coulissen.

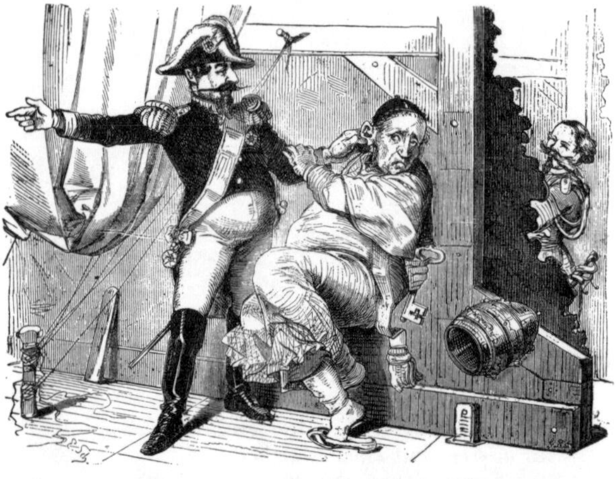

Verantwortliche Redaction: Stoltze und Schalck. — Büreau und Expedition: gr. Eschenheimergasse 43. — Druck von C. Adelmann.

Napoleon III. und Papst Pius IX. Für beide hegte die „Latern“ keine besondere Sympathie. (3. November 1860)

So wird's kommen!

Sie zerren hin und zerren her,
Zuletzt, als zweiter Alexander
Kommt eines schönen Morgens Er
Und haut das Seilchen auseinander.

Der Homburger Spielbank Trauerzug.

Arrangirt von Louis Blanc.

Verantw. Redacteur: Friedrich Stoltze. — Verlag von Fr. Stoltze. — Büreau u. Expedition, gr. Eschenheimerstr. 43. — Druck von C. Adelmann.

Napoleon als Schiedsrichter zwischen Österreich und Preußen, eine wenig erbauliche Vorstellung für die Latern. Auch das zum Spielsaalparadies im benachbarten Bad Homburg v.d.H. herbeiströmende Publikum aus der großen Lebewelt war Friedrich Stoltze nicht geheuer. Dem Spielbankenkönig Louis Blanc galt seine ganze Abneigung. (Frankfurter Latern vom 12. April 1866)

Hampelmann: Da haw' ich Ihne kerzlich ener Unnerhaldung zugeheert, die muß ich Ihne doch verzehle. Da is Ihne so e franzeescher Modelöb mit eme deitsche Kopp, e sogenannter Elegant, odder wie en der Heise in seim Fremdwerterbuch verdeitscht hat, e Schmuckebold und Hagebrunk, zu ere junge Dam' hingetrete un hat im reinste Franzeesch zu dere gesacht:

Bon jour, Mademoiselle!

Un da hat die jung Dam, die ääch ihr Bildung gehat hat, sehr ardig druff erwiddert:

Bon jour, Mosjee!

Commang vous portez vous? hat er widder gesacht.

Und da hat sie widder gesacht: Très bong, Mosjee!

Connaissez pas moi? hat er widder gesacht.

Un da hat sie widder gesacht: Nong, Mosjee!

Certain pas? hat er widder gesacht.

Tout certain pas! hat sie widder gesacht?

Da war en awer alle Zwää des Franzeesch ausgange. Un da hat der Herr widder gesacht: Erinnern Sie sich meiner würklich net?

In der That nicht! hat sie widder gesacht.

Mein Name ist Müller, hat er gesacht; erinnern Se sich jetzt noch nicht?

Müller? — Müller? — hat sie widder gesacht, Müller? Ich glaube diesen Namen schon einmal gehert zu haben!

No, haw' ich gedacht, ich ääch!

Herr Hampelmann, Leitfigur der »Frankfurter Latern« (Nr. 26, 6. Jahrgang 1865).

Mit der Bezeichnung »Das politische Glaubensbekenntnis des Blattes« brachte Stoltze auf der ersten Seite des folgenden Jahrgangs einen Abdruck seines schönen Jugendgedichts: »Zum Lichte sei dein Angesicht gekehrt.... Im Hochgefühle einer freien Seele!« Mit scharfer Polemik gingen gleich die ersten Nummern gegen den Spielbank-Unfug vor, der damals in der Bäderstadt Homburg unter der Leitung des Spielpächters Blanc üppig florierte, und mit gleicher Schärfe nahm Stoltze die Paschawirtschaft des hessischen Kurfürsten aufs Korn, dessen Willkür einen Verfassungskonflikt nach dem andern über sein Land brachte. Nach dessen Bilde schuf Stoltzes Humor seinen »Serenissimus«-Typus. Mehr mit Behagen und Frohsinn beteiligte sich der Dichter an den Kämpfen der Fortschrittspolitiker des Frankfurter Freistaats, die jetzt endlich siegreich mit dem veralteten Zunftwesen aufräumten und der Gewerbefreiheit zum Sieg verhalfen.

Mit besonderer Liebe arbeitete Stoltze die humoristischen Herzensergießungen seines »Hampelmann« aus. Er war nicht ohne Bedenken an die Wahl gerade dieser Charakterfigur gegangen. »Den Hampelmann der Bühne«, erzählte er später, »konnte ich nicht brauchen; ich wollte doch einen mehr unterrichteten Repräsentanten der Frankfurter Bürgerschaft. Ich verfiel dabei aber in den Fehler, daß ich den Herrn Hampelmann zuweilen mit Weltanschauungen ausstattete, die dem Philister schnurstracks entgegen sind, und ihn mit Urteilen über Kunst und Wissen versah, die er sich unmöglich in Babenhausen, wo er die Handlung erlernt hat, erworben haben konnte. Hassel selbst machte mich zuerst auf diesen Fehler aufmerksam.« Beim Jubiläum der »Latern« – 1885 – äußerte er hierüber noch weiter: »Eine so originell-komische Figur auch der Malßsche Hampelmann ist, so haftet ihm doch ein Philistertum an, das entschieden nicht dem Frankfurter Borjer eigen ist. Dem Hampelmann der Bühne merkt man zu viel seinen Ursprung an, den Pariser Bourgeois. Wir suchten dem Hampelmann der Latern, unbeschadet der Komik, etwas mehr Gesinnung einzuflößen, etwas mehr freien Bürgersinn und Charakter.«

Diese Umwandlung der überlieferten Figur hat sich übrigens nur allmählich vollzogen. Nicht von Anfang an wich Stoltzes Hampelmann von dem Malßschen in dem Grade ab, wie in der späteren Zeit, wo der Dichter sich oft völlig mit seiner Lieblingsfigur eins fühlte und Herr Hampelmann von seinem Settche genau so sprach, wie Stoltze es in anderen Dichtungen von seiner Mary getan hat. In den ersten Jahrgängen war Fabian Sebastian Hampelmann oft noch der angenehme Schwerenöter, der auf Ausflügen und Reisen den Galanten und Charmanten hervorkehrt, was übrigens auch ein Zugeständnis an den zeichnerischen Humor Schalcks war.

Aber schon der Hampelmann des Frankfurter Schützenfestes ist »gut borjerlich« in jedem Betracht. Er ist nicht nur stolz auf die Erinnerungen Altfrankfurts, sondern auch wahrhaft patriotisch und freiheitlich gesinnt. Sein Philistertum aber zeigt sich in jener nachgiebigen »deutschen« Gemütlichkeit in politischen Dingen, der Stoltze zeitlebens die Schuld gab, daß im Mai 1849 das deutsche Volk um die schon errungene Reichsverfassung kam. Stoltze hat diesen Zug nicht ohne Selbstironie verspottet, denn er fühlte zu Zeiten recht wohl, daß auch das Dichten von Freiheitsliedern, das satirische Verspotten der Regierungsmaßnahmen in Witzblättern ein unzulängliches Mittel sei zur Verwirklichung politischer Ideale.

Das Bankett beim großen Schützenfeste, an dem Herr Hampelmann mit seinem Settche teilnimmt – wie es der Herr Redakteur Stoltze mit seiner Mary in Wirklichkeit tat – war so recht geeignet für diese Art von Selbstironie, die sich nach des Verfassers Absicht das deutsche liberale Bürgertum überhaupt gesagt sein lassen sollte.

»Un daderrbei dem Mumm sei siffige Schitzewei un des Deitsch Vatterland von der Frankforter Militärmusik als Dafelmusik! Wem wär da mit dem Mage aach net zugleich des Herz uffgange? Un wann merr des Geschmetter der Kichetrombeet gehört hat, un wie uff des Signal die zweihunnert Kellner mit ihre weiße Studentekappe wie die Gawalleriegäul in die Kich gesprengt sinn, da is es aam ganz muthig ums Herz worn. Un wann merr so dere Hall enunner geguckt hat, un hat so des aanig Frankforter Deitschland an dene Hunnerte von Disch sitze seh, wie se des Aagenehme mit dem Nitzliche verbunne hawwe, un zu Kadoffelbrei un Bratworscht den sieße Schitzewei getrunke hawwe, un owe driwer hawwe die aanige Deitsche schwarzrotgoldene Fahnel geflattert, malerisch unnerbroche dorch die finfundreißig Deitsche engere Vatterlands-Fahnele! Un wie ich ehrscht geseh hab, in was for ere Gesellschaft sich unser Frankforter Addler befunne hat, als rechter Flichelmann un Adjedant vom große deutsche Reichsaddler un uff der anner Seit des Schweizer Wappe, un hab da geseh, wie zwaa Rebublicke den deitsche Addler in der Mitt hawwe, da haww ich mei Fraa da druff uffmerksam gemacht, un da hat die gesacht: ›Ach Gott, Hampelmann, merr wern doch kaa Rebublick kriehe!‹ Da haww ich awwer gesagt: ›Ei, dumm Gans, merr hawwe ja schon aa!‹ Un da hat se sich ganz ängstlich umgeguckt, un hat gesagt: ›Ei wo dann?‹ Un da haww ich widder gesacht: ›Ei, in Frankfort.‹ Un da is ihr's widder leichter ums Herz warn, un hat gesacht: ›No, for dere fercht ich mich net!‹ «

Mit dem ersten »Deutschen Bundesschießen« des neugegründeten Deutschen Schützenbundes, das am 13. Juli 1862 in Frankfurt begann, wurde die alte Reichsstadt wiederum zum Brennpunkt des politischen Lebens in Deutschland. Für das Schützenfest komponierte L. Gellert, der jetzt Dirigent des »Liederkranzes« war, Stoltzes flottes »Schützenliedchen«:

Das Bundesschießen 1862. Schießscheibe auf dem Oberforsthaus von A. Hendschel.

Grauer Rock und grüner Kragen
Und ein grünes Band am Hut,
Also mag's dem Schütz behagen,
Das ist schön und kleidet gut.

Grau, das soll die Nebel deuten,
Die da noch um Deutschland zieh'n,
Und die Hoffnung schön'rer Zeiten,
Das bedeutet unser Grün.

Der »Liederkranz« hatte am 17. Juli seinen großen Tag. Das Festspiel, von H. Weismann gedichtet, gab nicht nur der Schauspielerin Fanny Janauschek den Anlaß zu einer glänzenden Verkörperung der Germania, sondern entsprach mit seiner großdeutschen Tendenz so völlig der auf dem Fest herrschenden Stimmung, daß nach jeder der zwei Aufführungen ein wahrer Sturm der Begeisterung losbrach. Keinen geringeren Erfolg hatte Stoltzes »Schützen-Krebbelzeitung«. Sie enthielt: »Der Fremde, oder was aam passirt is, der kaan Schütz net uffnemme wollt«, »Der Schütze von Oberrad«, »Der Neuner in der Wetterfahne«, und Hampelmanns Erzählung vom »große Urschitzeschieße auf em Forsthaus 1848« mit der drastischen Frage an den Reichsverweser: »Kaiserlich Hoheit, hawe Sie vielleicht en Stoppezieher bei sich?«

Den großartigen Festzug hatte Ernst Schalck arrangiert, der für diese Leistung ein Ehrengeschenk erhielt, das ihm eine Reise nach Paris ermöglichte. Das Fest hinterließ für jeden der vielen tausend Teilnehmer unvergeßliche Erinnerungen, und der Präsident Dr. Siegmund Müller, dem man einen Fackelzug brachte, genoß seitdem eine ganz besondere Beliebtheit in Frankfurt. Der »Liederkranz«, der jetzt unter dem Präsidium von C. Adelmann stand, diente bei seinen festlichen Unternehmungen in der nächsten Zeit weiter der deutschen Einheitsidee im demokratisch-großdeutschen Sinne. Stoltze hat dafür manchen Beitrag geliefert.

Die wachsenden Hoffnungen der »Gothaer« auf die preußische Hegemonie vermochte er nicht zu teilen. Unvergessen war ihm die Zurückweisung der Frankfurter Kaiserdeputation im Berliner Königsschloß im Jahr 1849. Unvergessen, daß der neue König Wilhelm als Prinz von Preußen die Truppen gegen die Schilderhebung in Baden und der Pfalz für die Reichsverfassung geführt hatte. In Bismarck sah damals alle Welt noch immer das Haupt des preußischen Junkertums, und der Verfassungskonflikt im preußischen Abgeordnetenhaus machte auch die Mehrzahl der

Die deutsche Kaiserkrone.

Legt euch nich weiter jetzt an Laden,
Ihr Herrn von Nationalverein!
Die Krone is von Volkesgnaden
Und darf nich in des Schloß hinein.

Briefkasten.

Josepp; Unnöthige Befürchtung. — F. N. in Fr.: Die Strophe „Auf seinem Thron mit goldner Franze — Der —fürst sitzt im Hermelin, — Doch Gott der Herr liebt jede Wanze — Und jeden Floh so viel als ihn.“ War zur Aufnahme in die Laterne nicht geeignet. — ? in Oberursel: Wird als Schauerballade in die Krebbelzeitung kommen. — Ingwer: Kommt in die Doppelnummer. — August: Die Exemplare sind bereits unterwegs. — J. S. in Antwerpen: Unsere Schuld ist es nicht, daß Sie keine Nummern bekommen. Wenden Sie sich an eine deutsche Buchhandlung dorten, welche die Bestellung bei uns machen kann. — F. M. in —lau: Sie erwarten im Ernste überwiegend freisinnige Wahlen? — S. S. B. G. in Geln—: Die Köchin oder die Frau? Das ist ja grad die Hauptsache. — U. A. W. G. — J. L. in B.: Das Bärbelchen kommt in der nächsten Nummer. — Iff. in Iserlohn: Das Nächstemal. — M—r. in Fr.: „Ein Stück Zwetschenkuchen, oder der Interimskaufbrief“ wird der Titel sein. Da der Betreffende die Laterne nicht mehr hält, so wollen wir es ihm in die Krebbelzeitung setzen.

Verantwortliche Redaction: Stoltze & Schalck. — Verlag der Frankfurter Latern. — Büreau u. Expedition, gr. Eschenheimergasse 43. Druck von C. Adelmann.

Für Preußen die deutsche Kaiserkrone? Auf diese Frage antwortete Stoltze dem Nationalverein am 7. November 1861 in der Frankfurter Latern.

Mitglieder des Nationalvereins bis ins Jahr 1866 zu seinen Gegnern. Heute ist es nicht schwer, sich die Wirkung deutlich zu machen, die in der damaligen deutschen Welt Bismarcks Prophezeiung erregte, daß »die großen Fragen der Zeit nicht durch Reden und Majoritätsbeschlüsse, sondern nur durch Blut und Eisen« entschieden werden könnten. Niemand ahnte, daß nach acht weiteren Jahren die unter so mißverständlichen Anzeichen eingeleitete Politik den Kaiser Napoleon durch die vereinigten deutschen Heere zu Fall bringen werde. Noch im Jahre 1869 mußte ja Bismarck einen Kollegen im eigenen Ministerium, den Kriegsminister von Roon, darüber aufklären, daß die Politik Preußens ernstlich eine deutsche sei.

Nur eine Zeitlang betrachtete Stoltze die großen nationalen Sänger-, Schützen-, Turner-Bundesfeste, wie sie nach einander in Nürnberg, Frankfurt, Coburg, Berlin, Leipzig stattfanden, als Symptome einer neuen Volksbewegung, die entschiedenere Wirkungen erzeugen müsse wie 1848 die Märzerhebung.

Schon im Sommer 1863 klagte er: »Trotz aller Schützenfeste ist unsre Einheit noch keinen Schuß Pulver wert, trotz aller Turnerfeste kommen wir keinen Sprung vorwärts und trotz aller Sängerfeste haben wir Deutsche noch immer keine Stimme.« Vorher schon ließ er seinen Hampelmann den Vorschlag machen, »jeden Toast un jed Redd zu besteuern.« »Merr kennte daderrdorch net allaa de zerrittete Finanze von finfundreißig deutsche Vatterländer uff die Strimp helfe, sonnern aach noch newebei des neie preißische Militärbudget bestreite.« Das Gedicht »Öffentliche Warnung der ächten Frau Germania« (Frankfurter Latern, 7. August 1863) gab seinem Unmut echt poetischen Ausdruck:

Seit länger als drei Jahren schon
Erfrecht sich eine Weibsperson,
Bei allen deutschen Volksgelagen
Höchst fälschlich meinen Namen zu tragen.

Mit Schild und Mantel und Kronenzier,
Aus Pappendeckel und Goldpapier,
Und Holz und Gips und Lappenresten,
Erscheint sie auf Schützen- und Turnerfesten
Und Sängerfesten und all' dergleichen
Und tut die Gabentempel besteigen,
Und Festportale und Eingangspforten,

Geschmückt mit vielen schönen Worten,
Und streckt, um Aufseh'n zu erregen,
Dem Volk einen Siegeskranz entgegen.

Woher sie den hat, kann niemand sagen;
Ob sie heimlich die Franzosen geschlagen,
Die Dänen geklopft und die Russen vertrieben,
Das steht nicht auf ihrem Kranze geschrieben.
Und es jauchzet das Volk ihr spat und fruh
Und hat doch gar keine Ursach' dazu!
Und jubelt ihr Hochs und schwingt ihr Kelche,
Und 's ist doch gar nicht Diejenige welche!

Der gerupfte Frankfurter Adler. (Frankfurter Latern vom 29. April 1866)

Bei dem Brande in der „Stadt Kassel" ist auch die, für die Frankfurter Latern beschäftigte, Xylographische Anstalt der Herren Gräff und Engel niedergebrannt. Unser Holzstock ist mit futsch. Aus der Asche desselben erstieg jedoch der obige Aar eines freien deutschen Parlaments, das die gütige Hand des Herrn von Bismarck darbieten wird.

Die ächte, die wahre Germania,
Die treue Mutter vom Reiche,
Gar einsam sitzt sie und traurig da
Unter entblätterter Eiche...

Mit Gedichten dieser Art bekämpfte er auch die Politik der Wanderredner des Nationalvereins und fand seine Satire dabei oft die drolligsten Vergleiche. So ließ er die redegewaltigen Herren den Plan fassen, nach dem Kyffhäuser zu ziehen, um dort durch Ansprachen den schlafenden Barbarossa zu wecken. Sie graben ein Loch zu der Höhle und in das Loch halten sie die Reden, die wirklich den schlummernden Kaiser aufstören.

In satirischen Gedichten bekämpfte die »Latern« aber auch die preußische Regierung mit nicht minder gewagten Gleichnissen, und drei dersel-

»Wie der Fuchs den Gänsen predigt.« Karikatur der »Frankfurter Latern« vom 17. Mai 1866.

ben, die in den Jahren 1862 und 1863 von dem Staatsanwalt Hiepe in Wetzlar beim dortigen Kreisgericht eingeklagt wurden, zogen den Redakteuren Stoltze und Schalck Prozesse zu, die mit ihrer Verurteilung zu größeren Freiheitsstrafen endeten.

Am 21. Juni 1862 schon – also kurz vor dem Frankfurter Schützenfest – erhielten Dichter und Maler von dem preußischen Gericht einen »Erscheinungsbefehl« wegen der Gedichte »Eine Krönungsmedaille« und »Eine Fabel« in der Nr. 10 und der Doppelnummer 11 und 12 der »Latern«, weil das preußische Ministerium in diesen Gedichten eine Verletzung der schuldigen Ehrfurcht gegen den König gefunden habe.

Das Leitgedicht »Die Krönungsmedaille« war ein Nachklang des Frankfurter Karnevals von 1862, für welchen Stoltze dem Verein der »Bittern« einen Kaiserkrönungs-Festzug entworfen hatte. Natürlich enthielt derselbe manche Anspielung auf die Königsberger Königskrönung, auf der zum Ärger des liberalen Bürgertums das Gottesgnadentum der Krone sehr stark betont worden war. »Das ganze Gedicht«, so erklärte Stoltze nach Empfang des Erscheinungsbefehls, »bezog sich lediglich auf die närrischen Krönungsfeierlichkeiten in Frankfurt während des Faschings, auf den immensen Aufwand von ächtem Goldpapier und unächten Borden und dem schönen Sümmchen, das diese närrische Lustbarkeit gekostet hat. Und nun kommt das preußische Ministerium und identifiziert seinen König mit dem Kaiser Karneval, mit dem Herrn Bierbrauermeister Schwager am Bockenheimer Tor zu Frankfurt am Main!«

Viel direkter waren die Anzüglichkeiten der »Fabel«. Sie schilderte das in dreißig Herrschaften zerspaltene »Reich der Vögel«, an dessen Grenzen ein Fuchs lauert, um aus der unter den Gimpeln herrschenden Zwietracht Vorteil zu ziehen. Das dritte Gedicht (»Latern« vom 2. Dezember 1862) »Kalif und Pascha – Eine Sage aus dem Morgenlande« enthielt keine direkte Anzüglichkeit, aber eine Parallele zu dem Vorgehen des Königs von Preußen gegen den Kurfürsten von Hessen, um diesen zu zwingen, die eigne Landesverfassung zu respektieren, und der Versöhnung beider Fürsten, nachdem auch der König sich einen Verfassungskonflikt gestattet hatte. Wenigstens wurde diese Parallele vom Minister Eulenburg in Berlin und dem Staatsanwalt Hiepe in Wetzlar darin gefunden. Stoltze aber rief: »Also der jetzige König von Preußen hat vor alter Zeit im fernen Morgenlande gelebt? Es ist reizend!«

Die freien Wahlen in Preußen.

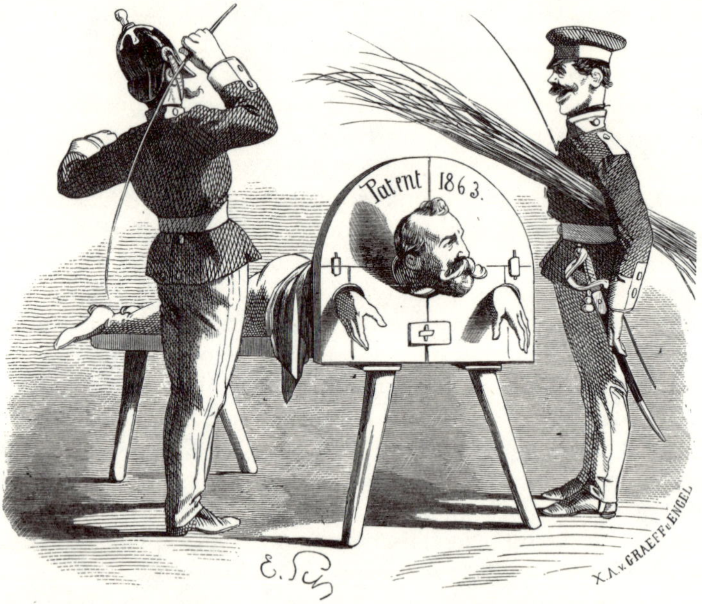

Büttel: Hopp, hopp, Wiedehopp,
Wen hast du in deinem Kopp,
Wen hast du erseh'n?

Urwähler: Schulze-Delitzsch.

Büttel: Hätt'st du Roon gerathen,
Wärst du nicht gebraten.
Hopp, hopp, Wiedehopp,
Wen hast du in deinem Kopp,
Wen hast du erseh'n?

Urwähler: Jacobi.

Büttel: Hätt'st du Bismarck g'rathen,
Wärst du nicht gebraten.
Hopp, hopp, Wiedehopp,
Wen hast du in deinem Kopp,
Wen hast du ersehn?

Urwähler: Temme.

Büttel: Hätt'st du Itzeplitz g'rathen,
Wärst du nicht gebraten.
Hopp, hopp, Wiedehopp,
Wen hast du in deinem Kopp
Wen hast du erseh'n?

Urwähler: Sobbe-Putzki stammverwandt.

Büttel: Mit Jott, für Jönig und Vaterland!

Briefkasten.

Kr..... in N—berg: Freundlichsten Dank! — B. in M.: Erwünscht gewesen. — Bäckerle in Frbrg: Nicht für unser Blatt geeignet. — X. Y. Z in Fr.: Faule Eier un stinkig Butter! — E. in Mainz: „Der Fels Petri“ ist hübsch, aber zu steil. — O. im Hôtel D. in C.: Das bewußte Manuscript scheint im Rheingau zu liegen, in Frankfurt ist es noch nicht eingetroffen.

Die politischen Verhältnisse in Preußen waren dem Frankfurter Publizisten nicht geheuer, die Wahlen in diesem Staat schon gar nicht. (Frankfurter Latern vom 4. November 1863)

Der neue Struwwelpeter.

Seht einmal, hier ist er,
Ach, der Herr Minister!
Mit den Händen beiden
Möcht' er gern bereiten

Eine große Staats-Action,
Und vollbringt — die Convention!
Jeder ruft: „Das ist der
Garstige Minister!

Bismarck, der neue Struwwelpeter: Frankfurter Latern vom 20. Mai 1863.

In dem ersten Prozeß wurde Stoltze vom Wetzlarer Kreisgericht am 24. Juni 1862 zu sechs Monaten Gefängnis, in dem zweiten von diesem Gericht freigesprochen, aber auf Appellation des Staatsanwalts vom Königlichen Justizsenat in Koblenz-Ehrenbreitstein am 21. Juli 1863 zu einem Jahr Gefängnis verurteilt. Gleichzeitig wurde die »Latern« in Preußen verboten, was bereits auch in Hessen-Kassel und in Hessen-Homburg der Fall war. Wegen Beleidigung des Kurfürsten von Hessen waren die Redakteure vom Kriminalgericht in Hanau zu hohen Geldstrafen verurteilt. Als Rechtsbeistand gab Dr. Reinganum Stoltze gute Ratschläge, wie dies bei anderen Gelegenheiten Dr. J. Friedleben und Dr. A. Kirchheim getan haben.

Da Preußen auch die Nachbarstaaten ersuchte, auf die Verurteilten zu fahnden, befand sich Stoltze bald wiederum in der Lage, daß er über das Weichbild von Frankfurt nicht hinausgehen konnte, ohne Gefahr zu laufen, ins Gefängnis abgeführt zu werden. Und wieder, wie damals, als er zum Gaudium der Frankfurter seinen Uhz mit dem Kreisrat Willich in Offenbach trieb, konnte er es nicht lassen, seine Verfolger über die Grenzen hinaus zu verspotten und zu »veruhze«. Er und Schalck fühlten sich sicher im Schutze der Preßfreiheit, die ihnen die Verfassung der »Freien Stadt Frankfurt« gewährte und im Schutze der Polizeibehörden im Römer, die sich über die Späße der »Latern« weidlich amüsierten. Das von den betreffenden Gerichten in Frankfurt eingereichte Verlangen nach Auslieferung der Verurteilten wurde abgelehnt. In allen Formen und Wendungen des Humors variierte Stoltze das Sprüchlein von den Nürnbergern, die keinen hängen, bevor sie ihn haben. Auch Herr Hampelmann ließ den Herren in Wetzlar sagen, sie sollten sich nicht weiter mit Vorladungen dorthin bemühen; »es werrd jederlei Art von Annahm dorchaus verweigert, denn hie is freireichs- und krönungsstädtischer Frankforder Grund und Boddem!« Als ein Berliner Blatt voreilig von einem »Preußen bis zum Main« sprach und Altfrankfurt empört aufschrak über die Verwogenheit, solch eine Möglichkeit nur zu diskutieren, und als dann gleich darauf zum Frankfurter Fürstentag 1863 gerade der König von Preußen nicht in Frankfurt erschien, ergab sich für Stoltze aus diesem Widerspruch sofort auch ein Witzfunken, den er nach Wetzlar hinsandte:

Von einem »Preußen bis zum Main«
So krächzen Unglückskrähen.
Wir können drüber ruhig sein,
Denn Preußen geht nicht an den Main,
Ihr habt es ja gesehen.

Es freut das manchen großen Herrn,
Von Oldenburg bis Hessen,
Besonders aber die »Latern«!...
Die sähe so was gar nicht gern,
Denn wer ist gern gefressen?

Ach ginge Preußen bis zum Main,
Das wären schlimme Sachen!
Dann müßte Frankfurt preußisch sein,
Dann steckt' uns der Herr Hiepe ein,
Dann wär' an dem das Lachen!

So schürzte sich unter Scherzen die dramatische Hauptkatastrophe in Stoltzes Leben, scheinbar nur eine Wiederholung der tragikomischen Situation von Königstein, tatsächlich aber eine Verwicklung mit echt tragischem Grundton. Denn diesmal überschätzte er die »Macht« Frankfurts; 1866 kamen die Preußen an den Main als siegreiche Eroberer, und Stoltze mußte von Frankfurt fliehen.

Wie bald aus dem Scherz bittrer Ernst werden sollte, ahnte damals niemand in Frankfurt, überhaupt wohl niemand, selbst Bismarck nicht, der sich freilich längst darüber klar war, daß nur ein Waffengang mit Österreich Raum für die deutsche Mission Preußens schaffen könne. Gewitterschwül lagerte die Atmosphäre der Zeit über der Stadt, als Kaiser Franz Joseph den Fürstentag dorthin einberief. Seine Absicht, sich dadurch die Initiative bei der jetzt unaufschiebbaren Bundesreform zu sichern, vereitelte König Wilhelm durch sein Fernbleiben auf Bismarcks Rat.

Wie resultatlos die Verhandlungen abliefen, erfuhr man nicht sofort; die äußerlich so glanzvolle Aktion stärkte jedoch das Vertrauen manches Frankfurters in Kaiser Franz Joseph, der beim großen Festmahl im Kaisersaal den Trinkspruch des Bürgermeisters Müller auf Deutschlands Fürsten mit einem Hoch auf Frankfurt erwiderte.

Die Forderungen des Volks legte Herr Hampelmann den Fürsten auf originelle Weise ans Herz. Stoltze ließ ihn sich ausmalen, wie er die Fürsten, »wenn er Rothschild wär«, zu sich einladen würde. Jedem würde er »ihr quittirt Aalehe« unners Couvert gelegt haben. »Wann ich da die

»Das politische Bankgeschäft: (Aus der Frankfurter Latern vom 31. März 1865)

Ferschte all in meiner Stubb gehat hätt un wärn alle beisamme gewese un hätte am Disch gesesse un hätte gesse un getrunke, da hätt ich uff aamal, wann 'sen am beste geschmeckt hätt, die Dihr zugerichelt und gesacht: No, haw ich Euch jetzt emal? Jetzt kimmt merr Kaaner enaus, bis e deitsch Parlament mit direkte Volkswahle genehmigt, Dänemark der Krieg erklärt, die deitsch Flott beschlosse, des linke Rheinufer gesichert, die frei Press garandirt, des Concordat uffgehowe, e stark Centralgewalt geschaffe, un des aanige Deitschland hergestellt is!«

Nach dem gänzlichen Versagen des Fürstentags kam aber auch endlich der von Stoltze gleich so vielen Dichtern der Zeit beschworene straffere Zug in die Volksbewegung. Hoffnungsfroh begrüßte der Dichter den

Preußen und Österreich tanzen auf dem Rücken des deutschen Michel, von hinten naht Kaiser Napoleon: die Lage im Sommer 1866, wie Stoltze sie in der »Frankfurter Latern« am 3. Juli sieht.

Das Bürgerrecht – Spielball der Fürsten. (Frankfurter Latern vom 18. März 1865)

»Abgeordnetentag«, der noch im Dezember 1863 gegen 500 Mitglieder deutscher Ständeversammlungen unter dem Präsidium des Frankfurter Siegmund Müller, des bayrischen Abgeordneten v. Lerchenfeld und des hannoverschen Abgeordneten v. Bennigsen im neuen Frankfurter Saalbau vereinigt sah. Das »Vorparlament« von 1848 schien sich zu erneuern. Der Tod des Königs von Dänemark hatte das Signal zu der neuen Erhebung Schleswig-Holsteins für sein Deutschtum gegeben. Der Abgeordnetentag, auf dem sich Vertreter aller für Deutschlands Einheit wirkenden Parteien, auch des großdeutschen »Reformvereins«, vereinten, suchte den Kampf zu einer nationalen Angelegenheit zu machen. Er forderte ein deutsches Parlament mit freier und direkter Wahl; er erklärte, die Bundesreform sei nur unter Mitwirkung einer solchen Nationalversammlung zu lösen. Er setzte den »Sechsunddreißiger Ausschuß« ein »als Mittelpunkt der gesetzlichen Tätigkeit der Deutschen Nation für Durchführung der Rechte Schleswig-Holsteins und seines rechtmäßigen Herzogs« mit dem Recht, nach Bedürfnis einen neuen Abgeordnetentag zu berufen. Vorort des Ausschusses wurde Frankfurt, und Siegmund Müller sein Vorsitzender.

Da aber vereinten sich Preußen und Österreich wieder; den Kampf für die Loslösung der Elbherzogtümer von der dänischen Krone erklärten sie für ihre Sache im Gegensatz zu den Beschlüssen des Bundestags, die Sachsen und Hannover mit der »Exekution« betraut hatten. Am 31. Dezember richteten Österreich und Preußen eine gleichlautende Zirkulardepesche an die deutschen Regierungen gegen den Bestand und die Wirksamkeit dieses Ausschusses. Mit diesem Rundschreiben suchten die beiden deutschen Großmächte eine neue allgemeine Reaktion einzuleiten; der Bundesbeschluß vom Jahre 1854 über das Vereinswesen sollte überall wieder zur Geltung kommen. Es sollte bei den anderen Regierungen die Furcht vor der Revolution wecken und die Mittelstaaten von ihren Selbständigkeitsgelüsten abbringen; doch das Mittel verfing nicht überall, und namentlich in Süddeutschland blieb dem Sechsunddreißiger Ausschuß viel Bewegungsfreiheit.

In ganz Deutschland organisierte sich durch Protestversammlungen der Widerstand gegen das Verfahren der beiden »Vormächte«, die nach der Befreiung der Elbherzogtümer vom dänischen Joch die Verwaltung derselben selbst übernahmen. Die gehobene Stimmung, die im Lager der schwarzrotgoldnen Demokratie herrschte, spiegelte sich in den poetischen Beiträgen Stoltzes zur »Latern«, an der sich damals viele Mitarbeiter beteiligten.

In dieser Zeit hatte die »Frankfurter Latern« über 5000 feste Abonnenten, und durch den Colport wurden von jeder Nummer immer einige Tausend abgesetzt. Die von ihr vertretene Politik besaß jetzt in der »Neuen Frankfurter Zeitung«, die 1856 in etwas andrer Form von Leopold Sonnemann und H. B. Rosenthal gegründet worden war, ein vorzüglich redigiertes Tagesblatt, dessen Einfluß sich in immer weiteren Kreisen geltend machte.

Das Jahr 1864 war in Frankfurt für den Liberalismus eine Zeit des Triumphs. Am 1. Mai traten Gewerbefreiheit und Freizügigkeit ins Leben – die Stadttore wurden nun ganz beseitigt; am 8. Oktober trat das Gesetz in Geltung, das die bisher noch vorhandenen Beschränkungen der politischen Rechte der Bürger israelitischer Konfession und der Bürger der Landgemeinden aufhob. Den Sieg über das längst veraltete Zunftwesen feierte Stoltze in einer Krebbelzeitung – er griff jetzt nur noch gelegentlich

Abonnements-Einladung vom 30. September 1863. Der ausdrückliche Hinweis auf Bismarcks Abneigung gegen das Blatt dürfte seinen Eindruck nicht verfehlt haben.

Einladung zum Abonnement

auf die

Frankfurter Latern.

Wir hören und lesen von allen Seiten
Der Bismarck kann die „Latern“ nicht leiden,
Und d'rum bestelle sie Jedermann,
Der wieder den Bismarck nicht leiden kann.
Das ist, wie man gestehen muß,
Ein völlig richtig, logischer Schluß.

Für fl. 1. 12 kr. per Quartal kann man sich von der Richtigkeit dieses Satzes auch praktisch überzeugen, um so mehr, da alle Buchhändler und Postämter Bestellungen annehmen.

auf diese Form zurück – und in einem Bankettlied für den »Neuen Bürgerverein«.

Seinen Gedichten war wahrlich nicht anzumerken, daß ihr Verfasser seine aufregende Geistesarbeit oft mit Anfällen von Herz- und Nervenschwäche büßen mußte, die anderen allen Humor genommen haben würden. In diesem Jahr erschien als zweiter Teil seiner »Sämmtlichen Gedichte« in Miniatur-Ausgabe der später oft neuaufgelegte Band seiner »Gedichte in Frankfurter Mundart« nach dem 1862 im Verlag Heinrich Keller aufgelegten Band »Gedichte in hochdeutscher Mundart«, dessen hoher Preis (3 Gulden) die Verbreitung in den minderbemittelten Kreisen sehr erschwert hatte. Friedrich Stoltze gewann jetzt nach Perioden der Abspannung immer wieder Stunden köstlichster Laune, und in einer solchen entstanden für die Ankündigung des neuen Buchs die Verse zum Preise der Frankfurter Sprach:

Von alle deutsche Sprache
Duht die zu owerscht steh!
O Frankfort laß derrsch sage,
Ihr »Autsch!« selbst klingt noch schee...

Und kaa paßt so for's Zarte,
Gelt, Sannche? Oesi, gelt?
Un aach um auszuarte,
Baßt kaa so in der Welt...

Drum duhn Se unnerschreiwe!
Sie wolle net? ach ja!
Ach geh'n Se fort un bleiwe
Se noch e bissi da!

Stoltze hatte in Dr. Fritz Stiebel einen Arzt, der seine Hypochondrie bald mit trockenem Humor, bald mit verständnisvollem Eingehen erfolgreich zu bekämpfen verstand. Beide wohnten ziemlich weit auseinander: Stoltze jetzt auf dem Sandweg, Stiebel am Untermainquai. Aber, so erzählte Stoltzes älteste Tochter Lyda, Tag und Nacht sei der gute Dr. Stiebel hilfsbereit gewesen. »Wie oft hat unsere treue Marie ihn mitten in der Nacht holen müssen; er folgte unverdrossen jedem Rufe, denn er wußte, wie beruhigend sein Erscheinen auf meinen Vater wirkte! Bei den oft sehr ausgedehnten Krankenbesuchen erzählten sich Arzt und Patient zumeist Anekdoten, oder mein Vater las seine neuesten Sachen vor, denn er legte großen Wert auf das Urteil des ihm geistesverwandten Freundes und Arztes.« Von ihm erfuhr Stoltze, der sehr häuslich lebte, gar mancherlei; Dr. Stiebel hatte Verkehr in allen Kreisen der Stadt und war selbst ein guter Erzähler. Durch ihn hörte der Patient auch, daß der Herzog von Nassau ihm und der Latern trotz manchen Witzes, der auch ihn getroffen, sehr wohlgesinnt sei, so daß er Königstein im Sommer zur Wasserkur Jahr für Jahr besuchen konnte, ohne verhaftet zu werden.

Schlimmer als ihm erging es aber dem treuen Kumpan Ernst Schalck; ihn hatte die Schwindsucht ergriffen, und am 23. August 1865 starb der Zeichner. Die anderen gelegentlichen Mitarbeiter Stoltzes unter den Malern, – W. A. Beer, Karl Hausmann, Wilh. Lindenschmit – hatten schon vorher für ihn immer öfter einspringen müssen.

Nachruf auf Ernst Schalck. (Frankfurter Latern, 6. September 1865)

Ernst Schalck.

† 23. August 1865.

Schlaf wohl, o Freund, deß warmes Künstlerherz
Des Lebens Lust und Weh so tief empfand;
Den Griffel, wohlbewährt in Ernst und Scherz,
Der rasche Tod nahm Dir ihn aus der Hand.

Du warst ein Mann, feind jedem eitlen Dunst,
Der treu und wahr dem Freund entgegen kam,
Der tief und ernst die treugeliebte Kunst,
Doch fröhlich leicht das leichte Leben nahm.

Der des Humors frischgrünendes Gerank
Um dieses Lebens bunte Thorheit schlang,
Und ob den Köpfen, leer und wahneskrank,
Des Spottes leichte Geißel lächelnd schwang.

Nun flohst Du in der ew'gen Heimath Au'n,
Wo ewig schön Dir lacht ein heitrer Tag,
Um nicht dies schale Zerrbild noch zu schau'n,
Das uns entrollet dieser Tage Schmach!

17 Der gesuchteste Dichter

Kurz darauf zogen politische Wolken sich über Frankfurt zusammen. Die beiden Großmächte protestierten gegen eine Versammlung des Abgeordnetentages, der das selbständige Verfahren der deutschen Großmächte in Schleswig-Holstein kritisiert hatte. Als der Inhalt der Noten aus Wien und Berlin im Gesetzgebenden Körper bekannt wurde, wurde einstimmig erwartet, daß der Senat die Unabhängigkeit von Frankfurt kräftigst wahren werde. Im Namen des Senats lehnte dann auch der ältere Bürgermeister Dr. Gwinner die Zumutungen ab: Der Senat sei sich bewußt, in seinem Verhalten den Versammlungen gegenüber die Gesetze der Freien Stadt Frankfurt ebensowenig als die Gesetze des Bundes verletzt zu haben.

Aber der Abgeordnetentag war schon in sich selbst zerfallen. Zu gegensätzlich waren die Bestrebungen, deren Vertreter er und der Sechsunddreißiger Ausschuß vereinte. Großdeutsch und Kleindeutsch war nun einmal nicht unter einen Hut zu bringen. Das Verhalten der »Vormächte« verstärkte in den deutschen Mittelstaaten wieder mehr das partikularistische Stammesbewußtsein. Die von Stoltze selbst zwar geteilte, in ihrer Schwäche aber auch von ihm immer wieder verspottete Gefühlspolitik hatte zu lange die realen Mittel der Macht unterschätzt und sich in der Tat mit »Reden und Majoritätsbeschlüssen« begnügt. Die frisch organisierte preußische Heeresmacht und die zielbewußte Kriegspolitik des jetzt zum Grafen ernannten preußischen Ministerpräsidenten machte den Herrscher Preußens zum Herrn der Situation.

Preußen überraschte am 9. April 1866 die Welt mit dem Antrag beim Bundestag, dieser solle ein deutsches Parlament einberufen, über dessen Programm sich vor dem Zusammentritt die Regierungen zu verständigen

Aus der Frankfurter Latern vom 22. Juni 1866

hätten. Der verblüffende Vorschlag begegnete im Volk überall dem äußersten Mißtrauen, während die Regierungen der Mittel- und Kleinstaaten in Atem gehalten waren durch die vorher an sie ergangene Anfrage, wie weit Preußen im Fall eines österreichischen Angriffs auf die einzelnen Regierungen zählen könne. Am Pfingstsonntag, den 20. Mai, tagte noch einmal in Frankfurt der Abgeordnetentag, diesmal unter ganz schwacher Beteiligung aus Österreich und Preußen. Er protestierte mit scharfen Worten gegen den drohenden Krieg, und am gleichen Tage fand in Frankfurt eine große Volksversammlung im Zirkus statt, die erklärte, nur eine konstituierende, mit der nötigen Macht ausgestattete Volksvertretung Gesamtdeutschlands dürfte über die neue Verfassung entscheiden, als deren natürliche Grundlage die deutschen Grundrechte zu gelten hätten.

Am 5. Juni fielen die Würfel. Der österreichische Statthalter in Holstein berief gegen den Willen Preußens die Holsteinische Ständeversammlung ein; am 7. Juni erschien General Manteuffel mit den preußischen Truppen in Holstein. Am 11. Juni stellte Österreich im Bundestag den Antrag auf Mobilmachung sämtlicher nicht zur preußischen Armee gehörigen Armeekorps des Bundesheeres. Am 12. Juni zogen die preußischen und österreichischen Truppen der Bundesbesatzung aus Frankfurt ab; nur die Bayern blieben. Am 14. Juni bezeichnete Preußen das Vorgehen Österreichs als Kriegserklärung und den bisherigen Bundesvertrag für gebrochen, erklärte sich aber bereit, auf den alten Grundlagen und unter Herstellung einer deutschen Volksvertretung einen neuen Bund mit denjenigen deutschen Regierungen zu schließen, die ihm dazu die Hand reichen wollten. Am 16. Juni rückten die preußischen Truppen in Hannover, Sachsen und Kurhessen ein: der Krieg war in voller Entfaltung.

Die Freie Stadt Frankfurt hatte im Bundestag abweichend von den Entschlüssen der Hansestädte dem Mobilisierungsantrag Österreichs zugestimmt, sich aber für den Fall weiterer Beschlüsse weitere Entschließung vorbehalten. Das Frankfurter Kontingent wurde denn auch nach Ausbruch des Kriegs nicht mobil gemacht, während sich in Frankfurt und Umgegend die große Truppenkonzentration vollzog, an der Hessen-Darmstädter, Württemberger, Badener, Österreicher, Nassauer und Kurhessen beteiligt waren. Als das Oberkommando der Bundesarmee Schanzen um Frankfurt aufwerfen ließ, erklärte der Senat am 11. Juli der Bundesversammlung, daß Frankfurt als offene, unbefestigte und unverteidigte Stadt betrachtet und behandelt werden müsse. Die Bundesversammlung entsprach dem Wunsche, indem sie ihn an das Kommando des 8. Bundesarmeekorps weitergab. Der Weiterbau der Schanzen unterblieb. Der Bundestag beschloß aber, seinen Sitz provisorisch nach Augsburg zu verlegen, was am 14. Juli auch geschah.

Senat und Bürgerschaft hielten die Neutralität der Stadt nunmehr für gesichert, und als am 16. Juli die ersten Truppen der siegreichen preußischen Mainarmee unter Führung des Generals Vogel v. Falckenstein in

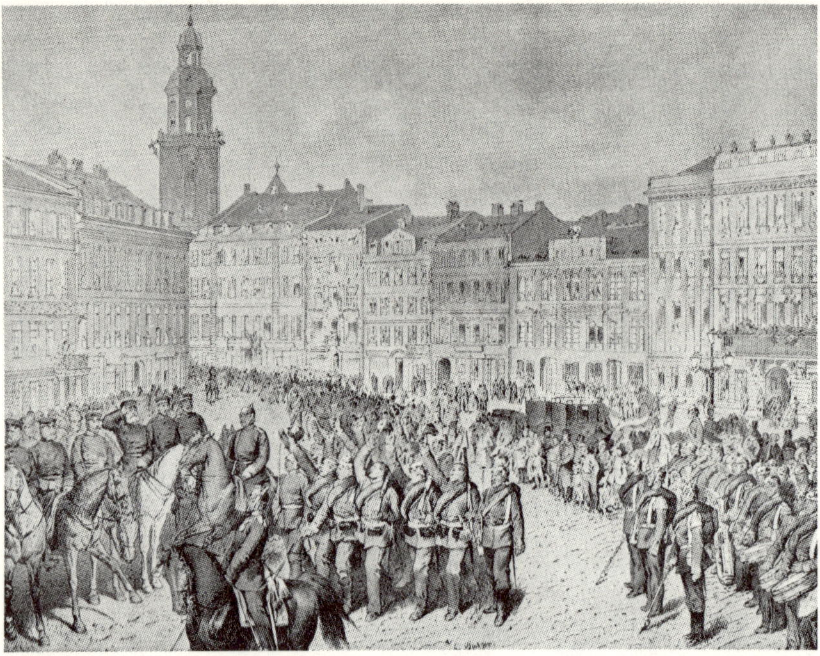

Vorbeimarsch preußischer Truppen vor General Vogel von Falckenstein am Abend des 16. Juli 1866 auf dem Roßmarkt. Er bedeutete das Ende der Frankfurter Selbständigkeit und den Anlaß für Stoltzes Flucht, von der er erst ein Vierteljahr später wieder zurückkehrte, nachdem eine Amnestie für die Gegner Preußens erlassen worden war. (Zeichnung von L. Burger.)

Frankfurt einzogen, erfolgte die Ablösung der Wachen des Frankfurter Linienbataillons durch preußische Soldaten mit allen Ehrenbezeugungen von beiden Seiten. Alsbald aber erklärte der General durch Anschlag: »Die Regierungsgewalt über das Herzogtum Nassau, die Stadt Frankfurt mit deren Gebiet sowie über die von mir okkupierten Landesteile des Königreichs Bayern und des Großherzogtums Hessen geht zur Zeit an mich über.«

Am Morgen des 17. Juli berief General von Falckenstein den älteren

Bürgermeister Fellner und den Syndikus Senator Müller zu sich und eröffnete beiden: der Senat, die Ständige Bürgerrepräsentation und die Gesetzgebende Versammlung seien aufgelöst. Zugleich ernannte er die beiden Herren zu seinen Bevollmächtigten für die Regierung der Stadt Frankfurt. Zwei Mitglieder des Senates, Freiherr v. Bernus und Polizeisenator Dr. Speltz, wurden »wegen ihrer preußenfeindlichen Gesinnung« auf die Hauptwache abgeführt und weiter nach Köln in Festungshaft gebracht, wo man sie aber bald auf besonderen Befehl des Königs Wilhelm freiließ. In der Redaktion des »Frankfurter Journals« setzte sich Geheimrat Zietelmann im Auftrage Bismarcks fest und usurpierte die Leitung des Blattes. Mit großer Eile ging man gegen die Herausgeber und Redakteure der Blätter vor, die bisher die preußische Politik bekämpft hatten; die betreffenden Redaktionen und Druckereien wurden am 17. morgens unter starkem militärischen Aufgebot besetzt. Die Mehrzahl der Herren war aber rechtzeitig geflohen; im Büreau der »Neuen Frankfurter Zeitung« fand sich nur noch der Redakteur des Handelsteils, Bernhard Doctor, vor; im Büreau der »Frankfurter Postzeitung« wurde der Chefredakteur Dr. Fischer-Goullet verhaftet und sofort unter scharfer Bedeckung dem General Falckenstein vorgeführt; bei dieser Prozedur traf ihn der Schlag. Franz Rittweger und Dr. Eduard Ziehen wurden bis abends 6 Uhr interniert. Natürlich suchte man auch Hadermanns und Stoltzes habhaft zu werden. Die Büreaus der Flüchtigen wurden versiegelt, die Verlagsvorräte konfisziert und in Wagen auf den »Clesern Hof« gebracht.

Stoltze hatte sich zuerst auf bayrischen Boden, nach Miltenberg geflüchtet, wurde aber dort ausgewiesen. Am 14. Juli ließ er in Frankfurt noch eine »Latern« erscheinen. Mit seiner Tochter Lyda fuhr er am 16. vormittags mit dem Eilzug nach Stuttgart, wo die Führer der Frankfurter Demokratie in den Führern des Volksvereins und der Volkspartei gute Freunde hatten. Auch in der Heimat Uhlands hatten die Ideale der großdeutschen Freiheitskämpfer von 1848 für weite Volkskreise ihren Zauber behalten.

Der nächsten Sitzung des Volksvereins im »Aktiengarten«, wo Becher und Oesterlen sprachen, wohnten als Gäste Stoltze, Sonnemann, G. F. Kolb und andere Frankfurter Flüchtlinge bei. Die »Neue Frankfurter Zeitung« erschien jetzt unter dem Titel »Neue Deutsche Zeitung« in Stuttgart; nach der Rückkehr nach Frankfurt (30. November) erhielt sie dann

Einladung zum Abonnement.

Sitzen soll ich lange Zeit
Und soll in die Eisen;
Meine große Folgsamkeit
Möcht' ich gern beweisen.
Doch daß ich's vollführen kann
In dem besten Sinne,
Abonniret Mann an Mann,
Denn sonst steckt nix drinne.
Abonnirt bis nach Triest,
Von des Nordlands Spitzen,
Denn wenn man mich sitzen läßt
Kann ich ja nicht sitzen!
Sitzen aber soll ich doch,
Darum helft dem Schwachen,
Hart bleibt's freilich immer noch,
Doch was will ich machen?

Friedericus superbus.

ihre endgültige Bezeichnung. Im »Aktiengarten« lernte Stoltze drei Nicht-Schwaben kennen: den Österreicher Moritz Hartmann, der einst in der Paulskirche mitgetagt hatte, und die längst in Stuttgart heimischen Ostpreußen Albert Dulk und Ludwig Walesrode. Zur Bewillkommung Stoltzes druckte der »Beobachter« am 19. Juli dessen poetisches Glaubensbekenntnis »Im Hochgefühle einer freien Seele«. Die Nummer vom 22. Juli brachte im Feuilleton mit dem Titel »Hampelmann« den ersten Teil einer Plauderei Stoltzes in Frankfurter Dialekt, die über seine Flucht berichtete.

Der Hampelmann is glicklich dorch
Un sitzt im Hotel Petersborg
Zu Stuttgart unnerdesse;
Von Frankfort fern, du liewer Gott,
Muß er jetz an der Tabledhôte
Das Brot der Fremde esse...

Das Ganze erschien gleichzeitig in Frankfurt als Flugblatt, doch wurde es von der Polizei sofort unterdrückt und der abwesende Verfasser in Anklagezustand versetzt. Der Prozeß endete mit Freispruch, denn der Inhalt war harmlos genug. Der geflüchtete Dichter ließ es sich angelegen sein, den Schutz, den Humor und Satire im Geistesleben genießen, auch bei dem Eroberer Frankfurts für sich in Anspruch zu nehmen.

»Daß ich von Frankfort fortgange bin«, plauderte Herr Hampelmann, »werd merr der Herr Vogel von Falkenstaa net iwwelnemme, dann, gucke Se, vor was sollt' ich dableiwe? Warum soll ich Ihne die Unannehmlichkeite mache, mich verhafte lasse zu müsse? Un warum mir? Es is besser so, daß ich gange bin. Uff die Wiederzulassung der »Latern« hätt' ich doch net warte könne! Darum keene Feindschaft nich! Sie sin der Herr Vogel von Falckenstaa, un ich bin der Spaßvogel von Frankfort am Maa. Ja Vögel sinn merr alle zwaa / Des Iwrige is aanerlaa / – Dann dehst de derr mich kriehe / So – – lass' mich widder fliehe.«

»Der gesuchteste Dichter«, ließ sich weiters Herr Hampelmann als Auch-Flüchtling in Stuttgart vernehmen, »is alleweil doch der Friedrich Stoltze! Er muß im beste Geruch steh, dann die ganz Parfümeriefawerik von Wilhelm Rieger in Frankfort hawwe sie nach em dorchsucht un en doch net gefunne. An alle Ölfässer hawwe se gekloppt, alle Seifekiste hawwe se umgesterzt, unner alle Better hawwe se geleucht un in alle

◁ Geschickt verstand es der von Haftstrafe bedrohte Dichter, sein Mißgeschick für Werbung umzumünzen. (Frankfurter Latern, 23. Oktober 1865)

Strohsäcke hawwe se gestoche. Zuletzt hawwe sen im Kaffeschrank gesucht, no, des hätt ich en im voraus sage könne, in em Kaffeschrank is vom Stoltze nix zu finne. Der Herr von Manteuffel hat sogar von Werzborg acht Husarn nach Milteberg reite lasse, was nor fuffzeh Stunn sin, um da den Stoltze suche zu lasse, weil er emal vor sechs Woche dort e Nacht im »Riese« logirt hat... Es muß e sehr großer Verbrecher sei!...«

»Letzt haww ich en emal in Stuttgart getroffe, da hat err mit seim Töchterche an der Schillerstatue gestanne. Un haww' ich zu em gesagt: Grüsch Gott, Stoltzele, wie kimmscht dann du nach Stugert? Un da hat er merr druff erwiddert: Ich bin gekommen worden. – Ach so, haw' ich gesagt, *Laterna in fuga!* Ich hab's aach so gemacht... Un da hat dem Stoltze sei Töchterche gesagt: Sage Se emal, Herr Hampelmann, warum hängt denn der Schiller den Kopp so? Un da haww' ich gesagt: Er werd's nöthig hawwe: er denkt vielleicht an Deutschland! – Un was er uns so traurig asieht, als wann err wißt, daß merr uff der Flucht wärn. – Da haw' ich awwer widder gesagt: Beruhig dich, mei Kind, dei Vatter is derr ehrscht un der letzt Dichter net, den die moralisch erobernde Regierung des intelligenteren Staates durch die Welt hetzt. Sogar dem Schiller da drowe is aach emal so was Ähnliches bassirt. Waaßt de noch, Stoltze? Du hast ja selbst emal beim hunnertjährige Schillerfest in Frankfort e Gedicht gemacht, in dem der Vers drin vorkimmt:

Un als de derr hast misse flichte
Von Stuttgart bis in unser Stadt,
Da haste sicher mehr Gedichte
Im Koffer als baar Geld gehat.

Der Dichter dessen Herz mit dem Schicksal der Vaterstadt in so ganz einziger Weise innig verwachsen war, hat das ihr damals widerfahrene Unheil als ganz persönliches Leid mitdurchlebt. Alles, was in Frankfurt vorging, mußte ihm seine Mary, die daheimgeblieben war und tapfer der Haussuchung standgehalten hatte, eingehend berichten, natürlich unter Aufwand von schlauen Vorsichtsmaßregeln, damit die Briefe auch nicht in unrechte Hände kämen. Das Wichtigste aber erfuhr er schnell genug durch die Zeitungen. Wie General Vogel von Falckenstein die alte Ehrenstadt Deutschlands wie Feindesland brandschatzte, ihr außer anderen Lasten die sofortige Zahlung von 5 Millionen Gulden auferlegte, wie auf dem Titel des Amtsblatts die Bezeichnung »Freie Stadt« verschwand, wie

General v. Manteuffel als Nachfolger Falckensteins dann von den Vertretern der Stadt weitere 25 Millionen als Kriegskostenbeitrag heischte und die Forderung von General v. Röder mit solchen Drohungen begleitet wurde, daß Bürgermeister Fellner sich in seiner Verzweiflung das Leben nahm! Einen Trost fanden Stoltze und seine Schicksalsgenossen in der herzlichen Teilnahme ihrer Stuttgarter Freunde, und in jenen Tagen wurde die feste Waffenbrüderschaft geschlossen, die für die spätere Entwicklung der Deutschen Volkspartei so folgenreich wurde. Besonders befreundete sich Stoltze mit dem ihm in so vieler Beziehung geistesverwandten Ludwig Pfau und auch mit Theobald Kerner, der aus Weinsberg herüberkam. Zu seinem Kollegen auf dem Gebiete der Dialektdichtung, Ad. Grimminger, hatte er schon vorher ein angenehmes Verhältnis gefunden. Lange hielt es ihn aber nicht in Stuttgart, das in Folge des noch im Gang befindlichen Kriegs mit Preußen und des Zwiespalts im Bürgertum, der am 7. August zur Gründung der »Deutschen Partei« führte, in höchster Erregung war. Nach den entscheidenden Niederlagen der Württemberger war preußische Okkupation zu befürchten. Mary war ihm inzwischen nachgereist, nachdem sie die Kinder sowie ihre wackere Stütze Marie bei den Verwandten in Frankfurt untergebracht hatte. Lyda kehrte dorthin zurück, wo sie bei ihrem Onkel Hartung Aufnahme fand. Dann fuhr das Ehepaar nach Friedrichshafen und über den Bodensee nach Rorschach und Arbon.

Die in Stuttgart angeknüpften Beziehungen wurden aber lebhaft fortgesponnen. Karl Mayer brachte im »Beobachter« eine Besprechung von Stoltzes hochdeutschen und Dialekt-Gedichten und aus denselben eine ganze Reihe gutgewählter Proben. Am 8. September erfolgte der Abdruck der Erzählung »Von Frankfurts Macht und Größe« mit dem Bemerken, »Aus Stoltzes Gedichten in Frankfurter Mundart wählen wir heute folgende Prosa aus, die jetzt, wo die Reichsstadt preußisch geworden ist, einen Zusatz von Wehmut erhält, der den Humor noch erhöht.« Die Redaktion antwortete dabei auf die vielen Stimmen des Danks für die Bekanntschaft, die sie den schwäbischen Landsleuten mit dem Frankfurter Dichter verschafft habe. Es erschien aber auch ein Gedicht mit der Anfrage, wo eigentlich der Herr Hampelmann jetzt stecke. Die Antwort ließ nicht lange auf sich warten. Am 28. September konnte der »Beobachter« unter dem Titel »Wo ich sei und wo ich mich hingewendet« St. Sulpize am Genfer See als Aufenthalt bekanntgeben. (Erschienen 1871 im 3. Teil der Sammlung »Gedichte in Frankfurter und hochdeutscher Mundart« als das Gedicht »Am Lemansee«.) Es waren damals mancherlei Verhandlungen mit Freunden im Gange, die auf Stoltzes Übersiedlung nach Wien, Darmstadt oder einen rheinischen Ort abzielten.

Am 8. Oktober 1866 erfolgte die feierliche »Besitzergreifung von Frankfurt« durch den preußischen Zivilgouverneur Minister v. Patow im Kaisersaale des Römers in Gegenwart der Mitglieder des Senates, der christlichen und israelitischen Geistlichkeit, der Oberlehrer der Schulen, der Spitzen der Verwaltungsbehörden, der Schultheißen der Dorfschaften, des kommandierenden Generals v. Beyer mit dem Offizierskorps der Garnison. Der königl. Zivilkommissar Landrat v. Madai verlas zunächst das königliche Patent und dann König Wilhelms Proklamation an die Bewohner der vormaligen Freien Stadt Frankfurt.

Der Senat fungierte zunächst als kommunale Magistratsbehörde weiter bis zum 28. Februar 1868. An die Stelle des Senats als kommunale Verwaltungsbehörde trat dann der aus zwei Bürgermeistern, vier besoldeten und sechs unbesoldeten Stadträten bestehende Magistrat; die staatliche Aufsicht führte die königliche Regierung in Wiesbaden mit dem Regierungspräsidenten an der Spitze und in Frankfurt vertreten durch den Polizeipräsidenten. Neben diesem bestand die 54 Mitglieder umfassende Stadtverordneten-Versammlung, die am 25. September 1867 ins Leben trat.

Welcher Zwiespalt durch die Annexion in die Frankfurter Bürgerschaft gekommen war, läßt sich erst ganz begreifen, wenn man die langen Kämpfe in Erwägung zieht, die seit 1849 hier zwischen den Demokraten und Gothaern ausgefochten waren. Letzteren fiel es nicht allzu schwer, sich in die neue Lage zu finden. Selbst die Schuljugend wurde gleich mit in diesen Zwiespalt gezogen. Der Protest gegen die Annexion äußerte sich darin, daß Eltern ihren Kindern die Hüte und Mützen in den Stadtfarben ausstaffierten. Die Kinder preußisch gesinnter Familien trugen nun ostentativ Schwarzweiß. Darüber geriet sich die Jugend in die Haare, und das führte zum Verbot der rotweißen Abzeichen durch den noch in Funktion begriffenen Senat. Stoltze, der in der Schweiz davon erfuhr, dichtete das »Allerneueste Frankfurter Volks- und Musterschul-Liedchen«:

Die roth un weiße Läppercher,
Un Hütercher un Käppercher
Von Büwercher un Mädercher
Verbiete die Senätercher.

Verbiete die Senätercher,
Die weiland Demokrätercher,
Jetzt schwarz un weiße Pländzercher
Mit gold'ge Competenzercher...

Stoltze hatte die unfreiwillige Muße des Exils zu einer Erholungsreise durch die Schweiz benutzen können, über deren Verlauf die Ankündigung einer poetisch-humoristischen Schilderung Auskunft gibt, die er damals im Sinn hatte. Unter den Kapitelüberschriften befanden sich folgende vielversprechende: »Der Abt von St. Gallen«, »Hampelmanns Sprung auf die Tellsplatte«, »Die Entstehung von Oos«, »Hampelmann in Baden«. Dies poetische Reisetagebuch sollte in einer Reihe von Krebbelzeitungs-Nummern erscheinen unter dem gemeinsamen Titel »Hampelmann im Exil«.

Mit diesem Plan kehrte er nach dem Erlaß der Amnestie im Oktober aus Baden-Baden, wo er mit Georg Herwegh verkehrte, nach Frankfurt heim. Doch blieb es bei der ersten Nummer, die der Flucht nach Stuttgart und dem dortigen Aufenthalt gewidmet war. In humoristisch-poetischer Form stattete er hier den Schwaben den Dank für die bei ihnen genossene Gastfreundschaft ab mit einem Loblied auf das schöne Stuttgart und alle seine Sehenswürdigkeiten.

Im Prolog dieser Nummer schilderte Stoltze mit grimmem Humor den ersten Eindruck, den die zur preußischen Kreisstadt degradierte Vaterstadt auf ihn machte, und eine Ironie des Zufalls wollte, daß er dabei den Pfarrturm anredete, der glücklicherweise noch auf seinem alten Fleck stehe.

Ich fahr' nicht zur Donau, ich fahr nicht zum Rhein,
Laß braußen die Darm, laß braußen!
In Frankfurt ist's schön! – und ich wohn' ja nicht drein,
Ich wohne vor Sachsenhausen.

Dort wohn' ich, romantisch am Mühlberg hinan,
Ein sturmverschlagner Odysses;
Der Pfarrturm schaut her und schaut fragend mich an. –
Ich zucke die Achseln: So is es.

Ich tröste den alten ehrwürdigen Herrn:
Sei still doch und laß das Gegreine!
Du Pfarrturm, du hast doch noch deine Latern,
Zum Teufel ist aber die meine!

Daß im nahenden Jahre der Frankfurter Kaiserdom samt dem Pfarrturm abbrennen würde, wie hätte er es ahnen können! Der Pfarrturm war ihm das Symbol der glanzvollen Vergangenheit Frankfurts, und sein Geist suchte Trost in dieser Vergangenheit vor den Eindrücken der schmerzlichen Gegenwart. Er war mit der Absicht heimgekehrt, sich in das Unabänderliche nach bestem Können zu fügen. Die lange Muße, die ihm die Exilszeit gewährt hatte, war nicht unbenutzt verstrichen. Viel hatte er während dieser Zeit über sein Schicksal nachgedacht, daß in so eigentümlicher Weise sein eigenes Leben mit den Hauptepochen der Geschichte der Freien Stadt Frankfurt – 1816, 1833, 1848, 1866 – verknüpft hatte. Genau ein Halbjahrhundert hatte die Verfassung der Freien Stadt Frankfurt bestanden; genau ein Halbjahrhundert war er nun selber alt.

Seit seinem ersten Erwachen zu einem politischen Bewußtsein war er Zeuge gewesen, wie Frankfurt wieder und wieder zum Brennpunkt der großen nationalen Einheits- und Freiheitsbewegung und der sich gegen sie wendenden Demagogenverfolgung wurde. Mit Entrüstung las er jetzt in den Zeitungen, es sei eitle Großmannssucht, wenn Frankfurt sich so auf seine freistaatliche Selbständigkeit versteife, seine Bevölkerung sei immer nur partikularistisch gesinnt und von engherzigstem Krämergeist beseelt gewesen. Er wußte es besser! Die Knabenzeit im »Rebstock« belebte sich jetzt mit greifbarer Deutlichkeit von seiner Phantasie, das Bild des Vaters und der geliebten Schwester – und diesmal hielt er die Bilder der Vergangenheit fest. Die erste seiner größeren Erzählungen aus der Jugendzeit entstand: »Der rote Schornsteinfeger«.

Für ihre Veröffentlichung gründete er eine neue Zeitschrift in kleinerem Format, der er den Titel »Der wahre Jakob, ein gemütliches Mainlinienblatt« gab. Unter dem Titel »Aus den Jugendjahren eines Unverbesserlichen«, erschien die Erzählung. Die Herausgabe des Blattes wurde ihm jedoch durch die nun preußische Polizeibehörde erschwert. Er mußte 800 Taler Kaution zahlen, Freund Hadermann besorgte das Geld. Daß ihm zwei Altfrankfurter, Oberbürgermeister Mumm und Senator Jäger, dabei noch schikanöse Schwierigkeiten machten, erbitterte ihn ganz besonders.

Aber auch echte Freundschaft erlebte der Dichter in dieser Zeit wieder: so hatte ihm H. B. Rosenthal als Eigentümer der ehemaligen Zickwolffschen Villa am Fuße des Mühlbergs bei Sachsenhausen diese samt Garten für die Dauer eines Jahres zur Verfügung gestellt.

Am 1. Januar 1867 erschien die No. 1 des »Wahren Jakob«. Sie wurde den bisherigen Abonnenten der unterdrückten »Latern« zur Ansicht übersandt, und nicht ein einziger hat das Blatt zurückgewiesen. Dagegen wurde die Erlaubnis zum Kolport von der Behörde verweigert. Senator Jäger wies das Gesuch mit dem Bemerken zurück, daß er »nicht zur weiteren Verbreitung des Blattes beitragen wolle«. Als dann die Nummer 10 die Schilderung im »Roten Schornsteinfeger« brachte, wie anno 1832 die Demagogen im »Rebstock« das Lied »Ferschte zum Land enaus« sangen, fand der Zivilkommissar und spätere Polizeipräsident v. Madai in dem Abdruck des Gedichts eine Majestätsbeleidigung und konfiszierte die Nummer. Um ein Haar wäre Stoltze sofort verhaftet worden. Es gelang ihm aber doch, Herrn v. Madai zu überzeugen, »daß der fromme Wunsch jenes Lieds vom Jahre 1830 nicht den gegenwärtig in Deutschland regierenden Fürsten gelte«.

Man hat dem Herrn v. Madai nachgerühmt, daß er sehr versöhnlich in Frankfurt gewirkt habe, und in den Kreisen, wo er Orden und Titel zu verteilen hatte und sichs an festlicher Tafel wohlsein ließ, gab er sich auch sehr charmant. Für die so natürliche Volksstimmung, die Stoltze vertrat, hatte er aber kein Verständnis, und den Bürgertrotz der wirtschaftlich Schwachen bekämpfte er anfangs mit den Zwangsmitteln des Polizeistaats. Verschiedene schnell einander folgende Maßregelungen verleideten dem Dichter die Fortsetzung des Blattes in regelmäßiger Folge; er hatte das Gefühl, er würde bei seinem Drang, sich an den neu entbrannten Kämpfen der Bürgerschaft zur Sicherung des städtischen Vermögens in alter Weise zu beteiligen, aus den Konflikten mit der Polizei nicht herauskommen.

Aber noch ehe er mit der regelmäßigen Fortsetzung des »Wahren Jakob« abbrach, brachte ihm ein neues Unglück der Vaterstadt ein Erlebnis, das ihn in besseren Einklang brachte mit der werdenden Zeit. In der Nacht

Nach dem Frankfurter Dombrand, 1866. ▷

vom 14. zum 15. August 1867 wurde der Dom samt dem Turm zum größten Teil ein Raub der Flammen. Die alten Glocken, die Stoltze als Knabe droben beim Glöckner Pistor oft selbst hatte läuten dürfen, versanken im Inferno der Flammen:

> Un als se schmolze, Stück um Stück,
> Enunner in die Gluthe,
> Mir war's, als dhet mei Jugendglück
> Mir aus dem Herze blute;
> Mir war's, als ob mei Kinnerzeit
> Mit allem Klang und Schimmer
> Un ihrer ganze Seligkeit
> Zerfalle dhet in Trimmer.

König Wilhelm, der zufällig auch von dem Brand Zeuge geworden war, stellte zum Wiederaufbau des Doms beträchtliche Mittel zur Verfügung, und die Beiträge, die von überall her aus Deutschland dem schnell gegründeten Frankfurter Dombau-Verein zuflossen, bewiesen, wie gern man diese Gelegenheit benutzte, der altberühmten deutschen Stadt die alte Liebe zu bezeugen. Nicht wenig trugen Stoltzes »Dombaulieder« dazu bei, die Frankfurter selbst für den Wiederaufbau zu begeistern. Gleich nach dem Brand erschienen sie in einer Fortsetzung seines Blattes, der er den Sondertitel »Frankfurter Pechfackel« gab. »E Frankfort ohne Pathorn wär wie e Pathorn ohne Frankfort«, ließ er darin seinen Hampelmann sagen. »Un was den Domm betrifft, da hawwe Katholike un Protestante, Judde un Christe all nor aan Glaawe: er mißt widder uffgebaut wern!« Noch vor Ende 1868 konnten Magistrat und Stadtverordnete den Entschluß fassen, Dom und Pfarrturm nicht nur herzustellen, sondern auch freizulegen und den Turm nach dem ursprünglichen Plane auszubauen.

Daß bis zur Vollendung des Aufbaus ein neues Deutsches Reich erstanden sein würde, das keine Mainlinie mehr kannte, ahnte damals wohl niemand in Frankfurt. Als Stoltze 1868 den Zimmerspruch zur Vollendung des Notdaches über der Domruine dichtete, da schwebte seiner Sehnsucht noch das Ideal eines neuen Reichs vor, dessen Hauptstadt Frankfurt sein würde.

Der schöne Spruch wurde bei der Feier auf dem Notdach am 7. September in Anwesenheit der Meister Prößler, Benkard, Meixner und Petri auf dem nach dem Domplatz gelegenen Türmchen vom Zimmerparlier Bender vorgetragen.

Als am Schlusse des Jahres der Dichter einen Versuch machte, seine »Latern« neu aufleben zu lassen, begegnete er demselben kleinlichen Widerstand der Polizeibehörde, die auch die sämtlichen im Juli 1866 konfiszierten Vorräte, selbst die noch vorhandenen Nummern der harmlosesten Krebbelzeitungen in strengem Verwahr behielt. Man schien es auf den wirtschaftlichen Ruin des Frankfurter Volkspoeten abgesehen zu haben, der schon in Zeiten von deutscher Einheit und Freiheit gesungen hatte, als dies in den Augen eines preußischen Polizeipräsidenten das größte Verbrechen war. So konnte er erst recht lebhaft auch den wirtschaftlichen Rückgang mitempfinden, der sich in der Altstadt als natürliche Folge der Beseitigung des Bundestags damals geltendmachte und der durch das Anwachsen der Steuern doppelt fühlbar wurde. Er teilte die Mißstimmung durchaus, die so manche Vorschrift und Neuerung weckte und gegen die sich Altfrankfurt nach dem Grundsatz des jetzt gar oft zitierten »Pompier Braunschweig« wehrte: »Was geht's mir aa? wann's brennt, bumb' ich!« Doch der Dichter verlor seinen Humor nicht, und wenn er unter all den Schikanen, denen gerade er von seiten der Polizei ausgesetzt war, nicht preußenfreundlicher wurde, so kann dies niemand wundern.

Von seinem damals etwas grimmig gestimmten Humor gab er im folgenden Jahr eine größere Probe. Die Annexion Frankfurts hatte in der deutschen Presse ein lebhaftes Für und Wider geweckt, wobei die Rheinländer Classen-Kappelmann und Friedr. Harkort in hervorragender Weise für Frankfurt eintraten, während der frühere Präsident der nassauischen Volkskammer und nunmehrige Reichstagsabgeordnete für Wiesbaden, Karl Braun, schon längst in Schrift und Wort ein eifriger Gegner der deutschen Kleinstaaterei, mit besonderer Schärfe als Verteidiger der Annexion auftrat. Im Herbst 1868 erschien Brauns Schrift »Frankfurts Schmerzensschrei und Verwandtes«. Der witzige Kopf hatte darin »den höchst talentvollen Dialekt- und Lokalpoeten Stoltze«, den »trefflichen Laternendichter« zum Zeugen für seine Ansicht gemacht, daß in Frankfurt der Hauptsitz eines verzopften Kirchturmphilistertums gewesen sei, indem er des Dichters humoristische Dialektgeschichte »Von Frankfurts Macht und Größe« zum Abdruck brachte. So sah Stoltze ein Lieblingsstück seines Humors, in dem er dem alten längstverstorbenen

Großvater Rottmann ein Denkmal gesetzt hatte, als Waffe gegen sich in dem Kampf für Frankfurts Ehre und Ruhm verwendet. Mit loderndem Zorn ging er an die Antwort. Er beschwor seinerseits den Geist des Großvaters Rottmann. Und damit wurde die Einleitung der Schrift ein Kabinettstück seines Altfrankfurter Humors von ergreifender Wirkung.

»Hast de dann die Broschür gelese, Großvatter?« läßt er den alten freundlichen Herrn, der erschienen ist, um sich nach dem Verfasser der Schmähschrift gegen Frankfurt zu erkundigen, den von dem Wiedersehen tieferschütterten Enkel fragen. »Des weniger, denn so Zeug kommt net in Himmel. Awwer e kerzlich verstorwener Frankforter hat mer die Sach verzählt. So e Braun! – So e –! Awwer wart, Berschi, ich will dich be-Frankfurts Macht un Größele!« – »Sei nor net bös, Großvatter, daß ich dich dazumal mit dere Geschicht in die Krebbelzeitung gesetzt hab!« – »Fällt merr gar nett ei! Heut noch unnerschreib ich jed Wort. Nor hätt ich gewinscht, du häst die Sach in e würdiger Form gebracht, dann vor denjenigte, der in die Mysterien der Frankforter Sprach net eigeweiht is, sieht's fast wie e Uhtz aus. Awwer der Grundgedanke is gut: Frankforts Macht un Größe! – So an der Sachsehäuser Wart uff em Chausseehaufe zu steh un stolz erunnerdeute zu könne uff die Stadt, war des nix?

Hie unnern blaue Himmelsdach,
Von Griesheim fast bis Ofebach,
Von Yseborg seim erste Haus
Bis iwwer Bornheim weit enaus,
E ganz Quadratmeil in der Rund
War freier deutscher Berjergrund!
Un Reichtum, Wohlstand rings im Thal,
Wer hat's in Deutschland noch emal?...

Stoltze gab seiner Streitschrift den Titel »Schwarz-Weiß-Braun nebst Verwandtes« und bezeichnete sie – um den scharfen satirischen Ausfällen den Charakter der Dichtung zu sichern – als »Roman«. Sie erlebte in jener bewegten Zeit neun Auflagen (Selbstverlag des Verfassers, Druck von G. L. Löw) und erregte viel Aufsehen – stürmischen Beifall in Frankfurt, wo auch die »Frankfurter Zeitung« sehr energisch gegen die Angriffe protestierte – entschiedenes Mißfallen in Berlin, was sie auch sollte.

Die Lektüre der Schrift war die letzte Freude der alten Mutter des Dichters, die am 24. Dezember 1868, neunundsiebzig Jahre alt, starb. Zu bedauern bleibt, daß die Polemik Stoltzes gegen Braun sich zu Insinuationen verstieg, die dem im Grund sehr jovialen Verfasser der »Bilder aus deutscher Kleinstaaterei« entschieden Unrecht taten. So eiferte er in seinem Zorn, aber sein Patriotismus erlitt darüber keine Einbuße. Als ein Denkmal der deutschen Einheit wuchs der neue Turm des Frankfurter Kaiserdoms empor, und zum Guß der größten der neuen Glocken wurde von dem in Versailles zum deutschen Kaiser erhobenen König von Preußen das Metall von der Beute französischer Kanonen geliefert.

18 »Beeinflussen lassen wir uns nicht.«

Beim Ausbruch des Kriegs hatte sich die patriotische Begeisterung der Bürgerschaft Frankfurts in heller Einmütigkeit geregt, und Stoltze sang:

Hie Frankfurt! Treu in alle Welt!
Und deutsch wie immer!
Vom Brenner bis zum blauen Belt,
Wer ist's, der Deutschland höher hält?
Wir glauben's nimmer!

Gegen Napoleon und dessen Rheingelüste richtete er in der Frankfurter »Latern« im Wetteifer mit dem Berliner »Kladderdatsch« seinen witzigen Spott. Als dann das neue Reich gegründet war, am 10. Mai 1871 der eiserne Kanzler in Frankfurt den Frieden mit Frankreich zum Abschluß brachte, als die festlichen Einzüge der heimkehrenden Sieger die Städte Deutschlands mit Jubel erfüllten, fand Stoltze in seinem Herzen den Ton der Freude. Er fühlte wieder »barbarossisch«, aber nicht mehr mit romantischer Sehnsucht, nicht mehr mit skeptischer Ironie, sondern im Einklang mit der Gegenwart.

Bald nach dem Ausbruch des Krieges hatte Stoltze eine Probenummer der »Frankfurter Latern« mit seinen ersten Kriegs- und Siegesliedern erscheinen lassen; zwei weitere Flugblätter dieser Art erhielten den Titel »Deutsche Latern«. Die Idee zu dieser Titeländerung stammte von W. Kaulen, dem früheren Herausgeber der »Rheinischen Zeitung« in Düsseldorf; Kaulen hatte Beziehungen zu Wilhelm Busch, der damals viel als Gast des Keßlerschen Hauses in Frankfurt lebte, und gewann den genialen Zeichner zum Mitarbeiter, nachdem er sich mit Stoltze über die gemeinsame Herausgabe einer »Deutschen Latern« verständigt hatte. Die erste

Nummer brachte Buschs Zeichnerscherz »Wie man Napoliums macht« und noch andres von Busch. Doch blieb es, wie gesagt, bei den Probenummern. Stoltzes selbständige Natur vertrug sich nicht mit Kaulens Art, das Blatt zu führen, und er trat vom Vertrag zurück.

Seine ehrliche Freude an der endlich gewonnenen deutschen Einheit wurde zwar getrübt durch das Bedauern, daß von dem neuen deutschen Bundesstaate die acht Millionen Deutschösterreicher ausgeschlossen blieben. Auch konnte er schwer verwinden, daß in dem neuen Reich die alte Freie Reichs- und Kaiserkrönungsstadt wirklich weiter nichts als eine »Kreisstadt im Regierungsbezirk Wiesbaden der preußischen Provinz Hessen-Nassau« sein und bleiben sollte. Aber zu der rein negativen Opposition, in die der greise Johann Jacoby in seiner Verbitterung damals die deutsche Demokratie hineinzusteigern suchte, fand er sich nicht hingezogen. Die Persönlichkeiten freilich, deren Energie und Staatskunst die Gründung des Reichs ermöglicht hatten, direkt zu feiern, vermochte er nicht. Die scharfe Satire, mit der er nach der Annexion schnellfertige Überläufer verurteilt hatte, verstummte zwar, aber den allzu Nachgiebigen von damals trug er die »Untreue« weiter nach. Er opponierte gegen die unbedingte Folgsamkeit der meisten früheren »Gothaer« gegenüber der Reichsregierung, ebenso gegen die offiziell sich äußernde Geringschätzung der Pionierdienste, die das achtundvierziger Friedenswerk des liberalen Bürgertums den großen kriegerischen Erfolgen der Bismarckschen Staatskunst geleistet hatte.

Ab und zu hatte Stoltze im Herbst 1871 einzelne Flugblätter nach Art der Krebbelzeitung als »Probenummern« einer neuen »Frankfurter Latern« seinen Lesern dargeboten. Zu Ende des Jahres kam eine solche, Druck von F. Körber, heraus mit dem Leitgedicht »Schon wieder eine Nummer«. Darin rief er, nach einem Seitenblick auf andere Dichter, die sich damals in bedingungsloser Verherrlichung des neuen Zustands gefielen:

Gott weiß, ich liebe dich, mein Vaterland!
Ich war in deinem Dienste niemals fehlend;
Ich litt für dich, verfolgt, verarmt, verbannt,
Und stets in Treu zu dir mich neu beseelend;
Doch ach, es blieb ein Dichter bei Verstand,
Bei deinem Rausch, dem Wahnwitz nah verwandt;
Ein Jahr des Rauschs für viele Jahre Elend!

Wenn ich für Mächtige die Saiten schlüg',
Wer weiß, ob sie auch mich nicht lieb gewönnen! –
Wie ich mit schönen Träumen mich belüg',
So hätt' ich andre auch belügen können.
Mein Pegasus im Joch, ob er's ertrüg?
Nein; neben Stieren ist er ungefüg;
Ich will ihm lieber doch die Freiheit gönnen!

Am Schlusse der Nummer folgte die Ankündigung: »Mit Januar 1872 erscheint die »Frankfurter Latern« regelmäßig. Ihre Färbung wird eine rosige sein; sie wird daher alles ins beste Licht setzen. Unsere prosaischen Kommunal-Angelegenheiten wird sie poetisch erhellen und unsere poetischen Kommunal-Angelegenheiten prosaisch verdunkeln, wollt' ich sagen: noch poetischer verklären; die Redaktion unterhält das Publikum und das Publikum unterhält die Redaktion. Vorerst sind von unsrer Seite vorgesehen: Aus der Geschichte Frankfurts: Der Herbstkrawall und die Frankfurter Laternenpromenade; Der Durchzug der Polen; Das Fest auf dem Sandhof; Der Ausbruch der Gefangenen des 3. April, oder: Die Verschwörung im Gasthaus zum Rebstock usw. Sodann: Die Schiffahrt nach Königstein (1827), Die Flucht von Königstein (1960).«

In der Tat erschien vom 17. Februar 1872 an die »Frankfurter Latern« wieder regelmäßig, und die angekündigten Erzählungen, wenn auch in anderer Aufeinanderfolge und unter anderem Titel, füllten das in dem Blatte neueingerichtete Feuilleton während der folgenden Jahre. In dem Zeichner G. Schmitt erhielt das Blatt einen humor- und talentvollen Illustrator.

Aus dieser Ankündigung geht hervor, daß bei dem Dichter, ehe er sich entschloß, den Roman »Polen und Studenten« zu gestalten, der Plan bestand, die Welt seiner Kindheitserinnerungen weiter in kleineren geschichtlichen Lebensbildern seinen Lesern zu erschließen. Daher mag wohl der ästhetische Grundfehler dieser von Stoltze nie beendeten größeren Erzählung stammen, der darin besteht, daß die schildernden Episoden darin viel interessanter und poetisch weit wertvoller sind als die eigentliche Handlung mit den Liebesgeschichten der allezeit heiratslustigen Witwe Fingerhut, des leichtfertigen Barbiers Rensch und anderer Nebenpersonen. Sie sind zu dem lebensvollen Kern der wirklichen Lebenserinnerungen hinzuerfunden. Dem Dichter war eben bei diesem Werke viel mehr daran gelegen, die Frankfurter Demagogenzeit und ihre Beziehungen zum Vaterhaus in der humoristisch-gemütlichen Art darzustellen, die dem »Roten Schornsteinfeger« bei all seinen Freunden zu ganz besonderer Beliebtheit verholfen hatte. So erklärt es sich auch, daß Annett, die geliebte Schwester, obgleich die Heldin des Ganzen, in dem eigentlichen »Roman« aus der Altfrankfurter Zunftwelt fast gar keine Rolle spielt, daß sie uns vom Bruder, der ihr ein Denkmal setzen wollte, rein biographisch vorgeführt wird. Stoltze selbst wurde bis an sein Lebensende von Freunden und Verehrern zur Vollendung gedrängt, und den Vorsatz dazu hat er oft geäußert. In ganz kleinen Portionen auf die Nummern der »Latern« verteilt, ja oft mit Unterbrechungen, wenn der politische Text den Raum beanspruchte, ließ Stoltze die genannten Erzählungen erscheinen.

Als er im Juli 1879 mit der Veröffentlichung abbrach, beklagte er die falsche Art der Publikation: »Der Mißgriff ist nun einmal geschehen«. Doch selbst in dieser Form hat das Werk auf alle Frankfurter, die der Selbständigkeit ihrer geliebten Vaterstadt nachtrauerten, tief gewirkt, nicht minder wie die anderen Erzählungen, die aus dem eigenen Leben des Dichters geschöpft waren.

Und diese Wirkung war doppelt. Der Humor, mit dem Stoltze jetzt von der Vergangenheit erzählte, hatte einen weicheren Grundton als jener, mit dem er 1852 in kecker Jugendfrische in der Krebbelzeitung die Beseitigung der Frankfurter Stadtwehr beklagt oder das Altfrankfurter Zunftwesen gröblich verspottet hatte: die Sehnsucht, mit der jeder Alternde nach dem Paradiese seiner Jugendzeit zurückblickt, das Bewußtsein, von Unwiederbringlichem zu erzählen, gab diesen Prosastücken eine zu Herzen gehende Wärme, die jeden Leser menschlich berühren mußte. Die lächelnde Ironie, der auch jetzt noch keck zugreifende Wahrheitsdrang des Erzählers und die lustigen Schlaglichter, die sein Humor auf das Unzulängliche der Zustände in der Demagogenzeit und der Zeit des Schillerfestes sprühte, wirkten versöhnlich auf jedes Frankfurter Gemüt, das der früheren Zeiten wohl gern gedachte, aber doch fühlte, daß jede Zeit ihr Recht hat. Die kleineren Geschichten wie »Der warme Deckel«, »Das Jahresfest der Brautreise«, und »Parre Kännche« fanden in einer Buchausgabe unter dem Titel »Alte Neuigkeiten« (3 Bändchen, Verlag der Frankfurter Latern 1874 bis 1876) schnell weite Verbreitung. Wie schon früher bei den »Gedichten in Frankfurter Mundart«, deren Volksausgabe 1879 zu erscheinen begann, hatte man in Frankfurt bald herausgefunden,

Friedrich Stoltze in den siebziger Jahren.

welche erheiternde Wirkung sie beim Vorlesen ausübten, und ihr Vortrag wurde in Vereinen ein beliebtes Mittel der Unterhaltung.

Zum Schmeichler partikularistischer Selbstüberhebung war Stoltze aber nicht geworden. Selbst aus Freundesmund hatte er den Vorwurf zu hören, daß er bei aller Liebe für das alte Frankfurt in seiner Kritik der vergangenen Zustände bisweilen zu weit gehe. Diese Tadler vergaßen ganz, daß Stoltze Jahrzehnte hindurch im vordersten Glied der Männer gestanden hatte, die gegen allen Zopf des altrepublikanischen Gemeinwesens hartnäckig angekämpft, die 1849 und 1851 die Grundrechte bejubelt und verteidigt, 1864 die Gewerbefreiheit und Freizügigkeit glücklich durchgesetzt hatten. Sie übersahen den tragikomischen Humor seines Dichterschicksals: als letzter Sänger der 48er Volkserhebung war Stoltze durch den Steckbrief des Offenbacher Kreisrats Willich und die Auslieferungsverträge zwischen den Frankfurt umgebenden Fürstentümern jahrelang in Frankfurt umzingelt gewesen, und da hatte sein Humor ihn gelehrt, aus dem Unglück einen Glücksfall zu machen und Frankfurt für den schönsten Aufenthalt der Welt zu erklären. Als »der Freiheit letzter Zufluchtsort« war es ihm in jener trüben Reaktionszeit über alles teuer geworden.

So antwortete er, als solche Vorstellungen sich häuften, energisch in seiner »Latern«: »So sehr wir auch unsre Vaterstadt lieben, so kann uns dies doch nicht abhalten, die Wahrheit zu sagen, da, wo sie gesagt werden muß. Alles Gute, was nicht frankfurterischen Ursprungs ist, zu negieren, dagegen Alles und Jedes unbedingt und absolut zu loben oder zu verdunkeln, was im alten Frankfurt vorhanden gewesen, dazu geben wir uns nicht her. Beeinflussen lassen wir uns nicht. Das ist noch niemand gelungen.«

Als 1879 der Hannoveraner Dr. Johannes Miquel Frankfurter Oberbürgermeister geworden war und dieser aus alter Gewohnheit als nationalliberaler Parteiführer bei festlichen Anlässen Reden hielt, die den echten Patriotismus nur für seine Partei in Anspruch nahmen, schrieb Stoltze an gleicher Stelle: »In der Vaterlandsliebe bedürfen die Frankfurter keiner Anregung von seiten des neuen Herrn Oberbürgermeisters, diese Liebe ist bei uns Frankfurtern von jeher selbstverständlich gewesen und zu allen Stunden mit Gut und Blut betätigt worden. Franzosenfresser sind wir keine in Friedenszeiten, aber auch keine blinden Bewunderer der Franzosen; dafür haben sie unter dem ersten und dritten Napoleon schon zu viele dummé Streiche gemacht. »Diesen Kuß der ganzen Welt!« »Deutschland über Alles!« und »Iwer Frankfurt geht nix!« Das ist unser Motto!!!«

Wenn Neuerungen alte berechtigte Eigentümlichkeiten verdrängen wollten, ohne Besseres zu bieten, oder wenn es galt, der Altstadt die Messen, der Sachsenhäuser Gärtnerei ihr altes Gelände zu erhalten, da bewährte er sich als der Schutzgeist Altfrankfurts. Andrerseits fiel es ihm nicht mehr schwer, bei Gelegenheit den eisernen Kanzler als Einiger Deutschlands direkt zu feiern. Wenn dieser mit seinem Abgang drohte, brachte die »Latern« regelmäßig ein von ihrem Zeichner G. Schmitt vorzüglich erfundenes Bild: Bismarck als rüstiger Wandergesell greift zum Wanderstab, und darunter stand die hübsche Altfrankforterische Schelmerei: »Ach gehn Se fort un bleiwe Se doch noch e bissi da!«

Wie das schwarzrotgoldne Banner gehörte Stoltze in der Zeit nach 1870 zur Frankfurter Demokratie; er verkörperte die Erinnerungen an die Kämpfe und Siege der Partei seit 1848, an die Ideale, für welche jenes Banner in der Sturm-und-Drang-Periode des Kampfes um deutsche Einheit und Freiheit das Symbol gewesen war. Während Leopold Sonnemann mit seiner klaren Erkenntnis wirtschaftlicher Bedürfnisse einer werdenden Großstadt die Frankfurter Demokratie tatkräftig neu organisierte und ihre Wirksamkeit im Gemeindeleben auch in sozialpolitischer Hinsicht schöpferisch gestaltete, blieb Stoltze der idealistische Gefühlspolitiker im Geiste Schillers, der sich hoffnungsfroh zu seinen Jugendidealen bekannte. Dem entsprach seine Haltung in den zahlreichen Wahlkämpfen, die in den siebziger Jahren meist sehr heftig waren; Stoltzes Beliebtheit in der Altstadt und in Sachsenhausen trug nicht wenig dazu bei, daß sich dort für Leopold Sonnemann als Reichstagsabgeordneten immer wieder starke Majoritäten fanden. Jenem Idealismus entsprach seine Haltung als Lyriker und Satiriker in der »Latern« bei der Bekämpfung der politischen Übelstände im neuen Reich und beim Erstreiten jenes Maßes von Freiheit, das einst die Grundrechte des Frankfurter Parlaments allen Deutschen gewährleistet hatten. Für den Anspruch der Märtyrer und Pioniere des deutschen Gedankens in der schmachvollen Bundestagszeit auf den Dank der jetzt geeinten Nation trat er begeistert ein; er pflegte die Erinnerungen an diese Männer, und feierte im poetischen Nachruf das Jubiläum des »Hambacher Festes«, des »Frankfurter Attentats« und des »deutschen März« durch ernste und heitere Erinnerungen. Er war der

Verfasser des Aufrufs für das Denkmal von Ludwig Börne, er sorgte dafür, daß für den deutschen Volksmann August Wirth und die »Septembergefallenen« des Volks auf dem Frankfurter Kirchhof Grabmäler erstanden.

Stoltze bekämpfte den Militarismus, die Bevorzugung des Offizierstandes zum Nachteil des Bürgerstandes, die Geheimjustiz im Heere, alle Beschränkungen der Preß- und Versammlungsfreiheit, den Kulturkampf, soweit er mit Ausnahmegesetzen geführt ward. Und als der Berliner Hofprediger Stöcker und der Historiograph des preußischen Staats, Professor Heinrich von Treitschke, den vom liberalen Bürgertum gerade überwundenen Antisemitismus neu entfesselten, trat er, zu dessen erprobtesten Freunden Männer mosaischer Herkunft zählten, dieser Verhetzung entrüstet als treuer Verfechter der Parität entgegen, die vor 1866 in Frankfurt

Leopold Sonnemann (1831–1909), der Gründer der »Frankfurter Zeitung«, war Friedrich Stoltze geistig und politisch eng verbunden. Als Mitglied der liberal gesinnten Deutschen Volkspartei war er 1871–1877 und 1878–1884 Mitglied des Reichstags. In ihrem gemeinsamen Stuttgarter Exil von 1866 hatten sich die beiden Volksmänner zusammengefunden und blieben auch später eng verbunden.

vollkommen durchgeführt war. Er bekannte sich wieder und wieder in einer Reihe seiner schönsten und eigentümlichsten Gedichte zu dem Glauben seiner Jugend und klagte die Menschheit an, daß sie durch eigne Schuld des ihr von Gott zugedachten Glücks auf Erden nicht teilhaft werde.

Als gegen Ende 1875 die Freireligiöse Gemeinde aus ihrem Versammlungssaal das Bild »Die Bergpredigt« von Steinle hatte entfernen lassen, schrieb er in der »Latern«:

> Die »Bergpredigt« von Steinle, Christus als Prediger vor dem Volke, ist ein Bild, das in keiner Weise einen demonstrativen Charakter trägt. Das Bildnis Christi und das Bildnis Mose kann man in dem hehrsten »Tempel der Menschheit« auf den Ehrenplatz hängen, denn Christus und Moses sind zwei Erscheinungen, die großartiger und erhabener noch keine auf Erden und unter Menschen gewandelt sind. Vor Christus und Moses kann Darwin tief den Hut herunterziehen, ohne der Wissenschaft etwas zu vergeben, zu Christus und Moses können die freisten Völker der Erde, die stolzesten Herren und die edelsten Männer der Nation hinaufblicken in Verehrung.

Und hier sei auch ein Gedicht hervorgehoben, in dem sich die bei Stoltze so oft auseinanderstrebenden Elemente der Lyrik zu einer Einheit von geradezu genialer Eigenart zusammengefügt haben, ein Dialektgedicht religiösen Inhalts, dessen Humor wie die Totentanzbilder der Reformationszeit die Gleichheit Aller vor dem Tode zum Gegenstand hat. Die Vorliebe der Frankfurter Mundart, Verkleinerungssilben auch Großem anzuhängen, gewinnt hier eine Großartigkeit, die dem Gegenstand völlig entspricht.

Im Gaarte liche uff meim Kohl so viele weiße Feddercher,
Es hawwe ausgeschittelt wohl die Engelcher ihr Bettercher.
Mei Fraa, mei Mary, awer glaabt, des käm von Wolkelämmercher,
Die Engel hätte iwwerhaapt kaa Bettercher un Kämmercher;
Es säße all die Engelcher, sogar das heilig Michelche
Wie Spatze nachts uff Stängelcher, des Köppche unnerm Flichelche.
Aach sähe aus kaa Feddern so, un höchstens wärn des Flöckelcher
Vom große König Salomo un Belz von seine Röckelcher;
Von seine Hermelinercher un sonst'ge weiße Bärercher
Un seidene Kaninercher wärn deß in weiße Haarercher.
Die kräg err ausgekloppt von Zeit zu Zeit von wege Möttercher,
Sonst fräße se die Herrlichkeit der weiland Erdegöttercher.
Ich haw err awwer druff gedient un sagt err: »Mary, nach dem Tod,
Da is es ausgehermelint, da is es ausge-Salomot!...

Im Himmel sin sich Alle gleich, der Weise und des Stußelche,
Da is err grad so aarm un reich wie Job und 's Lazaruselche!
Des dhet aam grad aach fehle noch, daß große Herrn un Ferschtercher
Vom liewe Gott seim Chef un Koch bekäme Extra-Werschtercher.
Desjenigte is nicht der Fall! – Da sin merr all Geschwistercher,
Un nach dem Tod da is es all – mit König un Ministercher,
Mit alle Pharaonercher und irdische Jupitercher
Un sonstige Bewohnercher von alte Pyramidercher;
Mit alle Sestostrisercher un sämtliche Ramsesercher
Benebst Semiramisercher und sonstige Prinzessercher;...
Im Himmel gibts kaa Groß un Klaa, kaa Zwergercher un Riesercher,
Un Ferscht un Bettler insgemaa laaft da in bloße Fießercher...

Das Schönste in dem Gedicht ist die Milde, die es in naiver Anschaulichkeit dem lieben Gott nachrühmt, der sich zu dem Grundsatz der Amnestie bekennt und den es mit dem Humor nachsichtiger Liebe sagen läßt:

Ich blick erab von meine Stern und seh korjose Dingercher
Un guck de klaa un große Herrn sehr gnädig dorch die Fingercher.
Wann ich da gleich wollt greife als zum Blitz, meim goldne Prigelche,
Wär ausgestorwe jedenfalls schon längst des Erdekigelche;
Da stänn seit viele dausend Jahr kaa Zwingborg un Kardhäusi mehr,
Kaa Königsschloß un kaa Aldar, kaa Hittche un kaa Häusi mehr,
Dann was mei Aag schon hat erfaßt uff irdische Gefildercher,
Deß hat dorchaus net ganz gebaßt uff Gottes Ewebildercher.

Im Jahre 1876 suchte der Übereifer eines strebsamen Staatsanwalts den Dichter doch noch ins Gefängnis zu bringen. Delbrück war vom Amt des Präsidenten des Reichskanzleramts zurückgetreten, worauf amtlich erklärt wurde, daß Krankheit die Ursache sei. Die »Latern« brachte ein Spottgedicht, das Zweifel an dieser Krankheit äußerte. Darauf erfolgte die Anklage wegen Bismarckbeleidigung, und der Dichter wurde zu einer Geldstrafe verurteilt. Die Staatsanwaltschaft appellierte; die Beleidigung

»Ach gehn Se fort un bleiwe Se doch noch e bissi da.« (Karikatur von Ettl.) Eine der zahlreichen Bismarck-Karikaturen in der »Frankfurter Latern«, erschienen am 22. September 1888. Stoltze bespöttelte mit der Frankfurter Redensart eine Rücktrittsdrohung des Reichskanzlers, die er nicht ernst nahm, weil Bismarck schon mehrmals mit dieser Taktik versucht hatte, seinen politischen Willen durchzusetzen.

Ach, gehn Se fort un bleiwe Se doch noch e bissi da!

sei mit Gefängnis zu bestrafen. Vom 5. August bis zum 15. Dezember währte die Spannung, bis das Appellationsgericht unter dem Präsidium des Geheimen Oberjustizrats Vierhaus das Urteil des Stadtgerichts bestätigte. Es blieb bei der Geldstrafe. Die nächste Nummer der »Latern« brachte das Leitgedicht: »Ihr könnt in meinen alten Tagen / Mich schleppen vor ein Strafgericht / Mich samt der Gicht ins Zuchthaus tragen / Doch bessern, bessern wird's mich nicht!«

So war Stoltze auch diesmal wieder der ihm drohenden Haft glücklich entronnen. Seinen Gesinnungsgenossen an der »Frankfurter Zeitung«, gegen die es damals Strafanträge hagelte, ging es meist weniger gut.

19 Poetischer Millionär am Grüneburgweg

Er konnte sich seit der Neubegründung der »Latern« auf mehrere jüngere Mitarbeiter neben den älteren stützen, unter denen der frühere Rektor der Frankfurter Handels- und Gewerbeschule, Professor A. Zehfuß, der Lehrer Professor Ludwig Bauer in Miltenberg und der Schulinspektor Krebs in Mannheim herausragten. Börsenhumor lieferte G. Snatich, poetische Beiträge Kurt Mook in Aschaffenburg und die Frankfurter Fritz Auerbach, J. Snatich und Otto Hörth. Letzterer, ein geborener Badner und seit 1872 an der »Frankfurter Zeitung« als Redakteur tätig, stand ihm damals besonders nahe. Auch dessen Kollegen Joseph Stern, Theodor Curti, Karl und Ludwig Holthof, der Redakteur des Frankfurter Anzeigers Franz Rittweger, die Brüder Otto und Gustav Kanngießer, die sich in die Redaktion des Frankfurter Beobachters und seiner Beilage teilten, wirkten anregend auf den allmählich alternden Dichter. Dies gilt auch von den Beziehungen zu den nun schon länger in Frankfurt angesiedelten Schriftstellern Hermann Presber, dem geistvollen Rheingauer Novellisten, und Friedrich Hornfeck, dem zechfreudigen Sänger des »Schenkenbuchs«.

In schlichter Bürgerlichkeit lebte Friedrich Stoltze weiter dahin und genoß die Natur nahe bei dem Häuschen, das er jetzt am Grüneburgweg Nr. 128 zur Miete bewohnte. Vor seinen Fenstern dehnte sich der Park der Grüneburg, die sich Wilhelm von Rothschild in den fünfziger Jahren erbaut hatte, und dahinter im blauen Duft der Ferne der Höhenzug des Taunus. In seinem Gärtchen, dessen Eingang Tannen umstanden, hegte er wieder Hühner und Tauben und pflegte Blumen mit feinem Verständnis.

Von den obengenannten Journalisten war Rittweger der einzige geborene Frankfurter und besaß auch für das »Frankfortische« in Friedrich Stoltze das meiste Verständnis. Mit alten Kampfgenossen wie S. Maas und Hermann Steger vereinte ihn das »Bürgerkolleg« in der »Stadt Ulm«. Treu pflegte er die alterprobte Freundschaft mit dem Bundesschützenmeister Franz Fabricius, mit Wilhelm Rieger und Franz Wirth, dem Sohn des »Hambachers«, die freundlichen Beziehungen zu Ludwig Braunfels, Siegmund Kohn-Speyer und anderen. Sein Hausarzt war jetzt der Homöopath Dr. Delosea. Nikolaus Hadermann war am 11. August 1871 gestorben.

Stoltze hatte jeden seiner Söhne angeleitet, einen praktischen Beruf zu ergreifen: Adolf, den ältesten, hatte er zum Mechaniker ausbilden lassen, Hermann war Kunstgärtner geworden, und Friedrich, der jüngste, bezog 1878 das Polytechnikum in Karlsruhe, um Ingenieur zu werden. Zur Silbernen Hochzeit der Eltern hatten Freunde und Verehrer des Dichters eine Stoltze-Stiftung geschaffen, die dem Haushalt einen gewissen Rückhalt bot. Der Expedition der »Latern« stand weiter Frau Mary mit rastloser Energie vor, und die beiden herangewachsenen älteren Töchter Lyda und Laura entwickelten sich zu tüchtigen Gehilfinnen derselben im Haus wie im Büreau. Vier Töchter – es sind noch Molly und Alice zu nennen – schmückten das Heim, und wie sich selbst die unvermeidlichen Sorgen und Seufzer des Familienvaters in herzerquickenden Humor wandeln konnten, bezeugt das Gedicht »Einem unglickliche Familjevatter, der nor verrzeh Döchter hat«, das 1879 den Treffer in der »Frankfurter Jubiläums-Krebbel- und Warme Brödercher-Zeitung« bildete:

Verrzeh Döchter is e Sege,
Verrzeh Döchter is e Wonn!
Verrzeh Barblee for den Rege!
Verrzeh Schermcher vor die Sonn!
Verrzeh Regemäntel detto!
Verrzeh paar Gallosche netto!
Achtunzwanzig Gummischuh! –
Himmel, gieß und regen zu!...

Stoltze blieb auf jedem Felde seines Talents bis zum Tode fruchtbar. Er würde bei weitem mehr »für die Ewigkeit« geschaffen haben, wenn er nicht beständig seinem Ruf als stets gefälliger Festlied- und Festspieldichter die größten Opfer gebracht hätte. Sehr treffend hat Otto Hörth diesen Zug in seinen »Erinnerungen an Stoltze« (Frankf. Zeitung 1891) gekenn-

»Verrzeh Döchter is e Sege . . .«. Textillustration zu dem Stoßseufzer eines vielgeplagten Familienvaters, abgebildet in der Krebbelzeitung vom 20. Februar 1879.

Grüneburgweg 128, die endgültige Wohnung des Dichters, in der er am 28. März 1891 gestorben ist. Das Gartenhaus wurde 1930 beim Bau des IG-Hochhauses abgerissen.

zeichnet: »Stoltze war ein Ausstreuer, kein Sammler. Er war ein Erzmillionär an poetischen Ideen und humoristischen Einfällen, aber er hatte keine Ahnung davon, daß diese zugleich sein Kapital, das Arbeitszeug seines Erwerbs, bildeten. Er machte es mit ihnen wie der Frühlingswind mit den Blüten: er schüttelte sie in alle Lüfte. Es ist unglaublich, wie viel Stoltze produziert hat, aber wieviel davon liegt geordnet vor? Ich fürchte, es ist manches und nicht das Schlechteste verloren gegangen. Gelegenheitsdichter im Goethe'schen Sinne des Wortes, hat er an fliegenden Blät-

Stoltzes Arbeitszimmer in seinem Haus am Grüneburgweg 128. Über dem Schreibtisch hängt das Bild Börnes, seines Vorbildes als politischer Publizist.

tern, Prologen, Festgedichten, Tischliedern, Festspielen usw. eine Unzahl geschaffen, ohne eine Abschrift zu behalten. Es wurde zur förmlichen Mode, daß kein Vereins- oder Familienfest mehr gehalten wurde, ohne daß man einen poetischen Beitrag von Stoltze dazu haben wollte. Aus der freundlichen Bitte, die er gern gewährte, wurde zuweilen ein Zwang, der ihm lästig war, dem er sich aber nicht entziehen konnte oder mochte. Wenn er in seiner Gutmütigkeit etwas versprochen hatte, so hielt er sich für den Sklaven seines Wortes. Ich weiß Fälle, wo er förmlich belagert und nicht mehr aus dem Hause gelassen wurde, bis der Prolog fertig war, und wo eine Gesellschaft auf der Treppe seines Hauses sich verproviantierte und kampierte, bis er endlich morgens um 4 Uhr das verlangte Festspiel mit noch nasser Tinte aus der Türe seines Schlafzimmers reichte.«

Eine Welt von Anregungen und Freuden höherer Art hatte sich dem Dichter durch die im Jahre 1866 gewonnenen Beziehungen zu Schwaben erschlossen. Für die Mischung von Humor und Hochsinn in Stoltzes Persönlichkeit und Poesie fand sich im Schwabenlande ein kongeniales Verständnis. Die ruhmvollen Traditionen dieses Kreises, sein Zusammenhang mit Uhlands patriotisch-politischem Wirken waren noch ganz unmittelbar lebendig, und Karl Mayer, der Sohn des Uhland so nahestehenden Dichters, der Führer der Schwäbischen Volkspartei, verkörperte nach Art und Herkunft diese Traditionen. Wie die Partei mit Stolz auf ihren nun aus Paris endgültig heimgekehrten Ludwig Pfau blickte, der 1848 in Stuttgart als Redakteur des »Eulenspiegel« so manchen satirischen Vers unter seine Freiheitslieder gestreut hatte, so wußte sie es nicht minder zu schätzen, daß sie in Frankfurt zugleich einen treuen Freund besaß, der in seiner »Latern« Woche für Woche lustige Raketenschwärmer in die Kämpfe der Zeit hineinprasseln ließ und auch wieder zur festlichen Stunde als lyrischer Bekenner der gemeinsamen Ideale den vollen Ton überzeugungsvoller Begeisterung zu finden wußte. Ähnlich wirkte es, wenn in dieser Zeit eines innigeren Zusammenschlusses der alten Freiheitskämpen Friedrich Stoltze, der »ewig junge«, im Schwabenlande erschien, was in den siebziger Jahren oft geschah. Als Mitarbeiter des »Beobachters« stand er mit Julius Haußmann, dem Vater der zwei bekannten Parlamentarier Konrad und Friedrich Haußmann, die damals noch Gymnasiasten waren, in besonders reger Beziehung.

Ein Brief Karl Mayers, der den Glückwunsch Stoltzes zum Neuen Jahr 1873 erwiderte, ist für diesen Verkehr recht bezeichnend. »Wohl bilden auch die Tage Eures Aufenthalts im Hause«, heißt es darin, »den Glanz- und Lichtpunkt unserer Erinnerungen an dieses Jahr 1872. Erfrischend und belebend habt Ihr auf uns alle, sonderlich auf mich gewirkt. Das Element von Poesie, das Ihr zu uns gebracht, hat seitdem auch bei mir die langvertrocknete Ader, die ich von Vater und Mutter habe, mit frischem Saft erfüllt... Wenn Ihr jetzt auf den Gedanken, einen Kalender für das Jahr 1874, zurückkommen wolltet, so hätte ich jetzt wenigstens gleichfalls einige lyrische Beiträge dafür parat. Vom Pfau und vielleicht auch vom Freiligrath, von Grimminger wäre auch etwas zu erhalten. Ihr aber müßtet die Sache in die Hand nehmen, mit der Latern voran. Gerade Euer Ruf als Komikus und Humorist würde dem Unternehmen den Charakter

Marie Stoltze, geborene Messenzehl, Stoltzes »Frau Mary«.

der Harmlosigkeit aufstempeln und indem wir die Narrenschelle klingeln lassen, entgehen wir dem Verdacht und der Verfolgung, die sich sonst sofort an unsre Person heften würde. Unter der Harlekinsjacke hervor würden wir eine gute Portion Salz ins Volk ausstreuen...«

Die im April 1877 zu Ehren Ludwig Pfaus in Heilbronn veranstaltete Feier brachte Stoltze ins Kernerhaus nach Weinsberg zurück, in dem er schon bei früheren Besuchen heimisch geworden war. Die lebhafte Freundschaft, die Theobald Kerner seit 1866 mit dem Frankfurter Dichter verband, teilte seine Frau Else. Else Kerner, deren »goldenes Haar« auch andere Dichter begeistert hat, bewies ihren guten Humor gleich beim ersten Treffen. Stoltze traf den Doktor Theobald nicht zu Haus, doch fand er sich sogleich von der schönen Hüterin der Schätze des Kernerhauses als guten Bekannten begrüßt. Die geborene Darmstädterin hatte von Haus aus eine große Vorliebe für Stoltzes humoristische Gedichte, von denen sie manches wirkungsvoll vorzutragen wußte. Sie lud den Dichter nach einer ersten kurzen Besichtigung des Hauses zum Sitzen ein und war schon im Begriff, eine Flasche »Weibertreu« zum Willkommstrunk herbeizuholen, da bat er um Feder und Papier; er sei auch Porträtmaler, und wenn sie es erlaube, wolle er sie zeichnen. Die »Klexographien« des alten Justinus mußten ihn zu der Schelmerei ermutigt haben. Flott zeichnete er darauflos, dabei abwechselnd kommandierend: »Bitte, mehr Ruhe!«, »Den Kopf mehr links geneigt!«, »Das Auge mehr nach oben!«, »Um den Mund ein kleines Lächeln«. Endlich war das Bild fertig. Und was hatte er gezeichnet? Eine alte häßliche Eule mit einem Sonnenschirm im Flügel, und daneben stand: »Frau Hofrat Kerner, getreu nach der Natur gezeichnet von Friedrich Stoltze aus Frankfurt.« Das Blatt hängt unter Glas und Rahmen in einem der Zimmer des Kernerhauses. Nur einer schönen Frau ließ sich in dieser negativ ironischen Form huldigen, und selbstverständlich säumte der Dichter nicht, in seiner eigenen Kunst sehr positiv die Versündigung wiedergutzumachen. In jenen Jahren ist manches Fäßle mit neuem Wein als Zeichen der Freundschaft aus Württemberg in den Keller des Dichterheims am Frankfurter Grüneburgweg gewandert, und als Gegengabe sandte Stoltze Nummer für Nummer seiner »Latern« den Freunden ins Haus.

Ein besonders dankbarer Leser der »Latern« war Albert Dulk. Er benutzte den guten alten Brauch des Austauschs von Neujahrswünschen zu einem Rückblick auf den Inhalt des Blattes während des abgelaufenen Jahres. »Ist es doch fast ohne Gleichnis«, schrieb bei solcher Gelegenheit dieser scharfkantige Dichter des Radikalismus, »daß Du in solchen Jahren und mit den getreuesten Rheumatismen liiert, das ganze Jahr den zeugenden Humor nicht verlierst, und wenn Du auch hin und wieder einzuduseln scheinst oder »einmal im Jahr« in ein »Leidgedicht« versinkst, die unverwüstliche Elastizität und neuen Aufschwung immer wieder findest, Maienlust, Liebesklänge, Allotria, mit den ernsten Tönen der kämpfenden Zeit gemischt, immer wieder wie in Frühlingstagen der Brust entsteigen, und die Welt, die uns alternde Zeitmenschheit blasiert läßt, Dir immer neu, faßbar und genießbar erscheint.«

In Berlin hatte Stoltze seinen Spezialkollegen Julius Stettenheim, den Herausgeber der »Wespen«, und Guido Weiß, den Herausgeber der »Wage«, zu Freunden; letzterer, Dr. Jos. Sterns Schwiegervater, siedelte später nach Frankfurt über. Wenn Stettenheim auf seinen Vortragsreisen nach Frankfurt kam, war immer fröhliche Zusammenkunft mit Stoltze an dem Stammtisch im Börsenrestaurant, an dem die Schauspieler Emil Schneider und Zademack, Architekt Linnemann und mancher andere Freund Stoltzes verkehrten.

Frankfurt war inzwischen wieder zur beliebtesten deutschen Feststadt geworden, und der »Festdichter« der Feststadt war mehr denn je Stoltze. In dieser Stellung lebte sich denn auch er mit wachsendem Behagen in die gegebenen neuen Zustände ein. Vom 20. bis zum 29. Juli 1880 fand das Fünfte Allgemeine Deutsche Turnerfest statt. Da war sein Humor wieder einmal in seinem Elemente. Die »Latern« vom 10. Juni brachte als Beitrag des Herrn Hampelmann das Gedicht:

Es is kaa Stadt uff der weite Welt,
Die so merr wie mei Frankfort gefällt,
Un es will merr net in den Kopp enei:
Wie kann nor e Mensch net von Frankfort sei!

Un wär'sch e Engel un Sonnenkalb,
E Fremder is immer von außerhalb!
Der beste Mensch is e Ärjerniß,
Wenn err net aach von Frankfort is...

Der Schluß des Gedichtes, organisch zu dem Anfang gehörend, lautete:

So steuern merr frehlich uff's Tornerfest!
Bald komme se aa von Ost un West,
Von Nord un Süd un iwwer die Meern;
Gut Heil! Als ob se von Frankfort wär'n.

Un wann se bei uns sich amesirn,
Dann werd se derr Abschied doppelt rihrn.
Un gewe merr recht un stimme mit ei:
Wie kann nor e Mensch net von Frankfort sei!

Der Dichter des nun längst »geflügelten« Wortes war in das Festkomitee eingetreten, wie sein Freund, der Bundesschützenmeister und Stadtverordnete Fabricius, und manche andere Demokraten; er tagte da friedlich mit dem Polizeipräsidenten Hergenhahn, dem Oberbürgermeister Johannes Miquel und dessen Vorgänger, dem Senator Mumm v. Schwarzenstein zusammen. Die Inschriften in der Festhalle, auf dem Festplatze und in den Straßen des Festzuges waren von Stoltze. Ebenso war von ihm gedichtet der Festmarsch, komponiert von Casimir Freund, und ein Bankettlied. In den »Festmarsch« Ludwig Gellerts hatte dieser die Melodie der Hymne »Auf, Brüder, auf!« eingeflochten. Stoltze brachte auf dem Fest das offizielle Hoch auf die Turner von jenseits der Reichsgrenzen aus. In seiner »Latern« entgegnete er nach dem Fest auf einen Vorwurf: wenn er dazu beigetragen haben sollte, die Feststadt Frankfurt den versammelten Turnern als eine Stadt vorzuführen, grunddeutsch von Haupt bis zur Zehe, und dabei vom Geiste der Freiheit getragen, so solle ihn das recht herzlich freuen. Er verteidigte den Segen solcher großen Volksfeste und fuhr fort: »So glauben wir z. B. nicht, daß unsere norddeutschen Brüder, die in Frankfurt waren, auch jetzt noch an Frankfurts echt deutscher Gesinnung zweifeln.« Es war eine Zeit der Versöhnung für Stoltze. Sie brachte ihn auch wieder in Einklang mit früheren Freunden, mit denen er nach 1866 auseinander geraten war, mit Dr. Fritz Stiebel und dem Sanitätsrat Dr. Heinrich Hoffmann.

Als eine der schönsten deutschen Städte, deren Altertümlichkeit wie ein Juwel im Schmuck prächtiger Neubauten prangt, hatten die Turner, gleich so vielen andern Festgästen, die damals nach Frankfurt kamen, die Mainstadt bewundern können. Alt- und Neustadt hatten begonnen, harmonisch ineinander zu wachsen. Der Verlust der Selbständigkeit war für den in dieser wurzelnden bürgerlichen Gemeinsinn zum Ansporn geworden, Frankfurts Stellung und Bedeutung in nichts herabmindern zu lassen.

In diesem Streben begegneten sich die bürgerlichen Parteien, die Anhänger von Dr. Varrentrapp und A. Metzler wie die Anhänger Sonnemanns und die Mitglieder des 1874 gegründeten Vereins der Fortschrittspartei, die sich um Dr. Ebner, Dr. J. Friedleben, S. Schiele gruppierten. »Erbaut von Frankfurter Bürgern« stand am Aufstieg zu der neuen, von Schmick erbauten Brücke aus Mainsandstein und Eisen zu lesen, die den Weg aus dem Herzen der Altstadt nach Sachsenhausen abkürzt; »erbaut von Frankfurter Bürgern« hätte ebensogut über dem Eingang zu Oscar Sommers Neubau des Städelschen Kunstinstituts, zur Neuen Börse (von H. Burnitz), zum neuen Saalbau des Palmengartens (von H. Th. Schmidt) und des Zoologischen Gartens (von Kayser und Durm), zum Prachtbau des Opernhauses (von Lucae) stehen dürfen. Es kam die Zeit, da unter dem Zusammenwirken von Staat und Gemeinde der Rhein-Mainkanal in dem Frankfurter Winterhafen seinen Abschluß erhielt, der mächtige Zentralbahnhof sich emporwölbte, dessen Zufahrtsgleise den Main doppelt überbrückten. Und in demselben Jahre 1881, das die Einweihung des Opernhauses in Gegenwart des alten Kaisers erlebte, war auch der Neubau des ehrwürdigen Kaiserdoms in der Altstadt nach den Plänen von Denzinger vollendet, und der innere Ausschmuck nach den Entwürfen der Meister Steinle und Linnemann wurde begonnen.

In jener Zeit war der Dichter durch den Tod seines jüngsten Sohnes Friedrich besonders bedrückt. Der schöne, den Vater zärtlich liebende Jüngling war als Polytechniker in Zürich ganz plötzlich gestorben. Dr. Curti, damals Herausgeber der »Züricher Post«, hatte den Eltern zum Trost die Grabrede gehalten. Stoltze aber war untröstlich:

So lang lieb ich Dich, als ich fühlen kann,
Bis zum Lebensschluß! bis zum Todeskuß!
So lang lieb ich Dich, als ich alter Mann,
Als ich müder Mann noch leben muß.

Der Gram um seinen Friedrich zehrte lange an ihm; in solcher Stimmung die »Latern« mit Scherzgedichten füllen zu müssen, erschien ihm oft als ein unerträglicher Zwang.

Noch ergreifender drückte diesen Gedanken ein Lied aus, nachdem ihm am 4. August 1884 der Tod auch die treue Gefährtin seines Lebens, seine Frau Mary, geraubt hatte und er den nächsten Frühling ohne sie begrüßen mußte.

Was singst du, Fink, so hell, so hell!
Ach, du hast keine Schmerzen,
Man merkt's, der frohe Liederquell,
Er springt dir aus dem Herzen.

Die Frühlingslust schwellt dir die Brust,
O daß sie nie ermüde!
Doch Finklein, gibt's auch eine Lust,
Vor der dich Gott behüte!

Ach, eine Lust voll schwerer Pein,
Vom Schicksal zugemutet:
Zur Fröhlichkeit verdammt zu sein,
Indes die Seele blutet!

Ein Herz, in den Humor gedrängt,
Verwünscht, den Schmerz zu bänd'gen,
Ein Herz, das an den Toten hängt,
Und lacht für die Lebend'gen.

In solchen Zeiten überließ er gern seinen Mitarbeitern ganz das Feld. Der poetisch talentierte Daniel Saul von der »Frankfurter Zeitung« und Franz Schreiber von der »Kleinen Presse«, der sich im Jahre 1886 mit Molly Stoltze verheiratete, erwiesen sich jetzt besonders hilfsbereit. Er führte auch die »Latern«, deren Drucker nun J. Schaub war, bis ans Lebensende weiter. In seinem Heim hatte er die treueste Hilfe und Pflege.

Bevor Frau Mary starb, hatte sie zu ihrer Genugtuung das Anwachsen der Popularität ihres Mannes noch miterlebt. Ein großer öffentlicher Beweis davon war die Aufnahme des Festspiels, das er zur Jahrhundertfeier der Eröffnung des alten Stadttheaters gedichtet hatte. Stoltze war kein Dramatiker; aber für die humoristische Charakteristik von echten Altfrankfurtern beherrschte er auch die Gesprächsform ausgezeichnet. Sein Festspiel ließ die alten Malß'schen Figuren, den Bürgerkapitän, das Millerche, Herrn Hampelmann auftreten und diese sich in heiteren Erinnerungen aus der Geschichte des Theaters ergehen. Herr Strohecker als Millerche war »echt« bis ins kleinste. Die Rollen der Frankofurtia (Fräulein Gündel) und der Thalia (Fräulein Weisse) gaben poetische Stimmung. Der Abend gestaltete sich durch das Festspiel, das den Schluß bildete, zu einer wahren Stoltzefeier. Immer aufs neue wurde der Dichter hervorgerufen. Intendant Claar ließ es nach dieser Erfahrung nicht an Anregungen fehlen, den »Stadtdichter« Frankfurts auch weiter für den Dienst Thaliens zu gewinnen; so entstand das anmutige Scherzspiel »Sylvester & Comp.«, und als 1886 die feierliche Einweihung des großen Winterhafens stattfand, dichtete Stoltze für den Festabend im Opernhaus den szenischen Prolog.

Im Jahre 1883 hatte er ein besonders denkwürdiges Jubiläum an der Seite seiner Frau gefeiert. Ein Brief an seinen Sohn Hermann gibt uns darüber Auskunft.

»Am 21. März haben wir im Gasthaus zum Rebstock den 100. Geburtstag meines Vaters gefeiert und zwar ganz unter uns, da ich der Sache nicht den Anstrich geben lassen wollte, als liefe dabei eine Reklame für mich mit unter. An der Festlichkeit nahmen nur ich, deine Mama und vier Schwestern und dann Herr Eugen Kanngießer, Herr und Frau Linnemann, Herr und Frau Schuster und Herr und Frau Rittweger teil. Außer diesen hatte ich niemand etwas von der Feier gesagt. Dennoch wurde ich in dem kleinen Kreise von dem Vorstand des Schriftsteller- und Journalisten-Vereins überrascht, der mir in meinem Geburtshause ein prächtiges Diplom überreichen ließ und mich zum Ehrenmitglied ernannt hatte.«

Hier ist auch der Freundschaft zu gedenken, die sich in diesem Verein zwischen Stoltze und Wilhelm Jordan entwickelt hatte, der seit 1848 in Frankfurt wohnen geblieben war und von hier aus als Rhapsode seiner »Nibelunge« weitum zur Berühmtheit gelangt war. Am Grab von Stoltzes Frau war er der Redner.

Kopf der ersten Ausgabe
der »Frankfurter Zeitung« vom 16. November 1866.

Nr. 1.
Erstes Blatt.
Frankfurter Zeitung
und Handelsblatt.
1866.
Freitag, 16. November.
Leopold Sonnemann.
Große Eschenheimergasse 31.

Friedrich Stoltze, der »poetische Erzmillionär« in seinen späteren Jahren.

20 »Dem populärsten Mann zu Frankfurt«

1886 wurde die Feier von Stoltzes siebzigstem Geburtstag zu einem Volksfest, an dem Tausende teilnahmen, und das seinem Charakter nach doch ein Familienfest war. Schon am 19. November begann das Feiern. Die Frankfurter Sänger, Turner und Schützen sowie die Freiwillige Feuerwehr brachten dem Dichter einen Fackelzug. Die zur »Sängervereinigung« gehörenden Vereine sangen im Garten vor dem am Fenster stehenden Dichter seine »Deutsche Hymne«, Uhlands »An das Vaterland«, Weismanns »Deutsches Lied« unter Leitung der Kapellmeister Glück und Klahre. Auf dem daran sich schließenden Kommers überreichte der Präsident der Turngemeinde, A. Gräser, dem Dichter als Ehrenmitglied der Gemeinde einen Lorbeerkranz mit entsprechender Widmung und Schleifen in den Turnerfarben Schwarzrotgelb. Ein großes schwarzrotgoldnes Banner wallte zwischen den anderen Fahnen im großen Saal des Palmengartens während des Fest-Banketts der Bürgerschaft am nächsten Abend. Die Anmeldungen zur Teilnahme waren so zahlreich gewesen, daß man sich auf einen Herrenabend hatte beschränken müssen. Sonnemann feierte Stoltze als Patrioten und Volksmann; seine Gesinnungstreue und Selbstlosigkeit werde von allen Parteien anerkannt. Stoltze hatte bei den Turnern eine patriotische Rede gehalten, in der es hieß: »Ich bin stolz darauf, daß mein Vaterland endlich eine achtunggebietende Stellung unter den Völkern einnimmt, denn ich habe die Zeit durchgemacht, da dies noch nicht der Fall war. Ich vertraue auf den Genius der Menschheit, daß er alle Nationen in Frieden und Freiheit zu den höchsten Zielen führen wird.« Jetzt, in der Mitte seiner nächsten Freunde, wurde er in seinen Dankesworten persönlicher.

»Verehrte Mitbürger!« sprach er. »Am Abend meines Lebens fällt ein solcher Sonnenblick in meine Seele und wirkt wie Balsam auf Wunden. Es war am 21. November 1816, einem Donnerstage. Die Sonne lag hoch auf den Dächern des Rebstocks, als wolle sie sich ausruhen von der Mühe, die es ihr gemacht, die Morgennebel des Novembertages zu zerstreuen; vom Pfarrturm läutete die Mittagsglocke und ich wollte zur Welt. Im Nebenzimmer saß mein Großpapa, hatte das Frankfurter Gesangbuch aufgeschlagen und las das alte Lied von Gerhardt: »Wie soll ich Dich empfangen und wie begegn' ich Dir?« Darauf sagte die alte Haushälterin, die Grittche, die neben ihm stand: »Herr Rottmann, so höflich wie möglich!« Zwanzig Jahre später stand ich auf dem Frankfurter Kuratelamt vor dem Senator Neuburg und neben ihm saß der Aktuar Gille. Mein Gewissen war nicht ruhig, denn ich hatte mir beim Schneidermeister Griesfelder einen Pelzrock für 80 Gulden machen lassen, und außerdem war noch eine Nota von Herrn Riese eingelaufen für ein beschädigtes Pferd und ein zerbrochenes Cabriolet; denn ich hatte auf einer Fahrt im Taunus umgeworfen. Damals sagte der Senator Neuburg auch: »Wie soll ich dich empfangen und wie begeg'n ich Dir?« und der Aktuar erwiderte: »Herr Senator, so grob wie möglich!« Mein Schicksal mag sich das wohl gemerkt haben. In meiner Kindheit war es gegen mich so höflich als möglich, und die Erinnerung an meine glückliche, goldene Kinderzeit hat keine Spur von Bitterkeit bei mir zurückgelassen. Aber nachher kam das Schicksal auch so grob wie möglich. Es ist oft grausam mit mir umgegangen.

Ich lag, als wie von Gott geschlagen;
Da hat ein Engel Dich gesandt,
Und als mein Herz schon am Verzagen,
Half Deine weiche warme Hand.

In meines Lebens Öde trat meine Frau. Wenn ich in der Vergangenheit blättere, wo »Lieb' und Haß und alle Leidenschaft mir das Gemüt geschüttelt fieberhaft«, wenn ich da eine lange Reihe von Gräbern erblicke derer, die ich liebte und die mich wieder geliebt: das Haupt müßte mir auf die Brust heruntersinken, könnte ich nicht auch sagen: Wie viele leben noch, die mich lieben und mir wohl wollen! Und es lebt auch die Freiheit noch, die meine Göttin war von je, an der Hand der Hoffnung. Es lebt und blüht auch meine gute Vaterstadt, der ich mit vollem Herzen zugetan bin; es lebt und ist neu erstanden unser deutsches Vaterland. Und was in meinem Herzen mich begeistert hat, auch die Poesie ist mir treu geblieben, die Verschönerin meines Glücks und meines Leids. Meine lieben Mitbürger! Die Frankfurter Bürgerschaft, Deutschland, Frankfurt, die Freiheit, die Poesie, sie alle hoch, hoch, hoch!«

Der Gedanke an seine Frau verließ ihn an dem Abend nicht wieder, dessen wahrhaft poetische Stimmung durch die von Hörth, Rittweger, Dan. Saul und anderen gedichteten Festlieder und die Chorvorträge des Liederkranzes, des Neebschen und des Schulerschen Männerchors, des Sachsenhäuser Hermanns-Vereins noch gehobener wurde. Und als nach der Ansprache des Stadtverordneten Jean Drill, der als »alter Frankfurter« trauliche Erinnerungen weckte, der Präsident des Liederkranzes Dr. Valentin May ein Hoch auf die Familie ausbrachte, da überkam die Trauer den Dichter übermächtig und in einer tiefergreifenden Improvisation lieh er ihr Worte...

...O du mein Stern, mein Licht im dunklen Leben,
Mein Augentrost, mein Hort in jeder Not!
Auf Alles war mein Herz gefaßt ergeben,
Auf Alles ja, nur nicht auf deinen Tod.

Tot! Tot! Du schlummerst unter'm kühlen Moose,
Aus meinem Leben, das du hast beseelt,
Herausgebrochen ist die schönste Rose;
Was soll der Lorbeer, wenn die Rose fehlt?...

Aber als Tröster nahte dem Dichter der Humor. Zu einem Festspiel hatte einer von Stoltzes geschicktesten Jüngern auf diesem Gebiet, der Kaufmann Heinrich Schnapper, die lustigsten der von Stoltze selbst geschaffenen Gestalten entboten, den David mit der Kapp, Herrn Hampelmann, Pompier Braunschweig, die große Unbekannte und andere. Diesen und Herrn Strohecker gelang es bald, die trüben Wolken zu verscheuchen.

Bei der Geburtstagsfeier am nächsten Tag traten viel origineller Humor und rührende Dankbarkeit mit den Geschenken zutage, die in das schlichte Haus am Grüneburgweg strömten, und stimmungsvoll war nachmittags die Feier im »Rebstock«, die der Bezirksverein Alt-Frankfurt veranstaltete und der Gesangverein »Arion« durch Gesänge verschönte. Des Dichters Geburtshaus wurde durch eine Marmortafel geschmückt. Die Hauptüberraschung: Im Namen eines alle Kreise der Bürgerschaft vertretenden Komités erschienen mittags im Hause des Jubilars Max v.

Guaita, Ferdinand Günther und Leopold Sonnemann. Sie überreichten einen prächtigen Pokal im Stile Jamnitzers mit der Umschrift »Die Frankfurter Bürgerschaft ihrem verehrten Volksdichter Friedrich Stoltze zu seinem 70. Geburtstag«. Von einer großen Anzahl Bürger war ein Friedrich-Stoltze-Fonds gegründet worden, um dem Manne, »der in heiteren Liedern wie tiefempfundenen Dichtungen Alt-Frankfurts Art und Geist den kommenden Geschlechtern bewahrt hat, ein Zeichen der Verehrung und Anerkennung darzubringen und ihn in den Stand zu setzen, sein vorhandenes reiches schriftstellerisches Material, unbehelligt durch die Sorgen des Tages, der Mit- und Nachwelt zu überliefern«. Dem Komitee gehörten noch außer den drei Genannten Dr. med. de Bary, Bürgermeister C. Heussenstamm, Heinrich Hohenemser, Stadtrat Albert Metzler, Dr. H. Rößler, Hermann Steger, Generaldirektor Vogtherr und Justizrat Dr. Hamburger an. Die Stiftung betrug damals schon 20000 Mark, wuchs aber noch im Laufe des Jahres durch weitere Beiträge, vornehmlich aus deutschen Kolonien, aus London, New York und anderen Städten.

Schon früher hatte Stoltze angekündigt, er habe vor, verschiedene in der »Latern« veröffentlichte Humoristika, denen er dauernde Wirkungskraft zutraute, in Sammelbänden herauszugeben. »Das Buch der Hampelmänner«, »Alt-Frankfurt im Festgewand (Sängerfest, Gutenbergfest, Goethefeier, Märztage, Schillerfest, Schützenfest, Karnevalistische Krönungsfeierlichkeiten)«, »Alt-Frankfurt in seinen Sprichwörtern und Redensarten« standen im Plane. An der Vorbereitung dieser drei Sammlungen hat der Dichter in den letzten Jahren fleißig gearbeitet, da er aber auch noch eine neue Zusammenstellung seiner hochdeutschen Gedichte unternahm und seine Zeit und Kraft zum großen Teil Woche für Woche von der »Latern« und von vielen Festgedichten in Anspruch genommen wurde, ist er leider zu keinem Abschluß gelangt. Die Sammlung und Erklärung der Frankfurter Sprichwörter und Volksausdrücke, aus der Otto Hörth dem Band »Vermischte Schriften« eine stattliche Probe anfügte, hat er am weitesten gefördert. Über sie schrieb einige Zeit nach Stoltzes Tod Dr. A. Hammeran in der »Frankf. Zeitung« (1893 Nr. 288): »Es war eine Arbeit seiner letzten Jahre und seine Lieblingsarbeit, er hat mir die ersten Entwürfe gezeigt, aber die Sammlung ist weit über die Erwartung hinausgewachsen. Kein anderer Mensch in Frankfurt hätte so manichfache und kostbare Ausbeute aus dem Schacht dieses tiefen und unerschöpflichen Bergwerks heraufgeholt; sein Gedächtnis für diese Dinge und seine dem Volksgeist ebenbürtige Vorstellungskraft war grandios.«

Als eine lebendige Chronik des alten Frankfurt wurde Friedrich Stoltze auch auswärts bekannt. Der »Briefkasten« seiner »Latern« wurde in dieser Beziehung zu einem wahren Auskunftsbureau. Als Professor Erich Schmidt für eine Ausgabe von Goethes Faust Auskunft über eine lokalgeschichtliche Anspielung im 2. Teil bedurfte, wandte er sich an Stoltze. Nie hörte er auf, für eine volkstümliche Pflege von Goethes Gedächtnis in der Vaterstadt erfolgreich zu wirken; und wie er 1859 das Unternehmen Dr. Otto Volgers, Goethes Geburtshaus in Besitz des »Freien Deutschen Hochstifts« zu bringen, aufs eifrigste unterstützt hatte, trat er auch noch in seiner letzten Zeit mit Anregungen hervor, die sich auf ein regelmäßiges »Waldfest« zur Feier von Goethes Geburtstag bezogen. »Daß er in Weimar kaa Frankforter Einkommensteuer hat bezahle wolle«, ließ er einmal

Wäldchestag (Frankfurter Latern 1886).

den Herrn Hampelmann spotten, »is e Faktum. Ich maan awer, der Frankforter Senat hätt e Schreiwens an ihn richte sölle: Wie kann nor e Mensch net von Frankfort sei! besonnerscht der Goethe, un hätt em noch Geld derrzu gewe sölle.«

In diesen letzten Jahren vor seinem Tod hat Stoltze in Frankfurt eine ganz ähnliche Beliebtheit in allen Ständen genossen, wie sie einst Béranger in Paris zu teil ward, als er in seinem Poetenwinkel in Passy wohnte. Er galt bei allen Parteien als der populärste Mann Frankfurts: das bekam er auch einmal amtlich attestiert, denn als bei der Post ein Brief mit der Adresse »Dem populärsten Mann zu Frankfurt a. M.« einlief, sandte diese denselben an Stoltze mit dem poetischen Anfügen auf dem Umschlag:

Nicht steht es zu der Post, zu richten,
Wer wohl am populärsten ist,
Doch nimmt sie an nach den Gedichten,
Daß du es, »alter Stoltze«, bist.
Kaiserliches Postamt.

Diese Popularität hat er in erster Linie seinem Humor zu danken und dem echt Frankfurterischen Charakter desselben. »Wie Stoltze«, sagt der Spezialist auf dem Gebiet der Frankfurter Dialektforschung A. Hammeran, »die Mundart gehandhabt hat, wie er seiner ursprünglichen, tief Atem schöpfenden Charakteristik und dem blitzenden Humor jederzeit poetischen Ausdruck verlieh, das erscheint als eine phänomenale Verkörperung aller guten Eigenschaften der Dialektdichtung. Niemals hat in Deutschland außer Reuter ein mundartlicher Dichter so an das Herz seiner Stammesgenossen gegriffen.« Wie Reuter, wenn freilich nur in der Beschränkung auf Frankfurt, hat aber auch Stoltze viele Berufene und Unberufene zum Vortrag seiner humoristischen Stücke begeistert, was nicht wenig zu seiner Popularität beitrug. Der Schauspieler A. Strohecker, ein geborner Sachsenhäuser, war ein unerreichter Meister in dieser Kunst.

Durch eine liebevolle und gerechte Würdigung Stoltzes in der Presse sorgten Journalisten, daß ihm nicht erst nach dem Tod die verdiente Anerkennung wurde: Th. Curti, Max v. Flotow, Gantter, A. Hammeran, L. Holthof, Hörth, Kahlenberg, G. und O. Kanngießer, Carl Mayer, Elisabeth Mentzel, Emil und Ferdinand Neubürger, Emil Peschkau, H. Pfeilschmidt, Franz Rittweger, Daniel Saul, W. Schulte vom Brühl, Max Schönau, Sigmund Schott, J. Stettenheim, Th. Winkler, J. Landau.

Im Sommer 1890 wurde Oberbürgermeister Miquel als preußischer Finanzminister nach Berlin berufen. Längst hatte sich Stoltze mit dem Manne ausgesöhnt, der ein so ausgezeichneter Verwalter der Vaterstadt war, und so widmete er demselben bei seinem Weggang nach der Reichshauptstadt ein Abschiedsgedicht, in dem er bescheidentlich bekannte:

Ich kann mit Versch nor unser Stadt besinge,
Im Lied nor preise Frankforts Herrlichkeit,
Was for die Stadt derbei eraus dhat springe,
Dhu ich verschweihe aus Bescheidenheit.
Du awer dhatst deß praktischer bedreiwe,
Du hast gesorgt aach for ihr Wohl zugleich.
Hab Dank derrfor! Un Du werscht unser bleiwe,
Noch extra unser, aach im Deutsche Reich...

Mitten aus dem ersten Sturm und Drang der neuen Geschäfte schrieb Miquel, als er das Gedicht gelesen hatte, einen herzlichen Brief an den Dichter. Er sagte:

Dieser vaterstädtische, ich möchte sagen, ächt Stoltzesche Nachruf wird mir unter meinen »Personalien« stets eins der liebsten Aktenstücke sein... In allen Fällen kann niemand aufrichtiger und herzlicher wünschen, daß Frankfurt sich noch lange seines volkstümlichsten Dichters und seiner Muse erfreuen möge als –
Ihr dankbar ergebener J. Miquel.

Der Wunsch sollte leider nicht in Erfüllung gehen. Noch einmal feierte der engere Kreis seiner Freunde mit ihm, Franz Schreiber, den Töchtern, seinen Geburtstag in jenem Zimmer des Rebstocks, wo einst die »Demagogen« ihre heimlichen Sitzungen hielten.

Am 28. März 1891, am Vorabend des Osterfestes, ist Friedrich Stoltze gestorben. Am Dienstag darauf gab die Bürgerschaft Frankfurts seinen sterblichen Resten das Ehrengeleite nach dem stillen Plätzchen, das er sich seit langem schon an der Seite der geliebten Gattin ausersehen hatte.

»Seit sie den »alten Hassel« hinausgetragen«, so schrieb damals Ludwig Holthof, »hat Frankfurt eine ähnliche Trauerkundgebung nicht mehr gesehen: Tausende und aber Tausende folgten dem Sarge, und unabsehbar wogte die Menge in den Straßen, durch welche der Zug sich bewegte. Nicht ein Bruchteil, eine Schicht oder eine Klasse der Bevölkerung, es war die Stadt, die einen der Besten und Bravsten, die ihr Boden hervorgebracht, zur Ruhe bestattete.« Unter dem Trauergefolge schritten der neue

Oberbürgermeister Dr. Adickes, Bürgermeister Dr. Heussenstamm, viele Mitglieder des Magistrats und der Stadtverordnetenversammlung, Intendant Emil Claar, Wilhelm Jordan. Sonnemann, der die Kränze der Deutschen Volkspartei und der Stadt Frankfurt auf das Grab niederlegte, feierte den Freiheitsdichter und Patrioten. Er rühmte ihm auch nach, wie oft er im engeren Rate vermittelnd und versöhnend gewirkt habe zwischen den Parteien und Personen. Im Namen der Frankfurter Sängervereinigung und des Bezirksvereins Alt-Frankfurt sprach Jean Drill. Wilhelm Jordans Nachruf schloß mit den schönen Reimstäben:

So lange noch die Mundart, Die treulich, frisch und schlicht
In Deinem Vers Musik ward, In Frankfurt Einer spricht,
So lang im Mainesspiegel Der Pfarrturm sich beschaut,
So lange labe Lauscher Dein Lied im Heimatlaut!

Jordan sprach für den Frankfurter Journalisten- und Schriftstellerverein. Im Namen des Deutschen Schriftstellerverbandes legte Max von Flotow einen Kranz auf das Grab; Redner folgte auf Redner, auch die Freunde Otto Hörth und Daniel Saul kamen zu Wort, Vertreter des Schwäbischen Volksvereins und des Frankfurter Demokratischen Vereins, der Frankfurter Turner und Schützen, des Neuen Bürgervereins, die Herren Cahn, Hamburger, Gräser, Riese, Reinhard, Hoffmann, Jakob Fey, Könitzer, Dietz, H. Schnapper, Ferdinand Neubürger. Die Musikkapelle der Freiwilligen Feuerwehr hatte den Zug geleitet; ein Chorlied des Neebschen Männerchors bildete den Schluß der großartigen Trauerfeier. Die Frankfurter Presse aller Parteien hatte für den Dichter nur Worte der Sympathie und Würdigung.

Der allgemeinen Trauer entsprach der Eifer, mit dem man sofort die Errichtung eines Stoltze-Denkmals ins Auge faßte. Den Vorsitz in dem sich bildenden Ausschuß übernahm der Stadtverordnete Dr. Heinrich Rößler, Schatzmeister wurde Kommerzienrat Max v. Guaita. Alle politischen Parteien hatten ihre Vertreter in dem Ausschuß; der sozialdemokratische Reichstagsabgeordnete Wilhelm Schmidt folgte der Einladung zum Beitritt ebenso wie die nationalliberalen Landtagsabgeordneten Stadtrat Albert Metzler und August v. Hergenhahn. Zur weiteren Charakteristik der Einigkeit seien noch genannt Stadtrat Heinr. Flinsch, Senator Dr. v. Oven, die Stadtverordneten J. Andreae-Passavant, P. B. Bonn, O. Braunfels, Dr. Caspari, J. Drill, Dr. A. Fester, Dr. Fritz Friedle-

Enthüllung des Stoltze-Denkmals auf dem Kleinen Hühnermarkt 1895.

ben, Dr. H. Oswalt, J. Steyert, Leopold Sonnemann, ferner Dr. Alfons Steinle, Geh. Sanitätsrat Heinrich Hoffmann, Emil Claar, S. Kohn-Speyer, Ferdinand Günther, Charles Hallgarten, A. und J. Fey, S. Cahn, Jean Reinhard, C. L. Schäfer, L. A. Hahn, die Architekten A. Haenle, Franz v. Hoven und A. Linnemann, die Redakteure Max v. Flotow, Otto Hörth, Dr. J. Stern.

Das nach dem Entwurf von Friedr. Schierholz von Fritz Klimsch gestaltete Denkmal wurde ganz in der Nähe von Stoltzes Geburtshaus auf dem kleinen Hühnermarkt errichtet: ein Brunnen, dessen Säule die Bronzebüste des Dichters trägt und in dessen drei Muschelbecken das Wasser aus den Schnäbeln dreier Tauben fließt. Die drei Bronzereliefs zwischen den Ecken zeigen die Frankofurtia mit der Friedenspalme, den Großvater Rottmann, wie er das Fritzi über Frankfurts Macht und Größe aufklärt, und den Frühlingsengel (»Es geht e Engel dorch die Welt«). Am oberen

Teil des Postaments ragen drei Köpfe hervor; sie erinnern an den »roten Schornsteinfeger«, »Die Kapp« und die Sachsenhäuser Gärtnerei. Apfelgehänge über den Schalen deuten auf das »Reweblut von Äppelbaam«. Als Widmungsinschrift trägt das Denkmal die Verse, die Stoltze einst seinem Freunde Michael Bing, einem dem Kaufmannsstande angehörigen, im »Liederkranz« sehr beliebten Vortragskomiker widmete:

Der lebte nicht vergebens,
Auch ihm sei Dank und Sang,
Wer um den Ernst des Lebens
Den Menschen Rosen schlang;
Wer auf umwölkte Brauen
Und in die Herzen tief,
Wo Dunkel lag und Grauen,
Ein sonnig Lächeln rief.

Die Verbreitung der Werke Stoltzes nahm seit seinem Tode erfreulich zu. Viel hat dazu beigetragen eine neue Ausgabe der »Hochdeutschen Gedichte«, die nach dem Plane des Dichters von Otto Hörth im Verlag von Heinrich Keller veranstaltet wurde und zu Weihnachten 1891 erschien, noch mehr natürlich die Vereinigung der vier Bände »Gedichte in Frankfurter Mundart« I und II, »Novellen und Erzählungen in Frankfurter Mundart«, »Hochdeutsche Gedichte«, zu einer neuen Gesamtausgabe, die Ende 1895 durch einen fünften von Otto Hörth mit einer biographischen Einleitung herausgegebenen Band »Vermischte Schriften« ihren Abschluß erhielt. Für diese Gesamtausgabe wurde der Einband nach einem Entwurf Linnemanns hergestellt. Das Erscheinen in dieser Sammlung bedeutete für die »Gedichte in Frankfurter Mundart« I und II die zwölfte und siebte, für die »Novellen und Erzählungen« die zweite Auflage. Die achtzehnte Auflage des 1. Bandes erschien 1896 und im Jahr 1903 schon die siebenundzwanzigste. Im Jahre 1900 hatten es die Novellen und Erzählungen zur achten, die Hochdeutschen Gedichte zur sechsten, die Vermischten Schriften zur fünften Auflage gebracht.

Die Verleger, Söhne des Mannes, der sich 1861 zur Herausgabe von Stoltzes Gedichten entschloß, haben Interessantes über den Absatz der Stoltzeschen Werke nach auswärts mitgeteilt: »Da die Frankfurter Kaufleute in der ganzen weiten Welt zu finden sind, so haben auch Stoltzes Frankfurter Dichtungen schon frühzeitig in fernen Landen Eingang ge-

funden, und es sind vielfach Bestellungen aus überseeischen Ländern, z. B., aus Kapstadt, eingelaufen. In London haben im Laufe der Zeit zahlreiche Exemplare Absatz gefunden. Namentlich aber erwies sich New-York als ein günstiges Absatzgebiet. Auf deutschem Boden fanden die Stoltzeschen Dichtungen außerhalb Frankfurts zunächst in den Nachbarstädten Offenbach, Hanau, Darmstadt, Mainz, Worms, Heidelberg, dann namentlich in Südwestdeutschland Eingang. Doch auch aus anderen deutschen Landesteilen machte sich seit langem eine lebhaftere Nachfrage bemerkbar, die seit dem Tode des Dichters eine Steigerung erfahren und sich seitdem im allgemeinen auf einer ansehnlichen Höhe erhalten hat.«
Auf Grund dieser Tatsachen kann es auch nur eine Frage der Zeit sein, daß, nachdem Hörth in dem Band »Vermischte Schriften« nur eine kleine Auswahl aus der Fülle dessen ans Licht fördern konnte, was von Stoltzes bester humoristischer Dichtung noch ungehoben in alten Bänden der »Frankfurter Latern« ruht, dieser noch weiteres folgen wird. Die Episoden in »Polen und Studenten« gehören nach der Überzeugung aller Kenner zum Besten, was an frohsinnigem, lebenssprühendem Humor unsere Nationalliteratur hervorgebracht hat, wie so vieles von den kleineren Schöpfungen des Dichters.

Friedrich Stoltze – sein Werk heute

Den Freunden seiner Dichtung stehen gegenwärtig zur Verfügung

Friedrich Stoltze: Werke in Frankfurter Mundart
640 Seiten. Neuauflage 1976.

Die schönsten Dichtungen in Frankfurter Mundart
Von Friedrich Stoltze. 144 Seiten. Mit Zeichnungen von Cefischer. 1959. Kleine Auswahl-Ausgabe. Enthält u. a. »Die Kapp«, »Parre Kännche«, »Die Blutblas«, »Der Profet Jonas«, »Verrzeh Döchter«.

Friedrich Stoltze: Ein Stück Alt-Frankfurt
Erinnerungen an die Biedermeierzeit in Frankfurter Mundart. Mit 40 farbigen Zeichnungen von Fritz Franke. 48 Seiten.

Sämtlich im Verlag Waldemar Kramer.

Für die Bildausstattung dieses Werkes und zur Klärung der Schauplätze und Persönlichkeiten wurde in vielen Fällen hilfreich zurückgegriffen auf das Werk

Bildatlas zur Geschichte der Stadt Frankfurt am Main
von Bernard Müller. Herausgegeben von der Städtischen Historischen Kommission. Großfolio, mit einem Vorwort von Günther Vogt. Verlag Wolfgang Weidlich, Frankfurt am Main.

Prosatexte von Friedrich Stoltze sind auf Schallplatten zu hören, die Johann Philipp von Bethmann, ein Kenner der Mundart und ihres Poeten, gesprochen und dem Verein der Freunde Frankfurts zur Verfügung gestellt hat. Bisher sind erschienen:

1. *Von Frankfurts Macht und Größe / Die Kapp*
2. *Die letzt Hochzeit uff dem Patorn / Der verbotene Bart*
3. *Parre Kännche / Die Frau im schottischkarrierten Mantel*
4. *Brendelche Schnud / Stoppezieher*

Die Freunde Frankfurts, Verein zur Pflege der Frankfurter Tradition, geben die Mundartschallplatten ihren Mitgliedern kostenlos ab. Die Reihe wird fortgesetzt.

Zu erfragen sind die Schallplatten ferner im Stoltze-Turm, Töngesgasse 34, den die Stadtsparkasse Frankfurt als Erinnerungsstätte für Friedrich Stoltzes Leben, Werk und Wirkung am 21. November 1978 eingerichtet hat.

Von Liesel Christ wurde gesprochen für die Aktionsgemeinschaft Opernhaus Frankfurt am Main e.V.:

Frankforder Gebabbel 1. Folge / Friedrich Stoltze 1816–1891
(Verrzeh Döchter, Dreissig Gulde, Die Blutblas, Der Kampf mit dem Drachen, Hibb der Bach un dribb der Bach)

Idee von H. Th. de Greiff – Herstellung: Tonstudio Frankfurt Nr. 350/75.

Zeittafel zum Leben Friedrich Stoltzes

1815 Die am 8. Juni in Wien verkündete Kongreßakte bestimmt Frankfurt am Main zum Sitz der Bundesversammlung. Am 15. Juni wird Frankfurt als Freie Stadt und Mitglied des Deutschen Bundes bestätigt.

1816 Am 18. Oktober beschwören Senat und Bürgerschaft die Verfassung des neuen Freistaats Frankfurt.
Am 21. November kommt Friedrich Stoltze als jüngstes von sieben Geschwistern zur Welt.

1830 Juli-Revolution in Frankreich. In einigen deutschen Städten entstehen ebenfalls Unruhen. Der »Rebstock« wird Treffpunkt Frankfurter Demagogen.
Stoltze besucht nach Absolvierung des Elementarunterrichts in der Katharinenschule das Knabeninstitut Dr. Kemmeter-Kaiser und nimmt Privatunterricht in Griechisch und Latein.

1831 24. Oktober Sperrbatzenkrawall am Allerheiligentor.
Stoltze tritt in die kaufmännische Lehre bei G. C. Melchin. Er schreibt sein erstes Mundartgedicht »Der verliebte junge Altegässer«.

1832 27. Mai Hambacher Fest in der Pfalz. Stoltze ist mit seinem Vater dabei. Er dichtet sein erstes politisches Lied.

1833 3. April Sturm auf die Konstabler und Hauptwache. Annett Stoltze wird ab Juli wegen Konspiration mit gefangenen Studenten verhört. Am 6. November stirbt Stoltzes Vater.

1834 Am 2. Mai erneuter Versuch, die Gefangenen zu befreien. Am 19. November steht Annett Stoltze wegen Beihilfe vor Gericht und wird zu vier Wochen Arrest verurteilt.

1835 Stoltze erkrankt an Typhus. Bekanntschaft mit Grabbe. Karl Gutzkow arbeitet an der »Frühlingszeitung Phönix« mit. Ein Bundesbeschluß verbietet die Herausgabe seiner Werke sowie der von Börne, Heine und Grabbe.

1836	Frankfurt tritt am 2. Januar dem 1833 gegründeten Deutschen Zollverein unter Führung Preußens bei. Torsperre und Mainzoll entfallen. 9. Oktober Urteil gegen April-Attentäter mit schweren Haftstrafen. Am 24. Dezember erscheint Stoltzes »Hymnus an Gott« in den »Didaskalia«.
1837	Mutter Stoltze gibt den »Rebstock« auf und zieht mit ihren Kindern in die Schnurgasse. In den »Didaskalia« erscheinen Stoltzes »Taunusbilder«. Beginn des Verhältnisses mit Christine Retting.
1838	Am 29. Juli 1. Deutsches Sängerfest in Frankfurt. Stoltze geht für zwei Jahre nach Lyon und erhält eine kaufmännische Stellung in einer Seidenhandlung. »Lied der Deutschen in Lyon«, später vertont von Mendelssohn.
1839	Die Taunusbahn Frankfurt–Höchst–Wiesbaden macht die erste Probefahrt.
1840	Friedrich Wilhelm IV. wird König von Preußen. Anläßlich der Vierhundertjahrfeier zur Erfindung der Buchdruckerkunst wird am Roßmarkt das Modell des Gutenbergdenkmals aufgestellt. Stoltze kehrt aus Lyon zurück. Schwester Annett stirbt am 17. November im 27. Lebensjahr. Der Kaufmann Marquard Seuferheld wird Mäzen Stoltzes.
1841	»Gedichte von Friedrich Stoltze« erscheinen als erste Buchveröffentlichung.
1842	Stoltze unterrichtet Seufferhelds Enkel und soll sich auf Vorschlag seines Gönners zum Lehrer ausbilden. Am 10. Juni bringt Stoltzes Braut Christine den Sohn Adolf zur Welt. Nach ihrem Tod nimmt Stoltzes Mutter den Enkel zu sich.
1843	Stoltze reist im Januar nach Thüringen und arbeitet an Fröbels Lehranstalten in Blankenburg und Keilhau.

1844 Aufstand der Weber in Schlesien.
Am 22. Oktober Enthüllung des Goethe-Denkmals. Heinrich Hoffmann schreibt und malt den »Struwwelpeter«.
Stoltze studiert auf Seufferhelds Kosten in Jena. Anschließend Aufenthalt in Krefeld als Hauslehrer bei Seufferhelds Tochter.

1845 Stoltze kehrt nach Frankfurt zurück und wohnt mit seiner Mutter und Sohn Adolf in der Schäfergasse. Anschluß an das liberale »Montagskolleg« und Beginn der Laufbahn als »Literat«. Er lernt seine spätere Frau Marie Messenzehl kennen.

1846 Deutsche Germanistenversammlung im Römer unter Beteiligung Uhlands.
Gelegenheitsdichtungen Stoltzes, u. a. zur Goldnen Hochzeit Meyer Amschel v. Rothschilds.

1847 Zum 2. Deutschen Sängerfest in Lübeck dichtet Stoltze den Frankfurter Sängergruß. Der Senat verbietet mit Rücksicht auf den Bundestag ein Turnerfest, weil revolutionäre Umtriebe befürchtet werden.

1848 Am 3. März verlangen Frankfurts Liberale und Radikale mit einer Petition die Einberufung eines deutschen Parlaments, Gleichheit vor dem Gesetz, Pressefreiheit und Amnestie der politisch Verurteilten. Die Bürgerwehr besetzt die Konstabler Wache.
Märzerhebung in Frankfurt und anderen deutschen Städten. Am 10. März wird am Bundespalais die schwarzrotgoldne Fahne gehißt.
Aufstand in Wien (13.–15. 3.) und Berlin (18. 3.).
Am 31. März tritt in der Paulskirche das Vorparlament zusammen. Aufstand in Baden und Wien.
Am 18. Mai wird die Deutsche Nationalversammlung in der Paulskirche eröffnet.
Am 1. Juni erscheint in Köln unter der Redaktion von Karl Marx und Friedrich Engels die »Neue Rheinische Zeitung« (bis Mai 1849).
27. Juni Erzherzog Johann zum Reichsverweser gewählt.

23. August 1. Allgemeiner Deutscher Arbeiterkongreß in Berlin.
18. September Unruhen in Frankfurt mit Ermordung der Abgeordneten Lichnowsky und Auerswald,
Niederschlagung der Aufstände in Wien (31. Oktober) und Berlin (10. November).
Stoltze erhält am 15. November das Frankfurter Bürgerrecht. Im Revolutionsjahr hat er »Freiheit, du mein Losungswort« und die »Deutsche Hymne« gedichtet.

1849 Am 28. März beschließt die Nationalversammlung eine Reichsverfassung mit einem Kaiser und einem Reichstag. Friedrich Wilhelm IV. wird die Kaiserwürde angetragen. Am 28. April lehnt er sie ab. Preußen und Österreich verlassen die Nationalversammlung, die nach Stuttgart verlegt und dann aufgelöst wird.
Stoltze vermählt sich am 10. April mit Marie Messenzehl und geht im Juni zu den aufständischen Freisoldaten in die Pfalz.

1850 Am 1. September wird der Deutsche Bundestag in Frankfurt wieder eröffnet.
Stoltze arbeitet am demokratischen »Frankfurter Volksblatt« mit und ist an der Vorbereitung des »Frankfurter Sonntagsblatts« beteiligt. Entwurf der Maskenzettel für den Flüchtlingsmaskenball im »Wolfseck«.

1851 Bismarck wird preußischer Gesandter beim Bundestag.
Stoltze ist Mitorganisator des Waldfests zum Besten der Flüchtlinge, das Bismarcks Mißtrauen erregt und ihn zu Drohungen gegen den Frankfurter Senat veranlaßt.

1852 Am 3. Februar erscheint zum ersten Mal Stoltzes »Frankfurter Krebbel- und Warme Brödercher-Zeitung«.
Am 12. August werden die Gesetze über die politische Gleichstellung aller deutschen Staatsangehörigen außer Kraft gesetzt.

1853 Wegen Redaktionsmitarbeit an dem in Hessen verbotenen »Volksblatt für Rhein und Main« wird in Offenbach Strafbefehl gegen Stoltze erlassen, so daß er in den folgenden Jahren das Gebiet des Freistaats Frankfurt nicht verlassen kann.

1856 Die Konstituante beschließt eine Verfassung des Freistaates Frankfurt mit Gleichheit der Bürger vor dem Gesetz, Pressefreiheit, Glaubensfreiheit, Versammlungsrecht, Zivilehe u. a.

1858 »Gedichte und Geschichte eines Frankfurters« im Verlag der Krebbelzeitung.

1859 Stoltze arbeitet an der Organisierung der Veranstaltungen zum Schillerjahr mit. Er erkrankt schwer und fährt zur Behandlung ins nassauische Königstein.

1860 Am 26. Februar erläßt das Offenbacher Landgericht Haftbefehl. Stoltze flieht nachts nach Frankfurt zurück.
Am 3. November erscheint die Nr. 1 der »Frankfurter Latern«.

1861 »Gedichte in hochdeutscher Mundart« erscheinen. Stoltze arbeitet am Fastnachtszug der »Bittern« mit. Am 21. Juni erhebt das Kreisgericht Wetzlar gegen ihn Anklage wegen Majestätsbeleidigung.
Die »Latern« wird in Preußen verboten. Stoltze kann wiederum nicht Frankfurt verlassen, da von Preußen, Hessen-Kassel und Hessen-Homburg Haftbefehl besteht.

1862 Das 1. Deutsche Bundesschießen im Juli wird zu einer politischen Kundgebung.

1863 Fürstentag in Frankfurt ohne Preußens Beteiligung.
Abgeordnetentag aller deutschen Städenversammlungen mit 500 Teilnehmern im Saalbau.

1864 Am 1. Mai wird in Frankfurt die Gewerbefreiheit eingeführt, die israelitischen Bürger und die Einwohner in den Landgemeinden erhalten Gleichberechtigung. Das Schiller-Denkmal an der Hauptwache wird enthüllt.
»Gedichte in Frankfurter Mundart« als 2. Teil der Sämtlichen Gedichte.

1865 Am 23. August stirbt Ernst Schalck, Mitarbeiter an der »Latern«.

1866 Am 9. April beantragt Preußen beim Bundestag eine Bundes-

reform unter Ausschluß Österreichs. Am 20. Mai protestiert eine Volksversammlung im Zirkus dagegen und verlangt eine Volksvertretung Gesamtdeutschlands mit Grundrechten ausgestattet. Preußische und österreichische Truppen verlassen Frankfurt am 12. Juni. Kriegsausbruch am 14. Juni. Am 11. Juli erklärt der Senat Frankfurt für eine offene, unbefestigte und unverteidigte Stadt. Der Bundestag geht am 14. Juli nach Augsburg. Preußische Truppen besetzen am 16. Juli Frankfurt. Stoltze flüchtet mit Tochter Lyda nach Stuttgart. Am 17. Juli werden Redaktionen und Druckereien antipreußischer Blätter besetzt. Wegen eines Flugblatts wird Stoltze in Abwesenheit angeklagt, aber freigesprochen.
Im August reist das Ehepaar Stoltze in die Schweiz.
Am 8. Oktober wird die Einverleibung Frankfurts in das Königreich Preußen proklamiert. Stoltze kehrt nach Erlaß einer Amnestie nach Frankfurt zurück.

1867 Am 1. Januar erscheint »Der wahre Jakob«.
Der Dom brennt am 16. August ab. Stoltze schreibt für seine »Frankfurter Pechfackel« Dombaulieder als Spendenwerbung für den Wiederaufbau.

1868 Am 7. September Richtfest am Dom mit Festgedicht Stoltzes. Streitschrift »Schwarz-Weiß-Braun nebst Verwandtes« gegen Frankfurts Gegner. Stoltzes Mutter stirbt am 24. Dezember im Alter von 79 Jahren.

1870 Krieg mit Frankreich. Stoltze gibt mit W. Kaulen seine »Frankfurter Latern« als »Deutsche Latern« heraus, Mitarbeiter Wilhelm Busch. Es erscheinen nur zwei Nummern.
3. Teil der »Sämtlichen Gedichte«, gewidmet dem Frankfurter Verein in New York.

1871 Friedensschluß mit Frankreich in Frankfurt am 10. Mai.

1872 Mit Jahresbeginn erscheint die »Frankfurter Latern« wieder regelmäßig.

1874 Die kleinen Erzählungen erscheinen als Buch »Alte Neuigkeiten« (3 Bände bis 1876).

1876 Anklage wegen Beleidigung Bismarcks mit Geldstrafe.

1879 Volksausgabe der »Gedichte in Frankfurter Mundart«.

1880 Zum 5. Allgemeinen Deutschen Turnerfest in Frankfurt begrüßt Stoltze die Besucher in der »Latern« mit »Es will merr net in den Kopp enei, wie kann nor e Mensch net von Frankfort sei«.

1881 Einweihung des Opernhauses, Dombau abgeschlossen.

1884 Am 4. August stirbt Marie Stoltze.

1886 Franz Schreiber von der »Kleinen Presse« heiratet Stoltzes Tochter Molly und wird tätiger Mitarbeiter in der »Latern«-Redaktion. Frankfurt feiert Stoltzes 70. Geburtstag am 19. November.

1891 Friedrich Stoltze stirbt am 28. März.

1892 Enthüllung des Stoltze-Denkmals auf dem Hühnermarkt am 21. November.

Bildnachweis

Für dieses Werk wurden Abbildungen zur Verfügung gestellt aus dem *Historischen Museum Frankfurt am Main:* 24 27 100 109 116 122 133 142 169 187 254 255 273
Stadtarchiv: 22 29 51 55 68 71 72 84 96 138 139 158 184 203 224 243 257 264
Stadtsparkasse: Stoltze-Museum 92
Verlag Wolfgang Weidlich (aus Historischer Bildatlas der Stadt Frankfurt a. M.): 17 33 38 40 41 46 47 61 81 147 150 177
Verlagsarchiv Frankfurter Societäts-Druckerei: 56 67 115 120 127 129 131 153 154 164 172 192 195 196 198 199 200 205 207 208 210 211 214 215 216 218 220 222 226 234 246 249 253 263 269

PERSONENVERZEICHNIS